大和国庶民記録

堀内長玄覚書・井上次兵衛覚書

平 井 良 朋 編

清文堂史料叢書
第67刊

清 文 堂

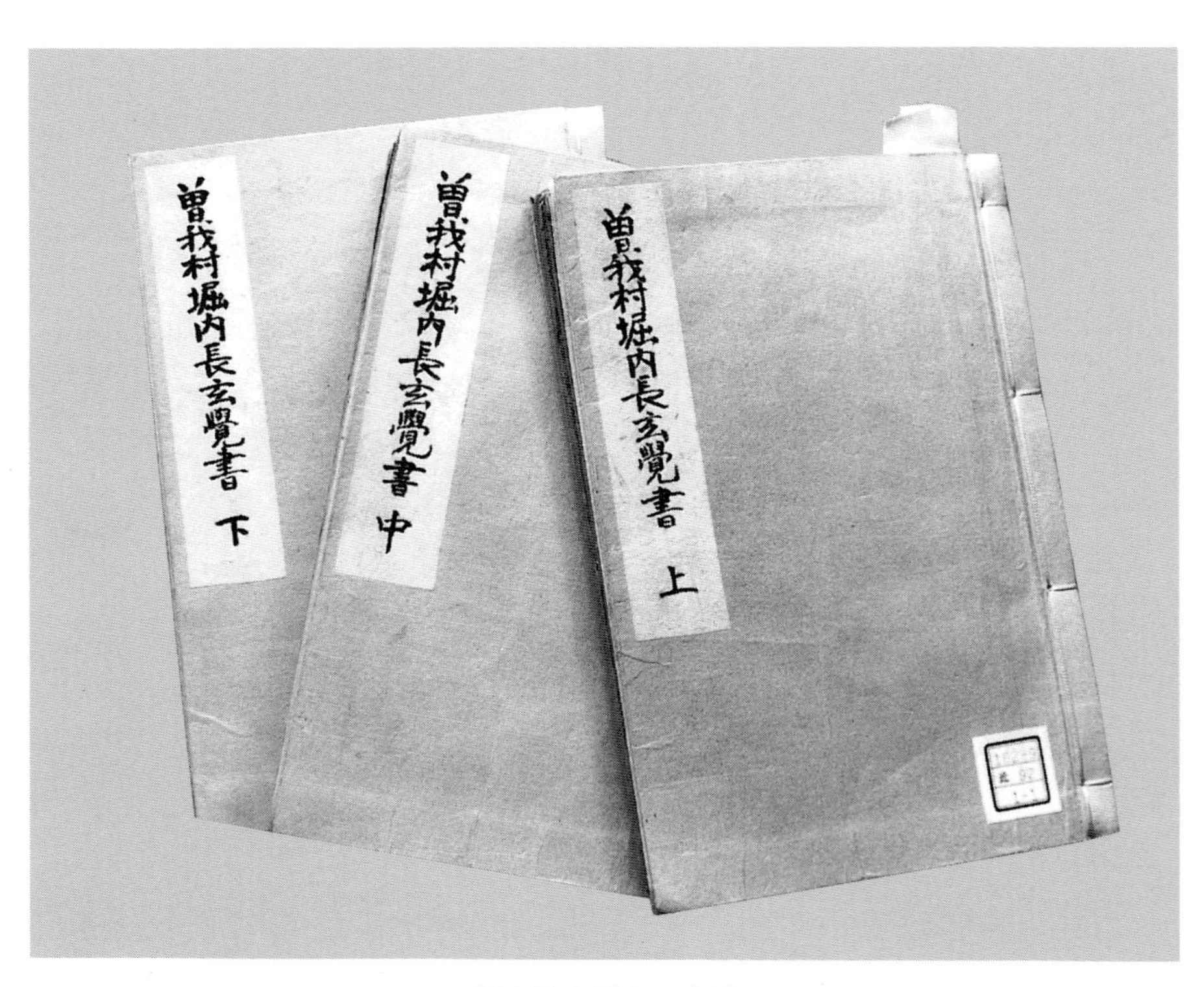
曽我村堀内長玄覺書　下
曽我村堀内長玄覺書　中
曽我村堀内長玄覺書　上

堀内長玄覚書　表紙

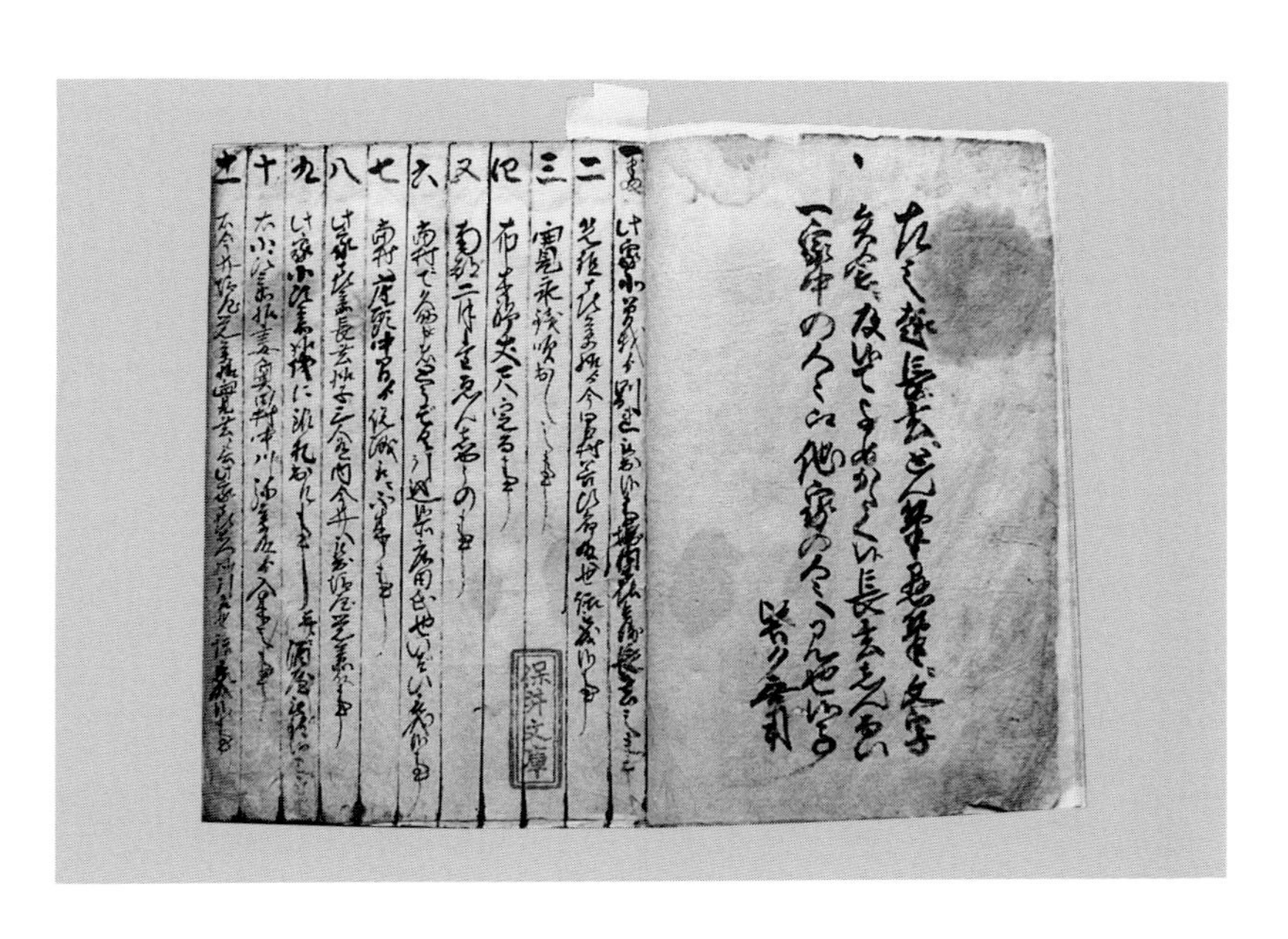

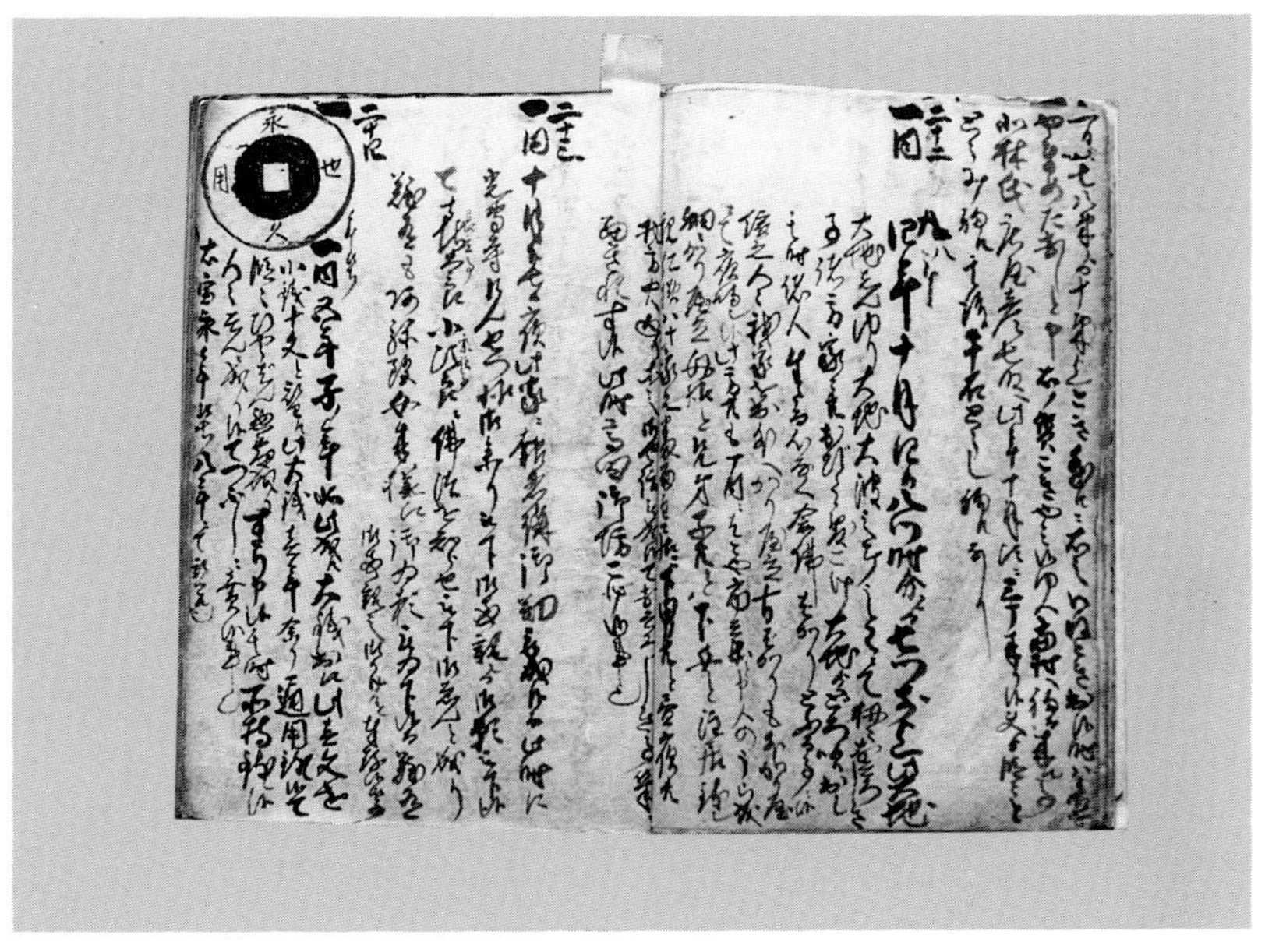

堀内長玄覚書　本文

井上次兵衛覚書　表紙

大和国庶民記録　目次

曽我村堀内長玄覚書

井上次兵衛覚書

曽我村堀内長玄覚書

「曽我村堀内長玄覚書」解説

昭和二十年八月、第二次大戦の敗戦の頃に、奈良県下の郷土史家として著名な、北葛城郡王寺町の故保井芳太郎宅から、尨大な郷土資料・古文書群が、天理図書館に受け入れされ、その中に後日「曽我村堀内長玄覚書」と名づけられる事となった部厚な一冊があった。当時この記録の表紙は表裏共柿渋紙で、細い麻紐で綴られ、かなり汚れ切ったもので、和紙、半紙判、竪二四・五センチ、横一六・五センチ、厚さ約五・五センチ。内容二六九丁にはさして汚損や虫食い等の傷みは無かったが、一冊では厚きに過ぎて扱いにくく、且つ開けば丁間の文字が読み難いと言う事もあって、付せられている目次と内容との関連を考慮しつつ、上中下三巻の和装に分冊仕立てゝ利用する事とした。

題簽は当初から無く、内題に「堀内氏記録其外覚書」とあり、前書らしき部分二丁には、筆者としての長玄（時には超玄とある）の名や、本名の喜太郎（時には若年名新兵衛・信兵衛等）の名も見える所より、結局前記のように「曽我村堀内長玄覚書」（畧して「長玄覚書」と言う）を正式名として採用する事とした。因みに曽我村とは大和国高市郡曽我村（現橿原市曽我町）に当たり、古代大豪族蘇我氏の出自と称せられている所である。

記事は新兵衛長玄の生まれた元禄十二年（一六九九）よりも古く、傳聞による曾祖父喜兵衛（当家初代）が北曽我から分家したと言う慶長年代から筆が起こされ、長玄が死去する安永八年（一七七八）の数年前まで点描的に

継続して書かれているが、途中、眼疾（恐らく老人性白内障であろう）におかされ、筆記者を依頼した後にも、口述によってこの記録に打ち込んだ彼の情熱には、執念とも言うべきものすら感ぜられるのである。

何れにしてもその内容は、同村の領主旗本多賀氏の事を始め、村役たる庄屋・年寄の仕事や動向、同家の親・兄弟・子孫、その系累誰彼の冠婚葬祭や生活周辺の哀歓、生業たる農作業や綿・織布の売買、相場の変動などが記され、京や伊勢への寺社参詣、壇那寺光専寺の世話、修理・普請、祭礼行事、鎮守社との交渉、宮座講の運営、芝居興業・娯楽ごと、他寺院の出開帳や近隣寺院での法話聴聞、街道・橋、往来人などの様子、更に水損、日旱・火災・台風・盗賊・殺人。遠くホウキ星の出現、富士山の噴火、赤穂浪士討入り、山県大弐の叛乱、二上山の鉱掘り見分、伊勢への抜け参り、百姓一揆や打ちこわし、頼母子講や博奕流行、公用を兼ねての江戸下り上りや、途中での珍らしい見聞、又重ね〳〵の領主多賀氏の御台所不如意による法外の金子徴達への村を上げての対策苦難等々。江戸中期の中和地方一田紳の体験が活き〳〵と描写され、頗る興味ふかいものがある。

ただ新兵衛長玄はもと〳〵知識人でもなく、記載中には構文の乱脈、その文字は禿筆による事や、方言・誤字・脱字・当て字が多く、解読者多年の体験をもってしても、尚判読し兼ねるものゝあるのは遺憾である。

解読に当たっては、不解読個所は□とし、判読に疑問のある所は傍に（カ）とし、文字の推定出来る所は（ ）の内にその文字を入れた。同記録には長玄が豫め附した念入りな番号順の内容目次があり、大いに理解を助けるが、終末の無番号となっている部分は、その意向をうけて引続き解読者が仮番号を〔 〕内に附した事を了とせられたい。

（平井良朋記）

曽我村堀内長玄覚書

左の趣、長玄どん筆愚筆ニ文字失念ニ及候てよめかたく候、長玄しんるい一家中の人々江、他家の人々へ見せ候事堅ク無用、

一番　此家北曽我ゟ別れ被出候事、堀内喜兵衛長玄之事
二　先祖喜兵衛様ゟ今里村善次郎殿へ世話被成候事
三　寛永銭吹出(きま)し之事
四　布木棉丈尺究る事
五　南都二月堂ゑんしやう(炎上)の事
六　当村ニて久助と申者とうぞく(盗賊)引込候所、庄田氏せいばひ(成敗)被成候事
七　当村へ座頭中間ゟ祝儀取ニ不来候事
八　此家喜兵衛長玄様子三人在、内今井へ被出塩屋覚兵衛殿事
九　此家小次兵衛様代に銀札出候事、并ニ酒屋被致候事
十　右小次兵衛様妻奥田村中川弥兵衛殿ゟ入来之事
十一　右今井塩屋覚兵衛様寛玄と言、此家喜右衛門様引取世話被成候事
十二　当村大橋かけるニ付大とみ出来候てかけ候事
十三　南都大仏堂てうの(手斧)始の之事
十四　此家喜右衛門様妻高田奥田屋中川氏勘兵衛様ゟ入来之事
十五　此家惣領喜太郎出生之事
十六　江戸にて四十七人かたきうち有由承り候事、是ゟ聞見候事

十七　右之大橋くずれ候て、此古木売払之事
十八　喜太郎てらいり之事、并ニ大天火とび候て国々此さた(沙汰)申候事
十九　ふじさん(富士山)やけの之事
二十番　日本国ゟ伊勢へぬけ参り之事
二十一　いねこき初ル、是をやまめたおしと申ス事
二十二　十月四日ニ大地しんゆり(震)、おそろしき事
二十三　同月廿七日夜ニ御両親様ゟ喜太郎小次郎為御頼被下候事
二十四　銭一文ニ十文遣の大銭出候事
二十五　当村地蔵前にて狼取りたる事
二十六　御地頭多賀佐衛門(ママ)様御代役人衆之事
二十七　喜太郎高田奥田屋仁勘兵衛様御世話ニ木棉見ならい之事
二十八　右之時節在々へ行キ木棉直段之事
二十九　当村古手や太郎兵衛、かミなりにうたれ死ス事
三十番　極上之金銀出候て、相場高下之事
三十一　大高水にて大橋東詰大普請出来之事
三十二　川下土橋村妙法寺村と相手当村と水論之事
三十三　高田御坊御普請、石つききやうげんの事
三十四　右之極上銀二はい替の所四はひ替ニ成、諸代物大上り之事
三十五　喜太郎伊勢参宮之事
三十六　此家喜右衛門様おかね様代にて子供十人出生之事
三十七　二上山に金ほり有りて、喜太郎岩穴へ見物ニ行候事
三十八　大日でりにて植田地へ□木と大豆と綿作大虫食之事
三十九　南都元興寺とうのくわん(塔)(環カ)迄喜太郎上り候事
四十番　喜太郎高田ゟ万才村七兵衛殿へ養子に行キ候事
四十一　与平次殊ノ外成悪しやうにて御両親の御苦

みこし初り之事
六十一　曽我大神様みこし仕立やうの事
六十二　新兵衛弟喜兵衛今井東町へ出、妻塩屋懸応
様娘おふさ入来之事
六十三　新兵衛弟九兵衛南都大安寺や善太郎殿へ養
子に遣候事
六十四　当村西ノかなやけにて、悲(非)人共けんくわ致
し、ころし候てそうどうの事
六十五　年号元文年ニ替ル、此時文金文銀出候ニ付
取引やかましき事
六十六　京都七条にて御公儀様ゟ御免米会所へ新兵
衛加入之事
六十七　新銭なべかね也(世カ)に出候、銭金共に相場下直
成事
六十八　当村光専寺本堂普請相談ニ付、惣門徒寄合
之事
六十九　右光専寺石つき初り、大法事ニ子供きやう(狂
けん(言)大はんじやう之事
七十番　当国大高水出、御所町半分流、人死スなり
七十一　京都奥御門跡様、御堂衆等正守様、御信心
御僧当国へ度々御出之事
七十二　京都にて名目金御地頭様御用金借り初り之
事
七十三　当村光専寺柱立陳上ヶニ付、銀三〆匁入用
ニ付、我等ゟ壱〆匁仕替之事
七十四　新兵衛弟助九良、八木嶋や権三郎へ養子ニ
遣ス事、新兵衛不得心之事
七十五　卯ノ七月にほうけほし出給ふ、此年豊年に
て諸人悦候事
七十六　高田奥田屋中川氏太兵衛殿へ新兵衛娘おか
ね縁んに付ヶ候事
七十七　新兵衛弟喜助南都九兵衛死後に付、あと(跡
しき(式)相續ニ遣ス所、不相續之事
七十八　堀内助三郎名跡不相続ニ付娘おつねニ此方

り、大高水出候事

九十五　江戸御月賄ニ付、当村庄屋年寄惣代組頭一人ツ、御召シ罷下リ候事

九十六　右ニ付御徳米物成田地表ニて御引売被為成候御事

九十七　右之節江戸ニ而新町座ゟ曽我太神宮御さか木申入願之事

九十八　此家大難儀重リ候所ニ、京都吉文字屋出入ニ付、借り座敷ニて長とうりう（逗留）之事

九十九　新兵衛五十八歳ゟ在々へ商内ニ不出、是迄ニかう立置候事

百番　御地頭様へ庄屋ゟ勘定帳ニ村役人加印被為候訳之事

百一　新兵衛妻おちやう有馬へとうし（湯治）の事

百二　新兵衛六十一歳ニて座中年寄四老ニ入ル事、并ニ喜平次へ世渡ス

百三　森田利兵衛殿家筋たゑはて、わかれ〳〵に成り候事

百四　新兵衛とおちやう夫婦共息戈（災）ニて隠居へ入ル、仍而一首致し候事

百五　新兵衛兄弟多ク候ニ付、一札証文取置候事

百六　新兵衛子供次男喜之助小八郎、後ニ藤兵衛言、高田勘兵衛殿へ養子遣ス事

百七　当村八幡宮御普請八幡石橋、伊勢屋道寿増（僧）ゟ達（建）立之事

百八　八幡講と申新座初リ之事

百九　曽我宮講と申新座初リ之事

百十番　当村大橋舟渡し伊勢屋道寿僧取立之事

曽我村堀内長玄覚書　二

百十一番　飯貝東善寺（本）様へ御祖師五百年忌ニ参詣仍而

候事

百三十番　此方下男清次良曲川村ニ女房有之、病死ニ
付、南都佐太ニ相成り候事

百三十一　此方商内手廻り悪敷候ニ付、森面堂(守目堂)村ゟ手
代吉兵衛不相続之事

百三十二　此方喜平次へ高田小八郎藤兵衛手かけ女ニ
付申違言直シ之事

百三十三　右藤兵衛女房北今里村ゟ約束、仍而一首致
ス事

百三十四　当村かせ屋九兵衛かしやかじや弥兵衛ゟ出
火、大そうとう(騒動)之事

百三十五　右ニ付八月晦日右ノ出火ニ候へハ、座中の
□月高札のばし候やと相談之事

百三十六　未ノ暮京都名目筋にて村方高がゝり多ク難
儀致ス事

百三十七　申ノ正月三日年越夜四ッ時分、地しんゆり
候事

百三十八　ちやうせん人大坂西御堂へ来ル、高石ニ弐
匁三分加ハリ扨々百姓難儀之事

百三十九　当村光専寺にて飯貝本善寺様御宝物御
ひろう(披露)大はんしやう(修羅)の事

百四十番　高取山之材木切出シしゆら出シ見物致し候
事

百四十一　京都御番所様ゟ名目金三十年賦御触書廻候
事

百四十二　今井南口塩屋五郎八家普請ニ付、覚兵衛殿
向蔵ニ付不合イ候所、中直シ之事

百四十三　明和元年ニ替ル、宝暦十四年申ノ六月に御
触書廻ル事

百四十四　八木嶋屋和助南都へ引越候ニ付、又々我等
へ合力銀五百目無心之事

百四十五　喜平次妻おかね難有取置にて往生致ス事

百四十六　木之本村九兵衛二男庄七小八郎と言、此方
へ養子ニ来候事

百六十五　本家此方へ買請候訳段々有之候事
百六十六　右之代銀相渡スニ付、新かや(新賀屋)喜三郎殿挨拶段々と有之候事
百六十七　高田藤兵衛女房嫁おいや此家へ入うふ(入婦カ)うの事
百六十八　喜平次後妻おるい安さん(産)致し悦候事
百六十九　此隠居あと取ルおするゑ、小八郎と婚礼首尾能ク相済大悦致ス事
百七十番　五匁通用之銀出ル事、御公儀様ゟ御触有之候事
百七十一　木ノ本村九兵衛殿へおするゑ女良(娘)入りふにて大慶致し悦候事
百七十二　右おするゑ安さん致し、男子喜太良出生悦候後、病気出候事
百七十三　八木権七熊野戻りに金子紛失致し候訳そうどうの事
百七十四　右権儀七ニ付、南都御番所様ゟかゝり合之人々御召御差紙之事
百七十五　南都御番所御奉行様酒井丹波守様此度江戸ゟ御入ぶ(入部)之事
百七十六　右御番所様ゟ難有御触廻り候て国中悦候訳之事
百七十七　右ニ付下ミ安心ン成リ候ニ付、我等二首致し悦候事
百七十八　当国ニ銀札出候て所々之札つぶれ候訳之事
百七十九　此方小八郎座勤候所、妻おするゑ大病にて候所、神力のふしぎニ付二首うかむ事
百八十番　右おするゑ難有往生ニ付、神の御ほうべんにて日限御のばし被為下候事
百八十一　右おするゑ往生の志寺方へ永代御経五ヶ寺へ上ヶ置候事
百八十二　高田御坊伯知様三十三回忌光専寺にて御勤時、御斉之上(詠歌)にて我等一(つ)首うかむ事
百八十三　神々の御永哥六首うすし候事

二百一　子ノ正月に当村高土(辻カ)免極り候ニ付、江戸月賄金村方高割ニ出情(精)致ス事

二百二　右ニ付当村役人と丁支配人八人と右月賄金引請之事

二百三　右ニ付村方けん役(倹約)定にて婚礼等祝儀物取遣樽入等堅ク無用、高持一人ニ七文ツ、出ス定之事

二百四　此家小八郎後妻おぬい婚礼ニ祝儀物取遣不致無差入、高持ゟ七文ツ、集いわい来ル事

二百五　玄信様三十三回忌相勤メ候呼衆と料理こん立テ之事

二百六　右ニ付新兵衛入道致シ法名超玄と言、仍而二首うかむ事

二百七　右ニ付むかし南都ニしゆんちやう坊(俊乗坊重源)長玄、目出度御僧ニ思寄り候事

二百八　右書留候事ニ付御祖師様御筆被為立、末世我々共へ御苦労被為下候事

二百九　今井塩屋尼情寿増(僧カ)隠居、同家覚兵衛殿家買請にて、五郎八殿ニ婚礼在テ一首うかむ事

二百十番　新兵衛長玄入道致し初而高田御坊へ参詣致し、むかし、御普請ニきやうけんニ仍而一首うかむ事

二百十一　光専寺にて紀州谷山本仏寺様若僧御法事御勤メ被成大御はんしやう之事

二百十二　明和五年子三月ゟ法階寺大開帳大御はんしやうの事

二百十三　右同年四月十四日ゟ大雨天続き、麦作なたねくさり百姓難儀及候事

二百十四　右同年五月十八日ニ江戸ゟ役人衆三人御登り土免事、芳々六つヶ敷事

二百十五　右ニ付川原惣右衛門殿役儀御取上ヶ、庄屋助七郎助五郎ゟ御召シ下シ之事

二百十六　同年八月に井上長兵衛殿役儀御取上ヶ、依之江戸役人衆出入有由之事

二百三十四　明和六年丑ノ元朝ニ光専寺様ヘ御礼ニ参ル、御勤メ之難有為聞、仍而二首うかむ事

二百三十五　右之南都和助又々此家へ無心ニ来リ、其上御番所様御役人ニ内意之事

二百三十六　当村綿屋又七殿ヘ孫おでん死後ニ付親おかね荷物不残戻ス訳之事

二百三十七　右庄田軍八殿庄田七兵衛様と改名にて江戸ゟ御登りニ付、堺杉田氏之事

二百三十八　南都ゟ右ノ嶋屋和助当村へ妻子引つれ来ルニ付、此家ニ段々世話ニ相成リ一札取置候事

二百三十九　当国村々に去暮百姓いつ気(一揆)ニ家こぼち有之候を、其御地頭方ゟ吟味被成候事

二百四十番　当村江御公儀御役人まきのおゝすミ様ゟ御十判ニて両村ゟ三人御召シ之事

二百四十一　喜兵次新兵衛と言、三人目妻おその嫁、妙法寺村田宮茂兵衛殿ゟ来ル事

二百四十二　南都山之上戈正院後往江戸御殿様ゟ御取り子被為成候由、当村光専寺へ御頼之事

二百四十三　当村藤井庄兵衛入道被致、親父年忌被勤候ニ付一首うかむ事

二百四十四　六十三年以前此三人てらほうはひ(寺朋輩)徳助、清太郎、喜太良、七十一才にて息戈に在三人寄合悦候事

二百四十五　江戸にて新銭吹出し、猶又一文を四文遣の銭出候ニ付銭大下り之事

二百四十六　大坂ニ居住今井銭屋仁兵衛又々無心ニ来り、布屋九兵衛挨拶合力遣す、仍而一札取置候事

二百四十七　超玄今年迄随分息戈にて所々へ参詣致し満足うれしさの事

二百四十八　江戸御殿様ゟ当柴や小兵衛妙平兵衛、戸孫兵衛、大福村弥五郎御呼下シ訳之事

二百四十九　丑ノ七月廿日頃ゟほうけほし出給ふ事

曽我村堀内長玄覚書　三

之事申来リ候事

二百六十八　同九日に新口村浄情坊へ参礼ニ参候、狂哥之事

二百六十九　同二月朔日に木ノ本村九兵衛殿六十一歳悦儀ニ狂哥事

二百七十番　同二月二日に藤井定兵衛様江戸ゟ御登リ被成候事

二百七十一　同二月廿六日に御先祖妙玄様七十年忌相勤メ候事

二百七十二　同二月中旬ゟ小綱村ニ新池ほりニ付出入之事

二百七十三　同二月下旬に忌部村正満寺道場買付証文売り戻シ候事

二百七十四　同三月十日に京都西本願寺様に御説言之事

二百七十五　寅ノ三月廿七日ゟ今井正念寺様ニ御講御取立テ之事
（称）

二百七十六　同三月廿一日ゟ高田専立寺様ニ御宝物之事

二百七十七　同三月廿二日興門様割附銀之事

二百七十八　同四月十八日和助会所ニ而五人組入之事

二百七十九　同四月廿日今井順明寺ニ而尊光寺様御はんしやう之事
（繁昌）

二百八十番　明和九辰年超玄眼病ニ而前後言之事

二百八十一　明和七寅年五月四日ニ池尻屋敷百姓一き之事
（揆）

二百八十二　同とりノ五月喜太松節句初之事

二百八十三　同とりゟ壬六月七日ゟ今井正念寺にてあき国しかん様難有御法談覚書之事
（称）（安芸）

二百八十四　同とりノ六月ゟ大日でり雲やけ之事

二百八十五　同正月に御本山へ御礼参り之御事

二百八十六　同二月廿五日藤井宇兵衛様江戸ゟ御登り之事

弐百八十七　麦作大豊年之事

弐百八十八　三月廿二日ゟ御本山様大阪御坊へ御成リ事

弐百八十九　同四月廿八日天子様御息位之事
（即）

用銀片附之事

三百十八番　同年十一月中旬大槻村清左衛門ゟ村方ヲ相

手取出訴ノ事

三百十九番　同年四月ゟ七両ニ而ふかんきん用ひ養生之

事

前書

左之通りの覚書致シ候事、喜太郎若年之時分ゟ聞及候事

珍敷存候事共、あら〳〵年々に書留置、乍悪筆文字失念

ニ及候てよめがたく、老筆ニ及書印ス事、末々ニ至り、

兄弟并一家中むつましく致し、人々の家相続致ス事、仏

神の御意に相叶、猶又先祖の恩んの知り、世上のおうほ

う本と相守り候へハ、人げんに生れ来ル所専ニ候所、仏

法を御たいせつに相勤堅固に相暮シ候御事、大慶ニ存候

御事なり

堀内信兵得(ママ)　坊超玄書也

依之まことをつよく為得被下長玄と難有奉存候なり

右に左之通り口々番付有成

曽我村堀内長玄覚書　一

堀内氏記禄(録)其外覚書

壱番

一慶長年号之内、此家北曽我堀内氏ゟ別れ被出候、中号(興)
御先祖堀内喜兵衛様此家普請、惣瓦ふきにて、土蔵共
じやうふ(丈夫)成由、其節迄ハ此所大路堂村市場と言、其後
ゟ段々と惣名曽我村と言也、夫ゟ此家ニ村役人無給分
にて相勤メ来り候由、喜兵衛様ゟ代々曽我座中年代記
ニ有なり

二

一右同年号(慶長)御地頭多賀佐近様御高弐千石御代々、此時節
右之喜兵衛様気領(器量)有人之由候て、御地頭様ゟ別而御念(懇)
頃に被為仰候由にて、其節ハ新庄栄山氏御殿様、御地
頭佐近様と御応答被為遊候由にて、其節栄山氏御殿様
百姓ニ今里村善次郎と申仁、栄山様江殊外成慮外被致
候由にて、すでにせいばひ(成敗)被為仰付候所、右善次郎難
儀及、此家喜兵衛様ゟ手筋を頼候て、右佐近様ゟ喜兵
ヱ様ニ御挨拶ニ御吏(使)とシテ被遣、段々の御わびにて、
栄山様漸々と御気けん(嫌)直り御聞届き被為遊候ニ付、其
節ハ今里村に悪田地有之候て支配人無之候ニ付、右之
くわたい(過怠)ニくびせんに、此悪田地共栄山様ゟ善次郎江
支配被為仰付候由にて相済候儀、其後段々善次郎此悪
田地支配被致候所、右之田地共次第に水引等能ク相成
り、宜敷場所に相成り候て、段々と大分之作徳上り、
家の宝と相成り候事、わざわいの仕合と成ル事、依之
善次良前生に能キたね植置候と世上ニ申ス由、仍而右
善次郎夫ゟ段々と家はんじやう致し候て殊外大悦ニ被
存、其時節ハ此家江毎年〳〵今里村ゟ年頭に祝儀物持
参致し、右善兵衛様へ恩ん被存、年礼ニ被来候事承り
及候なり、

三

一寛永十六年に寛永銭出吹ス由承り及候、

四

一寛文五年に布木綿丈尺幅寛(ひろげるカ)る由　承り及候、右之節其国々の布木綿丈尺と幅と御書付廻り候由にて、当国之木綿壱疋ニ付、くじら五丈四尺、幅九寸五歩と寛る由承り及候なり、

五

一同年号(寛文)七年、南都二月堂ゑんしやう(炎上)致し候由、此儀出火日限ニ其日の刻限に江戸御公儀にて右出火之御佐太(沙汰)其日有之、御ふしぎ成御事に思召被遊候由にて、早東(速)に御普請之儀被為仰付候由承り及候御事なり、

六

一寛文寅ノ年(三年)当地大高水出来り候由にて、当村大水難ニ相成り候所、先キの庄田自應七兵衛様若年ノ時、其日早朝ニ村方見及に出被成候時、いつくゟ来り候やとう(盗賊)そく共三人まかわしく(ママ)荷物持来リ、当村本郷ニ久助と申ひん家有之、此久助家へ引込候を御見付ヶ被成、夫ゟ久助吟味被成候所、殊外あらがい腹立致し候所、夫ゟ久助家やさがしにて、つしの上に右三人とうぞく共かくし置候あらわれ、夫ゟはくじやう(白状)致し候ニ付、其日右久助ととうぞくを打くびニ被成候由、然ルニ此久助其時申候ハ、己(おのれ)庄田が家七代之間に取りつぶす事おぼへていよと、庄田氏にらみ付ヶきられ候由、次に辻ノ先祖其衆にもとうそく打ころし有之候由、此時今井八木より見物に来ル人おびたゝ敷来ル由、夫ゟ南都御番所へ御届ヶ被成候て其時節ハ相済候事承り及候なり、

七

一右之時節(寛文三年)ゟ当村へ座頭祝儀取ニ不来事、此儀ハ当村東口ニひん家のやまめの女壱人罷在候所へ、座頭一人夜中に此女へしのび来り候を、人々見とがめとうぞくと言立此座頭うちころし候由、夫ゟ段々と六ッヶ敷相成り、国中の座頭寄集り当村江押寄せ来ル由、夫ゟ南都御番所御佐太(沙汰)ニ相成り、大くぢ(公事)にて殊外成大そうとう(騒動)

致ス、此時右此家先祖喜兵衛様別而出情被成、御番所様ニ而随分相働キ、右大勢之座頭共とせり合、御前にてたいけつ(対決)ニ及候所、当村之かちに相成り候由にて、夫ゟ当村へ座頭中間ゟ何事に不寄祝儀取ニ来ル事相成り不申候一札證文村方へ取置候由、依之永々今に至り当村へ座頭共、祝儀取ニ来ル事成り不申候、夫ゟ当村にもうじん(盲人)出来候ても座頭中間へ入レ不申候て相済申候、依之右喜兵衛様働キにて相済候由、御地頭様ゟ御ほうび(褒美)右之候由承り及候なり、

八

一同右之時節此家中号閑(興)山と言、右之喜兵衛様後ニ長玄と言、大かう(功)有人にて、此子息三人有、惣領此家相続人小次兵衛法名玄正と言、二男覚兵衛法名実玄と言、三男喜左衛門法名失念、此人気まゝ成人にて、此うら戸屋権兵衛屋敷ニ被居、一第(代)くらし相果候由、然に二男之右覚兵衛殿、此家ゟ今井塩屋尾崎源兵衛殿江手代奉公ニ被出候由、段々出情之由ニて、今井南口塩屋覚兵衛と申、当国にて大綿問屋大はんしやう(繁昌)被致候、然ル二此覚兵衛殿ニ男子弐人有、惣領後ノ覚兵衛殿論情(ママ)と言、次男五郎八殿懸応(カ)と言、向合ィに綿屋質屋不(被カ)致、是もはんしやう(繁昌)にて候なり、然に右覚兵衛殿儀此家出生之儀に候へバ、田地等当村に所持被致、諸事当村百姓なミ御地頭様表被相勤候由、夫ゟ右覚兵衛殿、家惣領男子曽我座此家にて代々相勤来り候なり、

九

一同右之時節覚兵衛殿はんしやう付此家ゟ銀札被出候、右此家ゟ銀札出候此書付ニ、寛文四年辰ノ七月曽我通町塩屋小次郎兵衛札所、請人今井塩屋覚兵衛と有之、世上共髄成銀札と申、はんじやう致候事、其後元禄年号之内ニ世上共銀札御ちやうじ(停止)被為仰付、不残引替やミ申候、

十番

玄證様事、第(代)ニ此家ニ酒屋被成候事、其節御地頭様へ相願酒屋小次兵衛と言、

一同右小次兵衛様妻奥田村中川孫兵衛殿娘おちやう様入
年号
来、然ルに此御夫婦子供衆養生（幼少）ニて御座候時右小次兵
衛様死去被成、此おちやう様後家持にて、此家之セ話
両人子供衆養行被成、勘難ニ相続被成、男子伊之助後
ニ喜右衛門と言、又後ニ喜助と言 又後ニ玄信と言 小まん女是ハ妙法寺村田宮三
郎兵衛殿へ嫁入、然ルニ右之おちやう様後ニ妙玄様事難有此
家相続被下候事

十一

一同今井塩屋覚兵衛様寛玄様事、此家ノ儀大切ニ思召御
年号
世話被成候て、右喜右衛門様今井へ引取被成候而、成
人之上此家へ喜右衛門様御戻り被成候、妹小まん女良
妙法寺三郎兵衛殿方ニて死去ニて、此喜右衛門様一人
御たよりニ思召、難有も後家おちやう様殊外成御苦労
にて此家御守り被下、最早此喜右衛門様一人此家ノけ（血
脈）（ゆ脱カ）
ちミやくたべくに思召、漸々御相続被下候儀、難有
御先祖と承り及候事、
妙玄様と言

十二

一元禄二年当村大橋掛ケル、此前ノ橋ハ妙法寺村宗順坊、ゟ壱人こんりうの由承り及候 此
（建立）
こんりうの儀ハ諸方へとミ札出し、当国ニて一番之大
とミ之由ニて、大寄致候事、難筆盡一番落小綱村なす
びたねと申て、大ほうび取申候由承り及候事、
（手斧）
南都大仏堂てうの始之事此節と覚候事、

十三

（元禄元年）
一同右辰ノ年南都大仏堂てうの始乃由、大御法事にて、
（繁昌）
諸国ゟおひたゞ敷参詣の由、大はんしやう承り候、

十四

（元禄）　玄信様第三
一同拾年丑年、喜右衛門様妻高田奥田屋勘兵衛様娘女お
かね様此家へ嫁入後ニ妙信様と言、此嫁入之時大山川
（俄）
江我ニ高水出候て、嫁入送り人々高田東口ニて見合、
新町六右衛門殿方へ乗物かき入、二時ばかり留り、水
落相待候事承り及候、

十五

（元禄）
一同拾弐年卯ノ十月廿日、右おかね様御安産後ニ長玄と
言喜太郎生る、此時右おちやう様之御悦先キの妙玄様

之事、此家のけちミやく(血脈)のたへ〳〵成所ニ、惣領男子
出生致し候事、御悦かきりなく候事承り及候事、

十六
一同(元禄)拾六年、江戸ニて四十七人かたき打有由承り存候、
是ゟ喜太郎覚之事、此節迄此家酒屋とも言也、

十七
一宝永元年当村右ノ大橋くすれ、此古木共入札ニて人々
買取、代銀村方人々江預り、かり橋かけ往来ニ壱銭弐
銭つつ取留メ、此つミ銭を以後々ニ右之大橋こんりう(建立)
致ス筈ニ在之候所、右之預ヶ銀共紛失ニ相成ル由、セ
きせんも人足とかり橋と入用芳々(ママ)相成候由、此方ニも
少々預り置候得共、庄屋助七郎殿ゟ預り度被申、先々
之九兵衛殿挨拶ニ而助七郎殿へ相渡し置候、則請取書
此方ニ所持致シ罷在候、其後右ノかり橋入用村算用
ゟ出ル也、

十八
一同(宝永)二年喜太郎八歳ニ而当村円願(顕カ)僧へ寺入致ス、其時兄
弟段々多ク出生、御師匠之円願(顕カ)僧之御かげニて悪筆な
から両親之御世話ニて覚書也(カ)、然ルに此年七月ゟ今井
吉田甚内殿へ参り候なり、

十九
一同(宝永)年ふしの山やけ、宝永山生出ル由承り及候、

二十番
一同(宝永)年伊勢参宮日本国ゟ大ぬけ参り有之、此時ハ出銭一
銭も無之、人と我ニ何時共なくおもい〳〵にぬけ参り
致し候、此通筋切戸のなきほと参りと下向と、行戻り
之人すき間も無之候事、

二十一
一同(宝永)三年ゟいねこき初ル、夫迄ハこきばしニて一日七八
束ゟ十束迄こき、然ルニ右之いねこき出候時ハ、名も
やまめたおしと申、右ノ質(賃カ)こきやミ候ゆへ、当村へ初
而来ル事北林氏、庄屋彦七殿へ此年十月頃ニ三丁来リ
候、夫ゟ段々ととうみ初(始)ル、其後千石とうし初ルなり、

二十二

一同（宝永）四年（九八年（ママ））十月四日八ッ時分ゟ七ッ前迄、此大地大地（ママ）しんゆり、大地大波之打ことくニて、扨々おそろしき事、諸方家々共おびたゝ敷こけ、大地ゟ（な脱カ）どろ吹出し、其時諸人生たる心なく念仏ばかりとふる事ニ候、依之人々我家を出、外へかり屋立、十日ばかりも外かり屋ニて夜明シ候、此方共も十月ニはとや市兵衛と申人のうら成畑ニかり屋立、母様と兄弟子共と下女と注（住）居致シ、親仁様ハ此家番留主居ニ下男共と昼夜共村方火廻り等之御世話被成候て、おそろしき事筆ニ盡されず候、此時高田御坊こけ候事、

二十三

一同（宝永）十月廿七日夜此家ニ報恩講御勤被成候而、此時に光専寺けんせつ様御参り被下、御両親ゟ御願被下候て、喜太郎（長玄事）、小次良（宝信事）ニ仏法を知らせ被下、御ゑんと成り、難有も阿弥陀女（如）来様江御為頼被為下候而、難有御両親之御かけと奉存候御事、

二十四

一同五年（年号（宝永））子ノ年、如此成ル大銭出ル、此壱文を小銭十文と替ル、此大銭壱年余り通用致し候て段々ひやうばん悪敷成りすたり申候、其時所持致シ候人々そん（損）ニ成り候て、つぶしニ売候事也、右宝永年号八年ニて替ル也、右之時節迄二ッ宝銀多ク通用、是ハ中ノ上銀なり、又夫ゟ三ッ宝銀出候、此銀中頃ノ銀段々多ク出、通用ハ右二ッ宝同用ニ遣候、然ルニ諸色段々高直ニ成り候而、世上にぎハしく事ニ候、又夫ゟ四ッ宝銀出候、此銀下と相見へ候て、上ハ白クシテ中ハ赤がねと見へ候、段々おびたゝ敷出、板壱ニ四拾匁ぐらいゟ五六拾匁、七八拾匁くらい、大板小玉銀ハ三四匁ゟ七八匁十匁くらいニ而、世上共銀たくさんニてにぎはしく、諸色段々高直ニ成り、右二ッ宝三ッ宝四ッ宝一所之通用ニて、段々と相場物大高下致シ候、銭一〆文弐十弐三匁くらい、米壱石百三拾匁くらい、

二十五

一右之時節に当村地蔵前のいねの田中にて狼取候、此事くわにて打遣平九郎、山おうこにてたゝき打庄九良、此弐人大手柄にて御屋敷ゟ御ほうび被下なり、

二十六

一正徳元年当御地頭様多賀御家、御高右弐千石、此時節ハ多賀佐右衛門様御代、
　御子達兄子様同豊後守様
　　弟子様同源十郎様　後ニ豊後守様と言
当村ニ而御代官森田源太夫様
　同　庄田七兵衛様　後ニ自応様と言
名所成御役人、此時村役人
　庄屋　北林彦七
　年寄　井ノ上源兵衛
　同　堀内喜兵衛門
　同　吉田助七郎
　同　北林又市郎
　同　藤井庄兵衛
　同　奥の茂平次
　同　吉田吉兵衛
　同　堀内助三郎

此節ハ江戸御屋敷ハ不及申ニ、下々百姓共安気ニ相踊り、百姓方ニ御上ミ金銀筋之義ハ一向不存相踊り候、其節難有も此うら堀うめ屋敷ニ被為下候而、永々難有奉存候、此義庄田七兵衛様御了管ニて被為下候事、此庄田氏名高キ近国ニ達人まり(鞠)の会ニ諸方ゟ寄り来ル、

二十七

一正徳弐年辰ノ二月十四日、喜太良(正善様事)十四歳ノ時高田へ行、此儀兄弟多ク候ニ付、高田勘兵衛御世話ニテ此喜太良ニ木綿商内おしゑ候て、其後ニ万才村七兵衛殿儀ハ此家先ノおかね様妙信様と言おじ様ニ候得ハ、万戈へ養子ニ遣シ候と被仰、此七兵衛殿大有徳人ニて候、一ハ(カ)此方御両親御満足ニて今井覚兵衛様、後ニ済靖様と言、此喜太郎へせんべつニ金子壱両被下、同甚三郎様事懸応と言金子弐歩被下、右之吉日料理ニて振舞仕、皆々

御悦之上右喜太郎事勘兵衛様連て御帰り被成候事、ケ
様成目出度儀ニ候へ共、親子之間ニ候へハ御母様あと
にて喜太郎なつかしく思召、御歎キ被成候由、此度喜
太郎ふりそでびんろうしけ布子着シ、下着ニひの切
ニ御つきニて、あかね染此うらハ赤木綿ニて、あさぎ
染、右不自由なる儀答御歎キ承リ存候、

二十八

一右之趣にて明ル十五日ゟ木綿買見ならいニ行、先祖勘
兵衛様喜太郎連て東室村ゟ柿本村北花内村行候、其時
節木綿相場壱□ニ付四ッ宝銀ニて十弐三匁くらい、又
幅壱尺壱寸ニ三丈六尺物うすく、壱反ニ付七匁ゟくら
いニ候、此節ゟ段々ニ四ッ宝銀多ク出、諸色段々高直
ニ相成り、銭一〆文代弐十七八匁ゟ三十四五匁迄に上
り、米ハ百四五拾匁ゟ弐百目迄も上り候様成時節ニ候
なり、

二十九

一正徳三年四月七日に当村古手屋太郎兵衛かミなりにつ
かまれ死ス、所ハ林ノ内にて其時いかきや善兵衛と両
人つれ妙法寺村ゟかへるにわかれ候て、其まゝつかま
れ候、然に此死ス太郎兵衛くろほとけ(黒仏)の様ニ成り、古
手ふろしきにもあをき火出、あわれなる事なり、

三十番

一正徳三年、此時慶長銀同事の極上銀享保銀とも言上々
銀出ル、此銀子之儀ハ板壱丁が小ハ弐十四五匁ゟ大ハ
三十弐三匁迄、小玉銀ハ四五分ゟ壱匁弐三分、大ハ壱
匁六七分、此上銀百目に右之四ツ宝銀弐百目と替ル、
二ッ宝三ッ宝銀も四ッ宝同事にて取引致ス、仍而諸色
相場大高下有、左ニ四はい替ニ成リ大高下ニて世上さ
わかしく候なり、

三十一

一正徳四年七月に大高水出候て、大橋之東詰にて大切レ
シ、クノ畑へ切込、大木之ゑの(榎カ)木とれん入坊家と流、
おひたゝ(ママ)敷砂入にて、大普請出来、其時此家綿作行市
三反、ひかい田壱反五畝、油取ニて大肥被致、大極上

作ノ所、どろまぼしに相成り大そんにて、扨々残念成
事に候なり、

三十二

一正徳四年午ノ八月に川下土橋村妙法寺村と当村と、南
川水廻シ之儀ニ付水論出来致ス、此事京都へ罷出、双
方之物入有之、京都御捌キにて相済候なり、

三十三

一正徳五年高田御坊御普請、石つき初(始)り春三月に大御法
事有之、此時石つき屋ぐらの上にてきやうけん(狂言)初り候
ニ付、其時喜太郎子十七歳にて源氏ゑぼしおりと言上(浄
瑠璃)るりに藤九郎森長ニ喜太良成ル、しふや(卒塔婆)の金玉(王)丸に善
兵衛と申仁成ル、源氏よしとものそと場を両人せり合、
大ごゑにてつめひらき引合イ候て、此そと場双方へ引
ちぎり、大出来のひよふばん(評判)、高田町在共ニ申事、夫
ゟ御触下百八里(カ)ゟ毎日〱きやうけんおもい〱ニ取
組来ル事、大御はんしやうの事筆ニ盡しかたく候事

三十四

一享保元年霜月中旬ニ右之極上銀、四ツ宝銀と右二ばい
替之所、四ばい替ニ御触有、此時諸色大上りニて、右
上銀持合せたる人ハ、二ばいを四ばいニ大徳取り、何
ニても代物持たる人ハ大上り請、代物売越(カ)之人ハ大そ
んニて、此時ニ今井塩屋覚兵衛殿、若衆ゟくり綿注文
段々おびたゝ敷来り候を、口せんを悦、段々売付注文
被出候て、此時大そんゆへ、しんやう(身上)仕廻(舞)候事左ニ有、
然ルニ諸色相場段々大高下、銭壱〆文右ノ弐十七八匁
ゟ三十四五匁、段々高直ニ成、壱〆文四ツ宝銀ニて五
十弐匁迄上り、米ハ四ツ宝銀ニて弐百三四拾匁ゟ三百
目、高直ハ四百目迄上り、夫ゟむかしの慶長銀と当極
上銀と以テ買候へハ、右ノ代銀米壱石百目ニて買取候、
其訳(カ)元禄銀二ツ宝銀、三ツ宝銀等ハ、段々寄合を以テ
売買致し候、白木綿壱疋ニ付右四ツ宝銀ニて売買之節
ハ、十四五匁四ばい替ニ相成り候てゟ段々上り、弐十
四五匁ゟ三十四五匁、高直ハ(壱疋ニ付)四拾匁ぐらい迄上り申候、
夫ゟ諸色上銀之相場札成り候、米も下り上銀□七八十

匁ゟ段々下り、下直ハ上銀ニて弐拾七八匁ゟ三拾壱弐
匁ニ成ル、銭モ上銀ニて壱〆文八匁ぐらいゟ十匁くら
い迄、白木綿中ノ上目方三百目くらい壱□(足カ)上銀五匁四
五分ニ下り、高田町あか木綿四匁ぐらいニ成ル、其時
我等あか木綿買物致し、徳取悦候事、夫ゟ段々諸色相
場高下なし、世上共しずかに相成り候御事

三十五

一享保元年、伊勢参宮上海道(街)廻り、喜太郎高田ゟ出、五
人つれ荷物共、右之節ハ享保元年、

三十六

一(第三)父喜右衛門様事
　喜助様と言、後ニ法名玄信様

一母おかね様事
　後ニ法名妙信様

別而此母様殊外成御勘難被成被下、高忍(恩)之御両親ニて御
座候、左ノ享保十七年ニ御婦夫(ママ)一諸ニぜんもん(禅門)と尼と
ほつたい(法体)被成、隠居ニて御婦夫(ママ)一所ニて御満足思召被
下、新兵衛此御事大悦ニ存候事、
仍而子供之儀印置也、此十人子供ニ候へハ御勘難被
下儀(さ脱カ)、筆ニ盡れず候御事、

(惣領人)一喜太郎新兵衛　長玄と言
二小次良与平次　宗信と言
三おかつ　妙利、死ス
四十良　正玄、死ス
五おちやう　妙正、死ス
六おとな　妙寿、死ス
七他人　今井喜兵衛後ニ喜右衛門
八馬之助(なら)　和助と言
九六之助(なら)　九兵衛、れしやう(ママ)死ス
十乙助　喜助、助三郎と言

三十七

一享保二年ニ当国二上山ニ金ほり有、所ハ岩屋通ゟ少シ
北ノ方、山之中頃ゟ穴口五尺廻り程ニほり、其節喜太
良供立三人連ニて見物ニ行候、此金ほりの働キ人足、

じばんにおいずるかけ、ふじのくくツをせおい、穴奥ニ有岩のこつばはこび出ス、人をあんないニ頼四人連ニて穴奥へ入、行事ハ壱丁ばかり、すぐに行クと覚へ候へハ、此所ニさざい(さざえ)がらに油入、ともし火有テ其所ハ明シ、夫ゟ段々と下へ石段ほりニ致シたる所下り、又半丁ばかりふかく行く覚へば、ともし火明シ、又夫ゟ石段ほり下にと覚ば、ふかくほこ(ママ)ニてともし火明シ、年頃三十歳はかりの男、おいづるかけて、はちまき致し、八百屋お七うた戈もんニて、あわれしげなるこゑニて、岩をかち〳〵とほり入事おろし共あわれ(そ脱カ)共心ぼそくて、見る目もあやうくこわさニて二ク目(タカ)とも見す、引かへる事(すカ)、所々のともし火なき所ハしんの(真)やミニて、両ノ手を穴の両わきさぐり〳〵出ル事、岩すくなき所ニハ丸木ニてわくさし有、大山之そこ穴ニ居ルとおもへハ、地極のそこニ居ル様ニおもい、一足つゝと表へ近ク成り候事うれしくて、皆々表へ出候時ハ地ごくゟ二度此せかいへ出候様ニおもい、こわさうれしさかきりなく候、然ルに此金ほり夫ゟ壱年半ばかりもほり候得共、いまだ金のつるわりい(悪いカ)と申うわさニて、元来諸方の金持人を山こわしニ致ス様とうわさも有、次第ニ働キ人足等も段々立のき、ふもとに大キ成かり屋等も有之候へ共、段々品悪敷仕廻候なり、然ルニ右之穴ゟ後ニ狐狼たのき等ノ注(住)居致ス由ニて、一弐年過候而ゟ近村ゟつふし置候事也、

三十八

一享保二年、此年大日てりニて五月ニ手遣りたおし致候を、ミほ筋打上ケ栗(粟)大豆等致し候事、綿作大むし入横木(小字名)、あまミ田筋、植田かり捨すき込致し候成、大不作也、

三十九

一享保三年戊ノ三月ニ南都元興寺とうの(塔)上やねへ上ル事、此日諸人参詣致スニ付、我等も右とうのやねへ上り空成くわん(環)へ出、金わを段々ニ登り、上成玉をだかへ候、扨々是もおそろしき事、高キ空ニて風つよく、下を見

おろし候へハ心本なく相成り候事、
依之我等おもい候ハ、ヶ様成あやうきふハん(不安)成事、両
親持たる我等一生のあやまり、此度ニて両度致し候事、
扨々無難ニ罷有候事うれしさわすれ不申候事、

四十番

一享保四年亥ノ二月ニ、喜太郎高田ゟ万戈村七兵衛殿江
養子ニ行候、喜太良木綿商内道付候へ共、七兵衛殿方
百性一筋之家ニ候へハ、喜太郎我(俄)に野作働ニ水こへ持、
草かり等之様成事被申付、甚しのぎかね候へ共、右之
七兵衛殿身代宜敷家ニて、此方御両親其外一家中共大
変ニ思召、我等ニ達而しんぼう致し、相続致ス様と
段々仰被下候所、其時節ハ此家万事不自由ニてしんや(身
上カ)うも難立、兄弟子供多く候へハ、庄屋ニ未進等も有、
肥代銀其外諸方ニ借り銀も有、方々以此家不相続たへ
〴〵相成り候様ニ相見へ、御両親之勘難被成候事、昼
夜共万戈村ニ罷有候とも心にかゝり、気毒ニおもい候
所ニ、妻おかつと内々ニゑんも有之候へ共、其時おか
つ被申候ハ、其元様ニハ是迄高田ニて商内被成候へハ、
此方ニてならいもなき百性ばかりニあら働キ被成候事、
我が身ニ見請候へハ気毒ニおもい候事ニて、其上曽我
村之家ハ其元様の兄弟衆多ク、何ヶ不都合ニて御両親
様之御勘難被成候由承り及候へハ、乍念頃(懇)残念ニ存候
得共、其元様曽我村へ御帰り被成候て、是迄道付キ之
商内筋被成候而、曽我村之家相続致し候様ニ出情被成
候へハ、御両親之御心休と存候が、いかゞ答候やと申
被呉候ニ付、其時我等思候ハ、成程曽我堀内氏家之儀、
人手へ売り渡しニ相成リ候様成儀ニ出来候てハ、我此
方ニはんしやう(繁昌)致し候ても、本意ならざる儀一大事、
此所罷帰り曽我村ニていか様之勘難苦労致シ候而成共、
曽我村之家相続可致様と一念ニおもい込、此年享保五
年四月中旬ニ万戈村ゟ罷帰り候、其時我等万戈へ持参
銀壱〆匁有之候を、七兵衛殿ゟ被戻候て、此銀借り方
へと庄屋未進方と漸々内渡しニ致し置候、此時我
等本(元)手銀一切無之候へハ、たばこ買致しならへ内証小

売、又ハ古手買等致し、いろ〳〵工ふう勘難致し罷在、
木綿商内も少々ツヽ、げん(元)銀捌キ、漸々取つゝき、此義
毎年算用帳ニいさい有也、

四十一

一右之時節ニ我等弟与平次事、殊外成悪しやう(性)ニて、御
両親之心をくるしめ、主(ぬし)有人の妻まとわし、其身いた
づらに身持、其上ニ家出を致し、大坂ニてかくれ居候
様成儀ニて、野作もあれ候へハ、御両親之御かなしミ
筆ニ留きれ不申候、依之我等与平次へいけん(意見)致候ハ、
我等此度万戈ゟ戻り候茂、何とぞ此家相続致度願有之
候ニ付、罷帰り候、住々此上ハ其方と我等心を合せ、
弟子供多ク候へハ、いか様之働キ致シ候て成共、此家
相続致ス様相心得候様と、則与平次芝ノ前ニて麦ノ中(ママ)
致し候所ニて我等申聞せ候事也、其時与平次相心得居
候へ共、其後も直り不申候て、千万気毒と存罷有候事、
此後之儀左ニ印シ有也、後ニハ難有も法身と成ル也、
宗信と言、

四十二

一享保五年喜太郎改名新兵衛と言、二十三歳ニ、此時節
ゟ我等木綿商内専ら出情致シ、一切本手(元)銀無之候へ共、
下地ゟさい〳〵なじミ之人々有之候て、銀子持参不致
候而も代物買におもいのまゝ商内致し候、其節ハ南都
木綿市日月ニ六戈、五日十日十五日廿日廿五日晦日と
不参不致候、此身売切候様ニ存、一ト市も無不参、荷
持人ニ壱荷又ハ二荷出し、我等毎市ニ十七八疋(カ)ツヽ、セ
おい、所々頭江いたゞき候て、毎市郡山へさして行、
三四けん屋の商内致シ、夫ゟ其日南都之市ニ商内致し、
明ル日南都之町へ売付之代銀取集メ候而、夫ゟ郡山へ
廻り、三四けんの銀子請取、毎市〳〵にセわしく、冬
たん(短)日の時分殊外きびしく相勤メ候事、夫ニ付極月五
日市日に大雪ふりつもり、あつさ八九寸と相見へ候所、
此大ゆきニも荷持三平と申者壱荷持也、我等十五六疋
ほどセおい、八木かいとう(街道)へさして行候所ニ、新口村
籔ノ竹共道筋へたおれ込、通るべきやうなく、夫ゟ堤

ノ下へおりて田の中をさぐりさぐりて、漸く道筋へ出
候様成時節も不参不致、別而つねの雨風いか程ふり吹
致し候而茂、定之六戈市日一切不参致し不申候事、

四十三

一右の時節木綿買出シ之儀在々ニて、毎日弐三拾疋ツツ
拾〆ヲ買取、小買木綿随分多ク買候ハ、霜月中旬之頃
新堂村筋ゟ段々と西在方へ行、漸々小買木綿九十八疋
買出シ候が一度有之候、此時節ハ毎日〳〵早朝ゟかけ
出、暮方ニ戻り、其夜〳〵に算用合セ、木綿そろへ明
ル日の払銀、此時分ハ銀札無之候へハ、小玉銀随分用
意致し、口々かけわけ、各書付ヶ其日ニくばり渡シ、
又其日の買付木綿代銀ハ一せんも払不申候て、段々と
相廻り候事也、

四十四

一右之時節ハ新庄木綿内売り屋ニ而大分買、南都市行之
木綿商人皆々買かゝり致し候て、七月ハ十一日算用済、
極月ハ廿六日算用済シ、毎年〳〵此通りニ致シ来り候
事、依之我等友達共其日無相違相払候、我等事ハ本手(元)
銀なきゆへ其日の払銀ニ行詰り残念ニ存、此所ニて尾
見セ候てハ相成り不申と存、右廿五日朝七ツ時ゟ木綿
弐十疋セおい(背)、何ニても明日払銀のたしに致し、新庄
表皆済致シ度一念ニてかけ(馳)出候所、藤川村の北口ニ石
橋有、此所ニてのどゟ血はき出シ、其時とけつ(吐血)の様ニ
思、はつと気もうせくるしく候へ共、何ヲ我等一念ニ
おもい込、出情之心ニ候へハ、むりやりニ郡山へさし
て行キ、右之木綿売払、夫ゟ南都罷越若衆へ訴申、
かけ(懸)の銀内取ニ集メ、漸々払銀出来致し候て、明ル日
廿六日ニ高田へさして昼七ツ時分戻り、夫ゟ新庄木綿
や中之□済致し候て、先ハ安心致し候事也、

四十五

一御両親右之様子御存有之候ニ付、我等事思召被下候事、
我等心ニかゝり候ゆへ、右払方相済シ候儀申聞セ候へ
ハ、殊外成御安心ニ成被下候事、我等いか様之勘難ニ
及候ても、御両親満足被成候事念願第一ニおもい、随

分我身息戈まつとうニ持、此家相続之儀一大事ニ思、毎年〳〵七月と正月とに店おろし算用宜敷致し、御両親ニ御目ニ懸け候ヘハ、御満足ニ思召被下候所の御かお(顔)はセ、我等が身ニ取リテの悦是に過キたる事無之候、ケ様ニ心かけ候ゆへにや、我等一生之望候事も相叶けん、世ニあり(るカ)われ其身〳〵の末々迄も安心にくらす様ニ相成り候事、我等一生之間ニも世間ニ多ク有之候、とかく仁儀礼知心(智信)相守り候得ハ右之通り成、我等勘難致し候而其徳有テ左ニ安心致シ、婦夫(マヽ)一所ニ隠居ニて、昼夜御礼御ほうしや(報謝)相勤候事も難有存、ケ様成儀書残シ置候も、子孫迄あわれ身おもい、乍悪筆書残シ置事也、南無阿弥陀仏〳〵、

四十六

一享保六年今井塩屋覚兵衛殿方つぶれ候事、此儀承り及候ハ右書留メ有、四ツ宝銀之四ばい替ニ成候節、手代半兵衛と申者大坂ニて江戸若衆へ段々くり綿大売り過致シ、前書之通り日々大上りニて、殊外成覚兵衛殿大ぞん被致候由ニて、然ル所ニ江戸大伝馬町伊勢屋と申綿家(カ)大分のべ売有之候由、此家(カ)も身しやう相果候由ニて、生銀大そん被致候所ニ、居嶋助右衛門と申綿家(カ)此仁も大のべ売被致候所、此仁も身しやう相果候由ニて、芳(方)々以覚兵衛殿大そん被致候由、夫ニ付内証ニ彼是ともめ合等も出来致し、在方町方之くり綿かけ(懸)入置候人々覚兵衛殿へ押寄セ、段々きびしく詰才そく(催促)致し候ニ付、其時五人組中罷出挨拶被致、漸々五歩くらいニて相済候由、然ルに諸方指引歩銀不足致し候ニ付、覚兵衛殿家屋敷質物ニ指入レ、銀五〆匁鳥屋六右衛門殿ニ而借用被致、其外諸道具等ふり市ニかけ、大分売払被申候事、

四十七

一右之時節ニ当村地頭様へ、右塩屋覚兵衛殿ゟ江戸へ為替銀拾〆匁程相滞リ有由、右払銀ニ手詰リ、当村御代官庄田中ノ七兵衛へ段々右之談申立ニて、才そく(催促)被致候所、其時節ニも当御地頭様御手支ニて御返済被成かたく候

儀、庄田氏ゟ段々と覚兵衛殿へ御断ニて、漸々十年賦ニ
被成候而証文被遣候由、然ル所漸々弐年分相渡り、残り
銀相滞り、此替り村方未進おいの悪田地畝高共ニて候
所、覚兵衛殿つきつけ相成り候由、然ルニ此田地此家ニ
支配覚兵衛殿ゟ段々被願、いか程ニ売捌キ成共世話致
し被呉候様と被申候ニ付、無是悲(非)世話被致片付候事、残
ル悪田地いわれでん(磐余田)、芝ノ後(芝ノ后)、畑西ノかなやけ(鉄焼)、無
致方長々世話ニ致し、めいわく仕候事、

四十八

一右塩屋覚兵衛殿段々手詰りニ付、当村ニ先年ゟ田地壱
丁八反有之候、此田地之儀畝高ゆへ、覚兵衛殿ニ支配
相不成候ゆへ、此方喜助名前ニて支配致シ来リ候所、
覚兵衛殿右之仕合ニ候得ハ、何卒此田地売払右歩銀
之たし(足)に致ス様と相談被致候所、其時妙法寺村三郎兵
衛殿、塩屋甚三郎殿、古手や善太郎殿衆中被申候ハ、
此家に子供兄弟多ク候へバ、何卒右之田地此家へ買請、
子供多ク候へハ手作ニ支配致候へハ、麦作ニ而も未
々(カ)養行之事と被存候へハ、今以代銀之調達相成り不申
候共、名々(銘)共いか様ニも世話致シ候間、先右之田地代
銀壱〆五百目ニ買請、永々此家之支配ニ被致候が可然
様と申被立候ニ付、左之通り成ル儀ニ候事也、

四十九

一享保七年寅ノ八月右之談ニ付、此家に是迄諸方へ頼母
子人数ニ出置候得ハ、此度之儀村方之衆在方之衆中共
ニ無女(如)才世話致シ被下候ニ付、□かけ弐拾五匁ツ、五
十四人相調、此内ニて末々慥成頼母子ニ致度了簡ニて、
此方喜太郎名前ニも弐牧出かけ置候而□銀都合仕、右
之田地代銀壱〆五百目覚兵衛殿へ相渡し、右田地売券
証文取置申候、然ルニ五会相勤り候而、其後世上共頼
母子之儀一とうにつふれ候而、拗々連中へ訳立不申、
気毒ニ存候へ共、無是非事ニ候、右喜太良名前弐牧か
け置候程之儀候得共、無是非儀ニ存候事、残念ニ思罷
有候事也、

五十番

一享保八年極月廿日ニ、前書ニ有之通りニ喜太郎郡山ゟ南都へ書出しくバリニ廻候節、大安寺村西ノ大川此年の八月大高水ニて、堤切れ此所大キ成ふちニ成、此処へ年頃五十歳ぐらいの男一人此高堤を通ニ、ふミかぶきまつさかさまにはまり込、然ル所我等事半丁ばかりてまへに行かゝり見請候所、折節其あたり一人も無之候て、最早はい上ルかとおもい候へハ、さかさまになり、とろ(泥)へ頭が入、ごふ〳〵をふき出し、足ばかり見へくるしけ成事見請候所、最早此人水死ニと見付、其まゝ我等彼ふちへもゝ引かけてかけ入、彼人の足お引寄、我等ハ堤の力草ひたりの手にまき、右の手ニて漸々と引上ヶ、夫ゟ堤の上へ登り候へハ、段々人寄集り、気付薬等用意候へハ、とろ(泥)水吹出し、少シ心つき候様ニ相見へ候所ニ、此方ゟ大こゑニてどやき候へハ、郡山岡町之者と申事かすかにきこゑ申候、然ル所郡山ゟ南都へ質籠(ちん)ニ行候者共戻り合せ、右之訳申聞セ我等相頼候而此籠ニのセ、郡山岡町さして行候事、我等夫ゟ南都へ行用事相勤、明ル日戻り、右之訳御両親ニ咄し聞セ候へハ、殊ノ外成儀と御悦被成候事也、

五十一

一享保八年右之節、御両親之御世話被成、我等妹おとね事、今井木綿や又三郎殿挨拶ニ而、同所銭屋仁兵衛へゑんに被付ヶ、荷物三さし被遣候事、

五十二

一享保九年二月上旬ノ頃、今井塩屋覚兵衛殿事、前書ニ有趣ニて右五〆匁家質銀主方ゟ切月おい、段々きびしく才そく(催促)ニ及、すでに銀主鳥や六右衛門江なかれ(ママ)ニ相成り候様ニ及候ニ付、木綿屋又三郎殿、古手屋四郎兵衛両人此方へ被来候て被申候ハ、此度覚兵衛殿家流ニ相成り候所、名々故有家筋之儀ニ候へハ、我等両人世話致し請戻シ度様と存、夫ニ付近頃申兼候へ共、此家ゟ極上銀五百目合力被成候へハ、此銀本手(元)ニ持、一家中へいやおう不成様ニ申、何卒本銀五〆匁都合致し請戻し遣度了簡ニて御座候、若覚兵衛殿一家中ニとやか

くと申仁有之候へバ、我ニ申候ハ此銀五百目、曽我村
喜助殿子息喜太郎事、万才村へ養子被参候人ニ御座候
得共、喜助殿家難立候ニ付、何卒親之名禄(跡)相続致シ度
願ニて、先様しんしやう(身上)宜敷家見切戻り候て、此一弐
年ニ漸ニ借銀片付、本(元)手銀と申てしんしやう有たけニ
五百匁か壱〆匁迄の本(元)手銀、我々両人能存有事ニ候所、
右之訳申聞せ、身を切る様成銀子出させ候間、何卒此
両人の了簡ニまかせ被下候様と、いつ迄もこん気ニま
かセ都合致し候間、弥々右之五百目出し被下候様と達
而被申候ニ付、我等おもい候ハ、先年御先祖此家之儀
御世話被成被下候儀も承り及候へハ、此度覚兵衛殿名
禄一大事之場所と存、其場ニて早束(速)極上銀五百目出し、
両人へ相渡し申候、然ルニ又三郎殿、四郎兵衛殿大悦
ニ被存、最早是ヲ以いか様致候て成共家質請戻し慥(カ)被
申、弥々其後段々一家中又ハ古手屋中相頼都合被致、
請戻し相済候由承り、此方御両親殊外御悦被成候事、
我等も右之銀子かう(功)に立、満足致し候事、然共漸々
壱〆匁ニたらぬ本(元)手銀五百目出し候て、心とほんと致
し、気ぬけのやうニ相成り候、然共我等其時おもい候
ハ、ケ様成一生大切之場所ニ用立候事も、商内かき(家業)
やう大事とおもい、兼而南都へ木綿市六才(斎)通イ候節、
毎市朝出ニ東口ニ而おもい出し候ハ、先此家の阿弥陀
女(如)来様、夫ゟ御先祖様方夫ゟ今井塩屋先祖達ゟ曽我大
神宮様、万才高田衆中へ心ニ一礼、猶此後ハ御両親ニ
安心為致度願そうきやう(ママ)と乍知ル一念おもい出し候て、
其日南都市ニ行候へハ、其市商内仕合能キ様ニ覚候事
有之候へハ、何とて右之銀五百目も後ニ入替有様と存、
猶夫ゟ此身売切りたるやうニ存、随分出情致候、然ル
ニ後ニ至リ店おろし帳御両親へ御目ニかけ候へハ、御
満足ニ思召被下候事、

五十三

一享保九年頃迄此家本々曽我に堀内助三良与八郎兄弟両
（此家敷往古ゟ北口ゟ弐十四五間、南東かわ、堀内先祖あと地なり居住致し来り候事、）
家続キ家ニて、先祖ゟ百姓相続致し来り候処、此十年
ばかり以前迄ハ江戸ニ而ならや庄八と申兄人有之、此

人ゟ折々見次金銀度々被遣候て、其節迄ハ此両家殊外成はんしやう(繁昌)成百姓ニて、両家共ふうき(富貴)に相暮シ罷有候所に、与八良子供ニ伝兵衛、庄七、此者共心入レあしく候ゆへにや、段々しんしやう(身上)ふってい(払底)ニ成リ、先祖ゟの家徳家材(財)諸道具等不残売払、ついにハ庄七欠落致し行衛不知れ相成り、伝兵衛事ハ大坂生玉ニてくわんにん(勧進カ)坊主ニ相成り、依之与八良名禄(跡)ハたゑはて候、残ル助三郎家、是茂段々しんしやうおとろへ候て、先祖ゟ持来ル田地諸道具等売払不女(如)意と相成り候へ共、家筋之儀に候得ハ、当御役所ゟ後ノ助三良ニ村役人ニ被為仰付候所、四五年程村年寄相勤候得共、右之品々候得ハ村役人も上ヶ被申候、夫ゟ段々不仕合ニて、宜敷田地段々とぬき売り致し、残りハ畝高持ニ相成り、本家も半分切売り致シ、残り半分家と田地ハ漸々曽我森(小字名)畝高鳥井わき(小字名)と八王寺畑とばかりニて、毎年〳〵未進出来致候、最早たへ〳〵ニて候所、此義我等気毒ニ存候ハ先祖ゟ名禄(跡)ニ候所、何卒家名相続為致度存、此方弟喜助養子ニ遣シ相続之儀と存、畝やす田地南外畑と未進余内銀と、其時新地へ家引越候普請入用と着類等持せ候て、此儀ハ左ニいさいニ有なり、

五十四

一享保九年ニ大坂大やけ、此年綿作大虫入大不作にて、植田日やけニ成、四五斗ゟ壱石弐斗迄、綿ハ壱反ニ五六斤ゟ十四五斤迄、

五十五

一享保丑ノ年(六年)、諸国共田作ニさいはい虫と申大むし入、殊外成大不作、此年土用迄ハ田作も出来能候所ニ、段々ひいてニ成候て、いな草五いと(ママ)類、其外坊主いねのるいむし入多ク、壱反ニ付弐三斗ゟ四五斗取迄、けいね(毛稲)るいハ弐石ゟ余も有、依之西国筋殊ノ外成大虫入段々申来り、夫ゟ米相場ノ段ニ高値ニ相成り、右之上銀ニて四拾四五匁ゟ五十一弐匁ぐらいハ、九月ゟ十月時分迄、夫ゟ霜月極月ニ至り、九州大虫入と申、段々大上りニ成上、銀百拾匁を上り申候、夫ゟ寅ノ正

月成り諸色俵物大上りニ成、世上共大がしん(餓死カ)ニ成ル、
非人等は所々にうゑニ及死ス、町方のひん家のしよく(職)
人等ハあおばれ(青腫)ニ成り、道行ニもひよろ〳〵とシてた
おれ候事、見る目もふびん(不愍)成ル事ニ候て、其時節多ク
諸人のはんまへ(飯米)に正中栖(ママ)お餅ニ致し候人ハ中ノ上、其
下ハにでの木のかわをむき粉ニ致し、池ノひし(菱)ハ取つ
くし、藤(ふじ)の若葉おむしりて喰ニ致ス、其外いろ〳〵の
草木を喰ニ致し、命おつなき候様成おそろしき時節、
然ルニ此前後ハ年々不作重ク、百姓方も綿ニ虫入植田
ハ不作続き、こんきう(困窮)致し候へ共、忝存候ハ小百姓ニ
至ル迄もうへ(飢)死ニ致ス様成人一人も不承候、此儀ハ兼
而な(菜)大根干な(菜)等用意致し置候事ニ而、命つなぎ候、然
ルニに京、大阪、堺、奈良、郡山、上市、下市、今井、
八木、御所、新庄、高田等之町場所ニてハ、身しやう(上)
の宣敷人ハせきやう(施行)お出し、白かい(粥)、茶かい、又ハ切
手お出し、白米壱人ニ壱合ツヽ出スも有、いろ〳〵に
ほどこし被致、漸々其年しのぎ申候様成事、

五十六

一右之寅ノ年(享保七年)、秋作米方殊外成豊年ニて、諸色段々下り、
米麦等下直ニ相成り候て、其暮ゟ世上共おだやかニ相
成り候而、町方ハ悦申候事、然共此年も百姓方ハ綿作
虫入ニて、漸々弐三十斤ゟ六十斤吹ニて、末百姓方
こんきう(困窮)ニて難儀ニ及候事也、

五十七

一享保九年、此家之御ずしさい(厨子)かう、此儀ハ当村大橋木
くずれ之節、上桧共より出し用意ニ致し被置候所、数
年相のび候所、大工松塚村八兵衛渡し置、あまり延引
ニ及候ニ付、我等段々松塚村へ行、色々と八兵衛相頼
候ニ付、漸々と此年霜月上旬ニ出来致し、白木作りニ
きれい(ママ)成事ニ候て、御わたましと報恩講と両親御勤メ
御悦被成候事

五十八

一享保十年ニ新兵衛婚礼 喜太郎事 弐十七歳　妻おちやう 十六歳 妙法寺村ゟ来ル

此儀御両親御世話ニ成り、挨拶な子と人田宮三良兵衛（媒人）
殿、依之婦夫共不相替相続致し大慶ニ存候事（ママ）

後ニ子供一　惣領
　小市郎
　後ニ喜兵次新兵衛言
二おかね
　高田行、死ス、妙喜
三新三郎
　死、知月
四おつゐ
　宇陀へ行、死ス、妙専
五喜之助
　高田へ行、藤兵衛と言
六おするゑ
　此方隠居取死ス、妙秋と言
　此替り後ニ
　小八良相続致ス

五十九

一享保十三年申ノ二月、東ノ与兵次家普請出来、此家之
儀常門村四郎兵衛家買引取、惣入用上銀ニて壱〆七百
匁大工手間共、又銀壱〆匁余之所、此年田地壱丁六反

うハけ（上毛）年貢なしに取入させ本年ニ渡ス、又麦米はんま（飯米）
へ諸道具等当分不自由ニ無之様ニ致し相渡ス、又銀
弐〆匁酒屋本手（元）銀証文かし、又銀壱〆匁今井熊吉へ家
質銀かし此方へ請戻し、又銀七百八拾匁森田丈助様助
七殿挨拶、又銀百九十匁たばこ刻之時本手（元）、〆右之か
し銀不残了簡致し新兵衛ゟ遣ス、猶又外ニ右家屋敷、
明和弐年今喜名前ニて、壱〆九百匁ニ此方へ買取候、

六十番

一享保十四年酉ノ九月朔日、座此方喜平次事小市良、座
当人ニて、此年綿方豊年ニて朔日夕我等座中衆中江申
候ハ、曽我大神様当六日之夜宮ニ先年ゟあまりさびし
く、よミやニて遠路ゆへか氏子の参詣も無数、暮方迄
ニ御湯かぐら仕舞ちやうちん（提灯）等も暮方に持かへり候様
成事、若雨天ニ候得ハ別而参詣無数、甚気毒ニ奉存候
事、依之さいわいむかしゟ東楽寺ニちんしゆ（鎮守）宮有之候
へハ、此所へ杉葉ニて御みこし拵、毎年九月六日よミ
やニ御さか木うつし奉り、此所ニて御湯かくら等上ケ、

其外ゑ(絵)馬ちやうちん等も上ヶ候へハ、雨天ニ候而も皆々参詣致し悦候様ニ被存候間、いかゞ致し候やと座中衆中と相談致し候所、成程此儀ハにぎわしく相成り候事御尤也儀と被申、然ハ神ていニまかセ御たまぐし(玉串)入テ御うかゞい申候か可然と被申、早速神主四良三郎殿たまぐし上ケられ候所、曽我太神宮様御きけん(気嫌)ニ入候や、みこしの方御上り被成候て、夫ゟ相談相極メ、明ル二日ゟ此方東ノあき家へ座中皆々寄、杉葉かこいのみこし作り、かざり等いろ〱ニ出来、殊外見事候事、其外氏子ゟ御むかいちやうちん人々ニ拵、たいこ(太鼓)かねニてはやしかけ、やたいの荷ナい物みこしかきの人々ハ、段だら八まき(鉢巻)夕かた(浴衣)捌へニて、殊外道筋の送りむかひにき(賑)わしく事、御きげんニ入候やと皆々悦申候御事、依之東楽寺御旅所ニてハ、新町座ゟもちやうちん(提灯)其外、立山人形又ハきようけん(狂言)等被致、御みこしの御前ニて御湯かぐら上ル、是ハ座中の氏子と参詣之人々と猶座中間御湯と、御殿様御湯とハ曽我森ニて夫迄ニ上ル筈、然ルニ右六日よミやむかしゟ初而東楽寺ちんしゆのにぎわい、氏子中両座共大悦ニ存候、夫ゟ七日神事ノ夜右御さか木(榊)、右ノみこし御むかいの通りニて奉送り候事も右之通成、七日の夜もにぎわしく候事也、

然ルに此年閏九月四日夜殊外成大風雨ニて、曽我ノ森大松宮ノうしろニ有之候大木、大枝さけ落候而宮ノ上へなけかけ候所、ふしぎ成事宮様やしろだいざ(台座)共前之方ノ御のき被為成候御事、右御やしろ少もそんじ無御座候、然ル御やしろ直スニ付、又々閏九月六日ニ東楽寺御ちんしゆ(鎮守)へうつし奉り候、依之閏九月六日よミやニも御湯かくらちやうちん等指上ヶ候、其時氏子中申候ハ曽我太神様弥々御旅所御きけんニ入候と存、此閏九月六日よミやニも御うつり被為成、御神慮ニ相叶候と座中其外氏子共大悦致し候事、夫ゟ右之通に毎年無相違相勤リ来リ候御事、

然ルに此年辻又市良屋敷にて、村方未進おい人菊松座

芝居仕而、此芝居天気続能ク三十日間に昼夜ニ五十八
芝居出来候様成仕合ニ、きやうけん（狂言）大あたりニて、世
間ゟハ大徳も有様ニ申候へ共、勘定致し候へハ、徳ハ
かこいの木竹と縄むしろ徳ニ成候ばかり、右世話人之
内ニ徳取かくし候人も有由、夫ゟ後年（カ）西養寺に大芝居
出来、是ハ大橋用ニ大そん高ニ（ムシ）

六十一

一右之年如此拵ル青杉葉にて、みこし高五尺、幅弐尺八
寸、四方かうらん（高欄）ハたんぬり（丹）、はしら青にし、其外惣
青杉葉、荷いぼう弐間半、此通りニて、酉ノ年ゟ子ノ
年迄四年の間、毎年曽我座ゟ作り替、新シ致し相勤候
へ共、毎年世話致し候事気毒ニ申候ニ付、御手みこし
ニ相成り候事、此儀
一享保十九年丑ノ年ニ御手みこしニ成ル、是ゟ毎年九月
朔日ニ座之御かりや、御さか木、御うつり（東楽寺へ）被為成候ニ
も此御手みこしニて御入候、依之毎年九月六日よミや
御神事ニ此御手みこしニて、神主四郎三郎守り奉じ、
座中年寄其外氏子中御むかい（迎）参ル、七日夜送り参候、

右の趣御神慮に相叶、氏子大悦ニ奉存候御事、右者往
古ゟ座之頭人方ニかりや有之候、此年ゟ御手ミこしに
て此かりや江御うつし候事、

右青杉葉御こしニ納り之儀、此方小市郎後ニ新兵衛ト
云、此とふ(当)人之時、此方ニて座中相談之上ニ而納ル事
なり、

六十二

一享保十五年戌年、喜兵衛事今井東町江借屋致し候て、
女房おふきと一所ニ出見セ(出店)致し候、此年迄ハ喜兵衛事
我等世話致し、木綿商内おしゑいろ〳〵と致し、木綿
切売等ニ初而土佐谷岡飛鳥村方へも喜兵衛引連商内致
させ候て、夫ゟ段々もふけ(儲)取ニ致させ、本手(元)銀留り候
所、店おろし〆拾壱〆匁余ニ相成り候所、今井塩屋懸
応様我等じきに被仰候ハ、其方と此方と一家之間ニ候
所、此後段々未も遠ク相成り候へハ気毒ニ存候、さい
わい此方右之娘おふき事、右喜兵衛とめあわせ候へバ、
重縁ニ相成り大慶ニ存候、先ハ先祖之御心ニ叶、婦(マヽ)
夫へ被為致、おふきニ持参銀弐〆匁と当村ニ田地四反
と此徳五石余有、婚礼之節持セ被遣候事、依之弥々相
続致し候、其後ニ段々子供出生致し候へ共、然ルニ右
婚礼の節迄ハ此家ニて弐年余おふきと喜兵衛相暮し罷
有候所、其後ニ今井南町ニ古手屋八兵衛家売り家ニ相
成り候所、此家屋敷五貫匁余ニ買請候て相続致し候所、
然ルニ右ノ子供段々相果、姉娘ニおいそと申者ニ、八
木新賀屋喜三郎殿二男権七を養子ニもらい婚礼致し候、
又此時ニ銀壱〆匁余合力致し遣し候、則此銀子之儀ハ
喜兵衛了簡次第ニていつニても相戻ス筈ニ申候事、然
共其後権七来リ候而ゟ商内はんしやう(繁昌)致し、一家中大
悦ニ有罷候所相続致し、大慶ニ存候事、

六十三

一享保十八年ニ弟九兵衛事、南都大安寺屋善太郎殿養子
ニ遣し候、此儀ハ今井熊野屋吉兵衛殿世話致し、挨拶
にて段々と所望被致候ニ付、一家中と相談致し、我等
兄弟多ク候へハ弥々相遣シ候筈ニ相談相極メ候、則荷
物たんす長持ニ着類夜具等迄もそうおう(相応)成事ニ致し、
身の廻り一と通り、小遣銀等持せ遣シ候事、此九兵衛
事南都行候て段々商内はんじやう致し、足袋商内段々

と多ク相成り、右善太郎殿時節ゟハ身代能ク相成り候所、南都方一家中大悦被致候、然ルに右家普請等致し候上ニて、右善太郎殿一家内南都瓦戸町勘三郎殿娘おさよ嫁ニ取、段々しんしやう(身上)致し相続致ス事、此方御両親御悦被成候事、右九兵衛に娘おいそ、是ハ後ニなミ(並)松村へゑん付キ、次男文五郎と子供弐人有之候所、然ルニ寛延弐年巳ノ七月廿二日、右九兵衛事病死致し候而扨々残念成事、其後ハ右文五郎ニ名禄(跡)也、然ルニ此文五郎明和四亥ノ年迄段々身持あしく、に(煮)売茶や等致ス様ニ相成り、又明和五年ニハあら物や見せ(店)と成候、

六十四

一享保十九年寅ノ霜月下旬に、当村西のかなやけ(小字名)此方田地中頃にて、悲(非)人四人来り暮方大けんくわ致し、一人をでばほう丁(出刃包丁)にてつきころし、片かいな(肘)ハ切おとし、かをのきづ数々にて、其等我等一ト目見る事扨(モ)ニむざんなる物、此ひ(非)人承り候へハ、南都ゟとうぞくの目あかしに御出シ被為成候由にて、夫ゟ右三人のひ(非)人共後ニかりとられ、西鳥(居カ)井にてごくもん(獄門)にかゝり、此時けんふつ(見物)の人々おびたゝ(ママ)しく事なり、依之光専寺様へ御経我等上ケ候事なり、

六十五

一享保二十年卯ニ年号替ル、元文元年、此時文金文銀出ル、是迄ハ享保銀慶長銀同事成、此極上銀に右文字銀五割ましの通用御触、下地上銀かり請候人しやへツ(ママ)なしと申ス事にて、右上銀壱〆匁かり候所へ、此文銀一匁返済致スも有、又上銀壱〆匁かり置候所へ、気つよく人は割合を以テ上銀六百六拾六匁六分六厘渡スも有、又了簡宜敷人ハ右上銀壱〆匁ノ所、同上銀壱〆匁返済致スも有、又同所へ文銀壱〆五百目おとなしく渡すも有、其外売りかけ指引等弐わり半さしにて了簡合にて指引致スも有、扨々世上共取引やかましき事なり、然ルに此年迄喜太郎万才村ゟ戻り候てゟ、極上銀拾八〆六百六拾目余、此せたい(世帯)へ(ママ)十四年の間に仕込、依之此家持すへ、兄弟共も養行致し候事なり、

六十六　是より諸色文銀立テ

一元文元年ニ京都七条ニて御公儀様ゟ御免之米会所有之
候所、此米会所之儀本(元)方人当国ニ逢坂村塩井小兵衛殿、
同名与次兵衛殿兄弟として預り被居候所ニ、此米会所
段々商内はんしやう(繁昌)致候ニ付、右両人之衆中手前商内
被致候所、相場高下ニ及過分のそん(損)銀被致候て、此
本(元)方両人難儀ニ相成り、致し方無之候所、若(客カ)方の入銀
等取込ニ相成り指引等訳立不成難儀被致、殊之外成銀
子手詰りニ付、当地へ罷被越、其節ハ当村御代官庄田
七兵衛様と右両人一ッ家之儀ニ候へバ、右京都ニて取
込銀之調達ニ右七兵衛様と相談ニ被参候、今銀三貫匁
無之候得ハ大はんしやう(繁昌)致ス所、大切成場所見捨立の
き候事残念成事と被申候ニ付、其時京都右米会所へ当
村ゟ吉兵衛とたびや宇兵衛と手代奉公ニ被居候ニ付、
此両人と庄田七兵衛様と相談之上ニて、七兵衛様ゟ我
等御呼被成候て御頼被成候ハ、其方今井熊野屋吉兵衛
と念頃(懇)之由承り及候、此吉兵衛事相場商内ニ気りやう(器量)
有者之由承り及候、何卒此吉兵衛ゟ此度銀三〆匁出銀
候得ハ、右米会所四歩之加入ニ致し候間、其方吉兵衛
方へ行御世話致し給り候様と、七兵衛様ゟ我等へ段々
御頼被成候ニ付、右熊吉と我等相談致し候所、熊吉申
候ハ、其元ニも右四歩之内加入一所ニ被致候へハ、相
談〆り可申熊吉被申候ニ付、七兵衛様ゟ我等江達而加
入致し呉(カ)候様と御頼ニ付、夫ゟ我等弟与平次世話人ニ
シテ、此儀与平次茂徳用ニ相成様と存、我等ゟ出銀壱
〆五百目熊吉ゟ出銀壱〆五百目都合三〆匁相渡し、証
文被替セ候而相極メ候事、夫ゟ熊吉と我等と内(同カ)道ニて
京都ニ登り、七条ニて御公儀様ゟ御免米会所見及候所、
諸事相尋候所ニ、きやう(マヽ)儀堅ク、扨々はんじやう(繁昌)成場
所ニて大和方之相場市会所とハ諸事堅ク入銀等もしや
うふニ入、段々はんしやう(繁昌)致ス、毎日〳〵商内口銀四
五百目ほどつゝも上り、夜越ノ歩合等芳(方カ)々ニ七八百
目程つゝ之徳用毎日上り候様成はんしやうの場所ニ候
へハ、当村ゟ手代吉兵衛、幸助、宇兵衛(此仁後ニ八木田屋宇兵衛)等頼入置候而、

毎日〳〵大坂廻り状通ニて様子申越候所、弥々はんじやう致し、其時我等おもい候ハ、ケ様成弥敷もふけ(儲)事ニ出合セ我等ヶ手ニ入り候事ふしぎ成ル事と存候所、熊吉抔殊外成大悦ニて我等も共ニ悦、半年余り相続致し候所ニ、右逢坂村小兵衛殿方、六歩方之手代共ニ京都出生之善兵衛、善六と申者共と、小兵衛殿と申合セて、まへニ商内米千石弐千石之売買致し、折節大高下ニ及、大ぞん被致候て、会所指引等不守ニ相成り、若(客)方ゟハ徳銀入銀等きびシく取ニ来ル、此方四歩方ニハ右てまへ商内堅ク不致候事約束之所、せりふ(ママ)ニ成り、中(仲)間けんくわニ相成り、色々事共出来致し、ついにやむれつぶれニ相成り候、難儀成事ニ出合所(ママ)、其時我等おもい候ハ、右熊吉ケ様成相場筋之事望成、人々相談致し候而、我等が了管違と存、夫ゟ右手代宇兵衛世話ニて、漸々出銀程つゝ取戻しにけほゑ(ママ)の様成仕廻ニて候、最早此後ケ様成不実場所、相場商内等一切堅ク致ス間敷候事、新兵衛が一生之あやまり、右之趣書印(記)シ、何事も其身〳〵ニ前生ゟ請たるいん(因)ニて候へハ、不叶事と存、夫ゟあきらめ、其後ゟ少シ之不実ヶ間敷事致シ不申候ゆへ、今ニ此通りニ家相続致シ罷有候事、

六十七

一右之時節なべがね新銭出候、相場高下有、此銭之儀ふとうニシテあつく、九十六文がつねの銭とハつなぎ一寸も長ク、手あらく捌キ候へハ、くだけ候事、夫ゆへか世上ニ段々無数成候、然ルニ此時節金相場五十二三匁文金一匁許也事、

六十八

一元文三年ニ当村光専寺本堂余り彼損(破)ニ及候ニ付、柱五本入替、そのいがみ直シ候様と一通り之相談極り候所、此本堂の儀、内間五けん四方ニて、いぜん天和年号迄ハ本堂やねわらふきの由ニて承り及候、後興(享)保年号之内ニ本堂瓦ぶきニ替り候由承り及候、夫ゟ凡六十年程過ギ、右元文三年ニ惣門徒村々ゟ寄合、色々と相談致候所、とても事本堂新シく立直シ候か可然と申、相

談一ッけつ(一決)致し相極り申候、其節ハ光専寺留守居僧当
国田村法林寺出生了勧僧と申、此御僧高田専立寺自知(臼)
様御弟子ニて、此僧御苦労ニて段々と諸事之御取捌キ、
門徒中ゟ寄進付奉加等ニ当村門徒中ニ申合セ、大坂ニ
てけや木(欅)はしら買付、其外諸方ニて材木買調、大工坊
城村四郎右衛門とうりやう(棟梁)として、わきとうりや(う脱カ)秋本
村次郎右衛門、其外大工五六人つゝ入来ル、元文四年
ニ古本堂ほとき、土持地づき致し候事、

六十九

一元文五年三月中旬ゟ右光専寺石つき有テ、十八日ゟ廿
四日迄七日の大御法事御勤、此時ニ子供ニきやうけん(狂言)
致させ候事、当村門徒中寄合相談致し候所、我等ニ此
世話致し候様ニ皆々被申候ニ付、拆節大坂ゟ芝居役者
ニゆう助と申者、当村へ度々来ル、此方へ呼入候て、
此者と我等相談致し、取組きやうけん子供ニおしへ候、
込山の前にてぶたい(舞台)拵、此子供娘子供ニハかせや(綛屋)おも
と、此方(カ)おつる、酒や与平次娘おさん、辻おはん、北
ノ伊兵衛娘おきく、金六娘小ふじ、此六人おもい〱
にいしやう(衣裳)拵、此きやうけん(狂言)の次第、しやうし(浄瑠璃カ)より舞
と大夫出立ニうたおとり(歌踊)、花がさ舞、此時節はやりう
たにくも(雲)にかけはし、かすみに千鳥、およびないとて
ほれまい物か、しづかふせや(賤ケ伏屋)の月、おみやしてなア
〱よいしてなア、其他うた事、さん下りぶし、いろ
〱有て殊外成大出来ニ而、大ぐんちう(群集)の人々ほめ(褒)ん
者こそなかりけり、扨又男子供前後ニ十弐人出、内七
人ハ大坂出羽芝居子供通りニ出立くろ(ママ)約束ニてやっ
こおどり、ふたい(舞台)ニて約束替り狐おどり其外いろ〱、
やすし(ママ)おどり、是又大当り成事ニ候、扨又上るり(浄瑠璃)事信
州中嶋かっせん二段目、直江大和之助時綱に油屋長四
郎、高坂段丞(弾正)ニおけや加七、此きやけん(狂言カ)込山ノ前ニ辻
堂拵、込山ゟてつほう(鉄砲)はなし、此弐人身拵上るりの
もんく(文句)、口上ニて大おんのせりふ、芝居役者も及ぬ様
ニ申、込山こだてニ取けいき(景気)よく、此事大当り、ほめ
ん者こそなかりけり、其外こくせんやかっせん(国姓爺合戦)千里が

□□かり、和藤内ニ右長四郎、其外山うば山めぐり、
勘兵衛男子勘六、角田川道行此勘六、是又大でき(出来)、此
時右之親々共、子供ニうかされよねん(余念)なく火情(加勢)、猶又
光専寺殊外成はんしやう(繁昌)にて、むかしゟ当村へ大くん(群)
しう(集)致候事、此事ゟ外ニなし、其節ハ北海道筋参り下
向人おし合、大道ばた草までふみかれ(踏枯)ニ成り候様成、
光専寺はんしやう(賽)ニ而参銭と瓦奉加等毎日〳〵十四、
五〆匁程つゝ上り、惣門徒大悦致、日数七日さわりな(然)
く相済候事、依之其後百済村ニも田原本ニも当村同前
の子供きやうけん初り申候、其後ゟ村神事等ニも子供
きやうけん初り候事、

七十番
一元文五年閏七月十七日当国大高水、御所町半分程流、
大分人死も有之、目もあてられす、あわれ成事筆ニ盡
されず候事、

七十一番
一寛保年号之内、京都奥御門跡様御堂衆、等正寺様(ママ)と申
御心信たつとく御法談僧、当国の御末寺方へ御法儀相
続之御用ニ度々御廻り被成、依之我等方へも御立寄被
為下、難有御さいそくニあい、我等夫婦へ御すゝめ被
下候て難有、他力念仏のわけ為得被為下、夫ゟ此等正(ママ)
寺様在々御末寺方へ御法事ニ御廻り被成候節、我等夫
婦も所々方々江参詣致し候而、弥々難有仕合ニ奉存、
右ノ御僧御かけニて他力南無阿弥陀仏様、御名号難有
奉頂戴候御事、

七十二
一右之時節ニ京都各目(名)金借り初り、たいこ松橋様(カ)ニ十
弐〆匁と太田忠太殿取持印形両村ゟ遣ス、妙信寺様ニ
八〆匁と吉文字屋小兵衛へ□当名(後欠カ)

七十三
一延享元年子ノ春、光専寺柱立陳(棟)上ヶ等之儀ニ付、惣門
徒中寄合色々ニ相談し候所、入用銀三〆匁急々用意無
之候ハてハ出来不申儀ニて、皆々気毎(毒)ニ存候、然ルニ
惣門徒中ゟ被申候ハ、九兵衛殿ゟ壱貫五百目、新兵衛

殿ゟ壱〆匁、金六殿ゟ五百目、当分他借被成候て成共、
此三〆匁御仕替被下候へハ、当綿秋ゟ段々二三年中ニ
惣門徒ゟ取集メ、急度相済シ可申、此儀ハかくべツ之
銀子候間、下歩ニ利足そへ返済可申約束ニて三〆匁都
合致シ、夫ゟ柱立陳(棟)上ヶ等迄出来致し、惣門徒中大悦
ニ存候、右者銀子綿秋ニ至り候而、門徒中へ才そく(催促)致
し候へ共、取〆リ世話致ス人も無御座、其後段々瓦や
ね内作り等に入用銀重り候ニ付、今に相不済有之候、
我等方此銀壱〆匁出銀之儀ハケ様成時節無之候ハてハ
出シ不申候ニ、後々ニてハ我等一ツ生之徳と成ル、猶
我等ヶ往生之志銀ニ指上ヶ置候と存候へハ、ケ様成時
節ニ為出合被為下候事、難有仕合と奉存候御事、

七十四

一延享弐丑年九月ニ我等弟助九良事、八木嶋や権三郎方
へ養子ニ遣シ候後ニ和助と言、此方ニては馬之助小八
郎とも言、此ゑん談之儀我等右権三郎方へ養子ニ遣ス
事堅ク不得心ニて、挨拶人新かや(新賀屋)喜三郎江達而申聞候
へ共、本主助九郎ゟ是非ニ望、猶又与平次等と達而
すゝめ候へ共、我等権三郎方内証承り及候所、あしく
筋ニ聞、堅ク相談無用ニ申候へハ、八木せつたや(雪駄屋)宇兵
衛と今井熊のや(熊野屋)吉兵衛(上田やト云)、右之人々迄挨拶ニ取組、助九
良望ゆへ、我等ニのついき(ママ)させぬやうに申約束為致候、
此儀ハ我等申候ハ、此小八郎ニ今四五年此家ニ而相働
キ候へハ、少々も本手銀拵、いケ様共致シ様も致し未(ママ)
ク(ダカ)御両親様送り入レテ間なく候へハ、此身(しん)代も無心元
候間、左様相心得と段々ニ申候へ共、彼女房ニ見付キ
候哉かへて腹立致し、我等へ過言申かけ候様成ル事ゆ
へ、ぜひなく相談極メ申候、然ルニ此仕付物助九郎い
ろ〳〵望候ニ付、たんすと長持とはさみ箱ゑり数五十
八色と、其外脇指何か目録書之通り相調、婚礼祝儀物
等入用〆壱〆七百八十匁、余内ニ助九郎払銀四百目程、
残ル入用壱〆三百匁余覚帳ニ有、又持参銀弐貫目遣ス、
此時節我等兄弟多ク身代之いたみニ相成り候へ共、助
九郎望ニまかセて持セ遣候、然ルニ二三年過キ候而、

本家普請致候と権三郎、助九郎我等へ相談致候ニ付キ、我等此普請之儀ハ達而無用と相とめ候へ共、家普請致し候、此入用銀四五〆匁程入用致候候（ママ）様ニ申、夫ゟ後ノ年正月九日ニ権三郎我等に申聞セ候ハ、先御悦被下、右普請銀入用ハ当年ニむめ（埋カ）候て、普請はのびニ相成候と申聞セ候、然ルに此権三良家うらかべも干ぬ内に、権三郎借銀五十〆匁余有之由ニて、則諸方借シ方ゟ才そく（催促）に詰り、こきやく（估却）ニ及候様成儀、其時我等ゟも銀五百目権三郎ニかし有、此銀子等も佐太（沙汰）ニ不及、右我等不得心之趣此事ニ相成り、権三郎殊外成不埒者ニて、こきやく（估却）ニ及候、依之右和助ニ我等申候ハ、右ゑん談之時、我等不得心之事申聞候へハ、助九郎事此節和助と言、我等ゟしんくわい（心外）之儀申候へハ、和助以ノ外成ル過言申かんにんならぬ訳、我等腹立之段筆ニ盡されず候、夫ゟ和助事ぎせつ（義絶）致、其後此方へ立入し不申候、猶権三郎親子者共一切此方へ来ル事成り不申候、我等其以後権三郎方へ行キ来堅ク致不申候、右之通成ル不埒者いまた普請之片かべも干ぬうちニ、ふんさん（ママ）致候様成権三郎ニ候へハ、世上之人口と申外聞方々我等共迄世上之申わけも相立不申様成仕合ニ候へハ、権三郎方見切、和助事早ク立戻り候様と、此度之大難ニて其方其まゝニて罷有候へハ、銀子方申わけも相定不申、是非不及候、其方ハ妻子も見切、此方ゟ持セ遣シ候荷物、持参銀も捨、右之通成権三郎ニだまされたる我々ニ候へバ、無念ニ候へ共も、無是非事ニ候へハ、其方はだか（裸）ニ成リ此方へ戻り候へハ、銀主方家屋敷諸道具家財不残相渡シ、是ニ而いケ様共相済候様被成被下候と、一さいつき出し、権三郎儀ハ老人之儀ニ候へハ、いか様共、銀主方御了簡ニて権三郎命つなぎ候様相頼候と申置候て、曽我村兄新兵衛へ申わけも無之候へ共、兄弟之儀ニ候得ハ、我身ハはだかニ成り立戻リ度候と、銀主方申わけ致し候へハ、其方が男の儀も立、世間之あわれみも有、猶高取御地頭様ニも権三郎古き百姓之儀ニ候へハ、御見捨も之有間敷様

ニも被存、達而何角見切かへり候が可然と申候へ共、
かへて和助殊外腹立致、ケ様成身ニ成候てわ右ノ新シ
普請家見切候事残念ニ存、夫ゟ熊のや源八へ質入ニ致
し候様成ふかくかう(不格好)、其後段々借銀方相不済、右源八
方へ家質出許ニ相成り、ついにハ源八方へ流入、五六
年も右□□(口々カ)済方不埒ニ付、無しやうばい(商売)くらし、くい
込候様成ふかくかう(不格好)者、夫ゟ無致シ方東八木へ引越、
権三郎親子和助子供六七人くらし、此節もくらしかね
候て、夫ゟ南都へ引越、又此時も我等ゟ銀五百目と百
七拾匁弐百目と三拾五匁と度々ニ無心申かけ、是迄兄
弟之儀ニ候へハ随分〳〵了管致遣候へ共、最早此後い
か様ニ申候共、壱分も合力ケ間敷事成不申候、依之
度々堅ク一札取置候事、後に和助と言(ママ)、末に至り段々
と世話有なり、

七十五

一延享四年卯ノ七月五日頃ゟほうけほし出給ふ、此儀毎
日暮方ゟ西ノ方ニ御登り、一丈ばかりと明らかに候御
事、此年豊年にて悦候御事なり、

七十六

一寛延元辰ノ年、高田奥田屋太兵衛殿方江娘おかね縁ニ
付ヶ候事、仕付荷物たんす弐さし着類念入テ長持弐さ
し、こより付キはさみ箱壱荷、

七十七

一寛延二年弟喜助事、是迄ハ養生(幼少)ゟ我等世話致し、商内
道ヲ付ケ、もふけ取ニ本年銀壱〆匁余留り候所、去ル
七月ニ南都九兵衛病死致し候ニ付、九兵衛名□(跡カ)相続ニ
遣シ候所、不相続ニ而戻り候ニ付、拆節東さかや与平
次酒しょうばい是も不相続ニ付、此喜助ニ与平次諸酒
屋為致候所ニ、此儀も喜助事段々気まゝ了管ニて、右
之本(元)手銀段々くい込ニ成り候ニ付、宝暦四年ニ右酒屋
商売も仕廻(舞)申候、夫ゟ無致方気毒千万ニ存罷有候事、

七十八

一寛延三年曽我助三良名禄(跡カ)相続成かたく、たへ〳〵に相
成り候ニ付、我等気毎(毒)ニ存候ニて、助三良娘おつねと

右之此方喜助を女合（婚カ）、是迄助三良しんしやう（身上）段々おと
ろへ、家材（財）諸道具田地等も段々売仕廻（舞）、最早たへ〱
成事ニ候へハ、何卒名録（跡）成共相続為致度存、残ル田地
ハ曽我森鳥居わきと（小字名）四反ばかり遠田地畝高ニて、曽我
方ゟ作難成、夫ニ付助三郎事段々未進等も出来致シ、
無致し方行キ詰りたる事候ゆへ、新地へ引為越候而、
庄屋へ未進方も此方世談（話）致し、喜助持来ニ普請引越入
用之銀五百目と、田地も丁角壱反七畝と外畑八畝ニ、
此徳米三石余持セ遣シ候、然ハ都合七反程新地ゟ近廻
りニ相成り候へハ、百姓相続相成り候へハ、堀内助三
郎名禄（跡）相続致シ候様ニ存、我等世話致し遣シ候事、

七十九

一宝暦元年申ノ正月廿八日夜半立、当村ゟ江戸下り百性
惣代ニ甚七、孫七、伝七、庄兵衛、弥兵衛罷下ル、此
儀ハ村方未進段々相重り、こんきう（困窮）ニ及候て、無致方
御未進年賦之御願ニ罷下り候、依之当村畝高田地多ク
ゆへ、何分支配難成儀ニ付、此事専一ニ罷下り候、御
殿様後之多賀豊後様御代ニ而右之願書指上ヶ候所、依
之御殿様ゟ当村庄屋年寄不残三人右御尋之儀ニ付、御
召シ下シ被為成候ニ付、庄屋助七良と年寄中ノ九兵衛
と年寄新兵衛と罷下り候、依而御殿様ゟ右之品々村方
ゟ願之筋、此三人ニ御尋被為成候ニ付、我々共村方御
願之訳、いさい申上ヶ候へハ、右五人百性ゟ申上ヶ候
通りニて、相違無之候得ハ、御聞届ヶ成被為下有難仕
合ニ奉存、百姓之御願ぢやうぢう（成就）致し、我々共大悦ニ
存有難御事、

八十番

一右未進米の儀ハ五年賦ニ被為仰付、畝高田地ハ壱反ニ（田方ニ）
付壱石三斗以上之物成地御引被下、御引米反畝改九拾
七石余御引被下候所へ、百石つゝ永々御引被為下、（十年切とも聞）余
り羽（端）米ハ毎年村算用ニ入用方へ出シ惣百姓難有奉存候
御事、

八十一番

一右之儀ニ付御殿様ゟ当村惣百性江御頼被成候儀ハ、此

度金三百両余不叶、急入用有之候、此儀上総国笠井玄場(蕃)と申者近頃勝手向セ(世)話致し呉候者ニ有之、川元半平同道致し、庄や助七郎、年寄新兵衛、九兵衛、右笠井玄場(蕃)方へ行キ、相談致し候様被為仰付、夫ゟ笠井へ行候、此道筋御公儀様御たか野場ニて鶴、がん、かも、おびただ敷、手取ニも成ル様ニ候事、小川有テ舟にのり行キ、此所ゟふじ山未申の方ニ見ゆるなり、然ル玄場(蕃)方一夜肩(宿)り地道(ママ)ニ合、夜具等四人ニどんすのこよりきせ候、此玄場(蕃)其所のかうし(郷士)之由、大百姓と相見へ、段々右御入用金之訳、川元氏か達シ、我々共へ達而申被聞候ニ付、夫ゟ江戸へ明日戻り当村惣代五人之各々と、当村ばかりへ右御用金三百三拾両、此度之訳合相談致し候所、皆々御尤ニ被存、然ハ当申ゟ酉戌迄三年之御年貢次ニ被成被為下候由承知仕、御請合申上候、依之帰国之上当村会所ニ而右之金子高わりニ致し候所、皆々御尤ニ被存候所、百性中被申候ハ、併多少之儀ハいか様ニもわり付被成候て成共、右百三拾両金江戸御屋敷急御入用之由ニ候へハ、早々御下シ被成候が可然と被申候、仍而庄屋年寄三人ゟ多ク出金ニて、村方高持ゟ少々づゝ出金多少有之候、依之右金子之儀、若御殿様ゟ御年貢次ニ相不済候へハ、幾年過キ候共、高わりニ相かゝり候と堅ク約束、証文一札会所ニ取置有之候事、然ルニ右金高之内百三拾両御年貢次ニ被為下、残ル弐百両今ニ名々ゟ仕替ニ成、毎年村算用ニ出し申候事、

八十二

一右之時江戸御屋敷ニて我々三人江御殿様ゟ御料理被為下、其上ニて御はかま頂戴仕、難有仕合ニ奉存候御事、

八十三

一右之拆節御久保(公方)様御たか(鷹)野成り有之候て、我々共旅者江戸かわらけ町大和屋武助表ニ生鳥屋有、此庭ゟあり〳〵と拝シ奉候、昼四ツ時之御なり、御供ニ、大名衆(方)弐頭、御はた本衆数不知れ、其外御役人衆堅々御約束木綿物ニて、御もゝ引きやはんわらぢ召シ、おびたゝ

敷事筆ニ盡されず候、御久保様御乗物、其時御はおり(羽織)そらいろニ白がたと相見へ御召シト拝也、御くわんき(還御)やうハ七ッ時ト右生鳥屋表ニて少御乗物とまり、右之生鳥少シ間御しやうらん(賞覧)、依之あり〳〵と奉拝シ候御事、依之御役人衆取被為成鳥ごいさぎ(五位鷺)、ばん(鷭)、かも等いろ〳〵鳥青竹ニかざりつり、弐人つゝおびたゞ敷候事、筆ニ不及候也、此時我等おもい候ハ、ケ様成たいせつ成事、一がん(眼)の風木逢と申様成事と存有難仕合と奉拝シ候御事、

八十四

一猶右之折節、江戸あざふ善福寺様にとうりう(逗留)中毎朝参詣(けい)致し候、此御堂東西之御かけ所之由ニて弐十余拝の御寺ニ而、御閑山様閑東(関)御けい会御苦労被為様候、御つゑ(杖)いちやう(銀杏)の木此御景(境)内ニ指被為置、其時御閑山様我がすゝむる他力念仏末世にはんしやう(繁昌)致さハ、此つゑさかさまに指置枝葉さかへ候と、御意被為遊候へハ、ふしぎ成かな其まゝ枝葉さかへ候由ニて、其時迄ハ此善福寺しんごん(真言)宗にて兼海と申注(住)寺ほっ気(発起)被致、則御閑山様之御弟子と成り、難有も今に其御つゑいちやうの木五ッかいばかりの大古木と成り、中ハくち木と成り候へ共、枝葉は若木のごとくニさかへ、折々此落枝ニていちやうのしゆず(数珠)此寺ニて御きざみ被成候、此善福寺様ゟ右のじゆす御出シ被成候、男じゆす百弐十文、女じゆす百文ツヽ、諸国ゟ参詣之人々求候、然ルに我等夫婦之じゆす弐れんいたゞき帰り候、此善福寺様いちやうの木の下に兼海僧之御ゑい(影)有、此堂三間四方ばかりニて、此所ニ而も毎朝本堂の御勤過キ候後に御勤有也、右此御景(境)内ニ御閑山様御つゑの井戸有、殊外成清水出、みぞ川迄流行候様成名水出候、右之品々此御寺ばん僧衆中の御物勤(カ)、ケ様成珍敷れい地ハ(ママ)参詣致し候事、御殿様之御かげと存、難有さわりおふし(多)にとく(徳)おふし(多)と存、右いちやうのじゅす毎年〳〵報恩講之節ニ所々方々江持参致し候て、大切致置難有仕合、我等夫婦此御事ニ候也、

南無阿弥陀仏〱、

八十五

一宝暦元年当国十市郡百姓、芝村御屋敷合(相)手取、張(強)ク免
願致し候ニ付、植田不取、又江戸へ下り候て、仕そん
じ皆々けっしやう(欠所)流シ者ニ成り、扨々しやうし(笑止)千万成
事、当国之しそんじと申事候なり、

八十六

一宝暦二年酉霜月に宇陀守道屋(もちや)弥助方江此方娘おつゐ綛(る縁カ)
ニ付候事、
たんす　弐さし
長持　三さし
はさみ箱　壱荷
右之通目録書ニ有、着類念入遣ス、

八十七

一宝暦二年正月ニ江戸山田屋伊右衛門手代利兵衛来ル、
江戸ニ而御殿様ニ金弐百両借シ上ケ候と申、両村百姓(不脱カ)
にかり請印形取ニ来り候所、百姓不得心ニて印形被致
候ニ付、長クとうりう(逗留)被致、御陣屋ニて満田村におぎ
んと申売女引入、右利兵衛不ぎやうぎ(行義)者ニて江戸御屋
敷へも相知れ、殊外成御殿様御腹立と役人衆ゟ申来り
候事也、然ルに此利兵衛宝暦十二年ニ小倉わたると申
改名致シ、御殿様に奉公ニ被出候、後ニ又右ノ利兵衛
と成かへり、当村西養寺くわんにん(勧進)坊主ニ相成り候事、

八十八

一宝暦三年戌ノ七月三日立、江戸御殿様ゟ当村役人壱人
と惣代壱人と大路堂(屋)や弥助壱人と大福村庄屋藤助壱人
と御召シ下シ、其節ハ当村ニ庄や年寄三人ニて、年寄
かせや中ノ九兵衛大病ニて無是非新兵衛罷下ル、村惣
代に助六おちとや(大路堂屋)弥助、此仁ハ福島六郎次儀ニ付御召
シ、大福村ゟ庄屋藤助下ル、其節ハ我等気色あしく候
へハ段々御免御願申上候へ共無御聞候ゆへ、無是悲
かん(看)病やらどきやう(読経)に弟喜助、我等ゟ遣銀自分仕立つ
れ下り候、其節ハ殊外成残暑張(強)ク扨々難儀ニ及候、此
時我等二度目江戸道中にて、此七月九日に大雨ふり、

箱根山へ登ル時殊外大ぶりにして、暮方にはね(跳)馬かけ来り、我等をすゝ竹の中はね込、扨々お(そ脱カ)ろしき事に出合後、夫ゟ箱根御本宿ニとまり候、此宿類火後にて、戸しやうじ(障子)も〆り不申様成事にて候へ共、殊外大家ニて候、明ル朝座敷ゟむかう見渡し候へハ、扨々景色と申事ハふじ山ふた子山と見越、前にわ箱根之海を引請、景色成事筆ニ不及候、然ルに其日十日八ッ時分に小田原へ着致し候所に、佐川殊外成高水にて、川越人引候て無是悲(非)小田原ニ宿り、高なし丁万屋佐次兵衛と申者之所ニて宿り候所、十日ゟ十四日八ッ時分迄とうりう致候、其時佐次兵衛浦之海ニて南お見渡し候へハ、大難海波ニいろ〳〵の物打寄セ来ルお、なミまにりやうし(漁師)共取ニ行、おそろしき事、然ルにいなたと申魚寄来ルお(魚)見付、つりばりおなけ候へハ、此方ニてはまちと申うお心やすくかゝり申候、余りたいくつ致候ニ付右の用成事ニて、漸々十四日八ッ時分佐川明キ、だい(台)ニのり弐人つゝに渡し人六人ツゝ、荒なみにてふかき所ハ渡し、人しづむ者ニ有、扨々おそろしき事、此渡しニ賃銭壱〆五百文遣ス也、然ルニ十四日夕とつか(戸塚)宿り、十五日夕かた江戸着致し候、御屋敷江着候ハ暮候而、御たい所次ノ間物置の様成所ニて我々共五人おし合居申候、着致し候てすぐに井戸へ行水ニて、足のどろ砂あらい休候事、扨々不自由成御屋敷にて其夜難儀致候、然ル所に明ル十六日朝御殿様ゟ御尋有テ、我々共路金残り差上ヶ候様ニと被為仰付、めいわくニ存候へ共、金三両五人之遣残り差上ヶ申候、夫ゟ十六日九つ時分ゟ我々共御下屋敷江参候様ニ被為仰付、仍而あざふ御下屋敷江逗留申罷有候、然ルに我々共御殿様ゟ下屋敷にて毎度御呼出し被為成、段々村方之儀御尋被為成候所、村方ゟ口上書指上ヶ候所、福嶋六郎次へ印形不致訳、山田屋利兵衛へ印形不致訳申上ヶ候へハ、御殿様右利兵衛御知行所ニて満田村おきん売女引込、御陣屋けがしたる事御存(知脱カ)被成候て、我々共に此事ありていに申様ときびしく御尋被成候ニ付、あら〳〵申上

ヶ候、然ルに庄田軍八殿江戸にて不調法、御殿様へ申
わけなき仕そんじ被致候ニ付、長のおいとま被遣、依
之切腹も被致候ハてハ不叶所、あやまり証文書御殿様
へ指上ヶ御屋敷を去らわれ(ママ)候ニ付、当村庄田家屋敷
家材(財)諸道具共御取上ヶ被為成、依之右庄田軍八殿御殿
様ニ家材御差上ヶ被成候ても申分無之、あやまり之一
札証文指上ヶ置候を、我々共ニ四人之者共ニ御下屋敷
ニ而御家老次太夫様よミきかセ被成候、右之訳ニ候間
其方共国元へかへり、右之品々早々売払申下ス様と、
御殿様ゟ被為仰付候御事、然ルに御隠居様ゟも難有御
意、私方へ御役人宇忠太殿御夫ニて下シ被為置、国本
女共娘共への御心さしと、紙入はりさし等御さいく人
きやう(器用)等見事ニ出来致候物と、猶御念頃(懇)成御文御添、
御隠居様ゟ難有頂戴仕候御事、

八十九

一右之時御殿様ゟ藤助と我等、同廿四日昼四ッ時分ニ御
呼出し被為成候て被仰候ハ、此度其方共両村ゟ定免之
願書指出シ候へ共、此義ハ追而此方ゟ了管も有之候へ
ハ申可遣候、其旨帰国之上ニて惣百姓共に申可渡ス事、
依之先年両村之御けんち(検地)帳所持致有候間、御公儀帳面
之通り写シ帰り候様と被為仰付候ニ付、左ニ写シの通
り成御事、

九十番

一曽我領田地惣反畝合九十壱町弐反四畝十九歩半、此御
高千三百四拾六石弐斗壱升七合、此御物成千弐百三拾
六石三斗八合、
一大福領田地惣反畝合四十町三畝弐十六歩、此御高五百
八拾八石九斗六升八合、此御物成四百四拾石六斗八合、
右御けんち御役人みまき(御牧)勘兵衛殿御改役之由、御殿様
之御帳面ニ有之候、我々共へ御見せ被為成候て、写か
へり候御事、

九十一

猶又右ノ時御殿様ゟ藤助と我等と御呼出し被為成候て、
被仰付候ハ、京都名目借金六百両余此節有由、此義ハ

此方ニて聞合せ、御公儀御役人手筋を以相片付候様有之候間、百姓共難儀ニ相不成候様ニ可致候間、左様相心得、帰国之上ニて惣百性共ニ申渡し候様と御意有之候御事、

九十二

猶右ノ時被為成候義ハ、新兵衛其方にハ是迄自分ニ度々用金申付出情致し相働キ候義、しんひやう(神妙カ)成事ニ候、此儀今に返済致難儀ニ及罷有由承知致候、今しばらく相待居、此方だい(台)所持直シ次第返済致し遣シ候間、是迄其方出情之段此方満足致し候と御意、我等身ニ取テいかばかり難有奉存候御事、然ルに御殿様ゟ藤助へ被為成候ハ、藤助其方自分用金申不付候間、此後申遣シ候へハ相働キ候様と被為仰付候御事、最早用向相片付候間、明廿五日ゟ帰国出立致シ候様と御いとま御意被為下、其上に御殿様御意被為下候ハ、其方共東海道へ此節段々と川つかへ有由承り、たいせつの百性共若けが抔致させ候てハ相成不申候、此方ゟ下人六蔵壱人つけ、板橋迄見送りに遣シ候、木曽海道ゟ登り候様と御念(懇)頃に被為仰下、夫ゟ明ル日七月廿五日早朝ゟ木曽海道板橋さして登り候事也、

九十三

一宝暦三年戌ノ七月廿五日江戸出立、木曽海道板橋ゟ岩ふち村へ行キ、此所拆節大高水ニて家々のやね迄水のり、村の内田地の中皆々舟渡しにて扨々おそろしき事なり、夫ゟみ田村と申渡辺のつなの里有、此所ニ渡辺の宮有、廿六日夕上尾ニとまり候、夫ゟ熊谷と申本宿はんしやう(繁昌)成所、熊谷れん正坊之塚有、此所ニ熊谷寺と申御堂作りの浄土寺有之、廿七日本庄宿り、夫ゟ岡郡(部)村と申大村有、此所ニて岡部の六弥太塚有、夫ゟかんな川と申大川かち渡り也、是迄武州地なり、是ゟ上州地也、からす川と申大川舟渡シ、此辺ゟ畑のへりに不残くわの木作り、此所ゟ皆かい(蚕)子取、是ニて上州きぬおり出ス所にて下(下)直成事、然ルニ高崎と申所七万石の城家、此所はんしやうの地、きぬ問屋ニて白嶋

壱反我等買戻ル、此代十七匁ニ而下直成物也、夫ゟ段々行横川と言所、関所有テ切手上ケ通候なり、廿八日坂本宿り、是ゟ信州地なり、うすいとうけ(碓氷峠)と申大高山有、此所に(と脱カ)ニてうすい村ニさだみつの塚有、夫ゟ追イわけ申本宿有、此所ニ遊女共多ク有テ、是迄ハ右海道筋はゞ広くシて、道はゞ凡二十間ばかりとも見へ此所ゟ北国西国別れ所、夫ゟあさまがだけ(浅間岳)ミねよりけぶり立のぼり、此辺広キ原ニてそば、ひゑ等作ル所ニて平地なり、籾女共年寄たるばゝ共迄も、うしろおび立しやうべん致ス所、夫ゟ村々に馬の子取所にてむさき事也、茶屋等へ入り飯たべ候へバ、はい(蠅)ハくろごまふりかけたるごとくなり、廿九日望月と申ニ宿り、此所ゟ下すわ(諏訪)と申きひしく(ママ)峠有テ、春日大明神大社有、此辺ニ水海(湖)有、夫ゟ和田峠有テ此所に和田の吉森之塚有、此山ニくろすいしやう(黒水晶)と言石あり、夫ゟ塩尻峠有、此所ゟ越中の白山立山見ゆるなり、晦日の夕塩尻ニ宿り、此辺へ米酒諸色信州松本町ゟ来ル由、八月朔日夕福嶋宿り、此辺在々共家作りハ材木ぢやうぶにて、かべハ板ニてはり、たけ(竹)なき所普請なり、名物そば切よく候てもかけ汁あシく、そば餅名物なり、夫ゟ木曽殿屋敷跡在、ともゑ山ふきの定念仏寺有、樋口の次良塚有、今井の四郎兼平塚有、此所に今井村と言在所有、夫ゟ木曽のかけ橋有、夫ゟ段々登り候所に津嶋太郎つり場有、谷川見事成大岩共有テ、此間大ふちニて水あい(飲)のミて其景色見事ニ候也、二日夕大井宿り、是ゟ尾張の国江入、三日夕菊名宿り、四日夕かふと宿り、五日夕名張宿り、八月六日夕方に当村へ無事着致し候、依之明日八日ニ当村会所江庄屋年寄惣代組頭不残寄合候上にて、右江戸御殿様ゟ御意被為遊候趣、我等ゟ申達シ候所、村々承知被致候、夫ゟ段々寄合之上相談致し、別紙帳面有之覚書之通り扣有候事、

九十四

一右之明ル日九日ニ当地大雨ふり大高水出候事、此時すゞめど(小字名)堤切レかゝり候へ共、漸ニふせき、先ハ別条無

之候也、

九十五

一宝暦四年亥ノ二月上旬ゟ、江戸御屋敷御月賄金仕送り人無之候儀ニ付、当村庄屋助七郎、年寄半兵衛、組頭半次良、同孫七、茂平等、御殿様ゟ御呼出下シ被為成候、仍而右五人之名々罷り下り候、然ルニ御殿様御意被為成候ハ、当時月賄金之義最早致シ様茂無之候得ハ、此方知行米之内、曽我村ニて物成米六拾石徳売致シ候得ハ、田地表ニて物成引に売渡候へハ、代銀三十〆匁程も出候様承知致候、其方共右五人之者共申付ヶ候間、最早仕送人も無之候得ハ致し方無之候ニ付呼下シ候、右之趣早々帰国致し村役人共と相談致し、急ニ申下シ候様と御意被為遊候由ニて、右五人奉畏候上ニて、其時半兵衛、半次郎、茂平此三人と、川元半平様御家替(カ)ニて藤井宇忠太殿御用人ニて此五人新町座中出生ニ候得ハ、右両人之役人衆取込、御殿様へ新法成義、今年ゟ曽我太神宮之御さか木新町座へ、此後毎年九月朔日ニ座のとう(頭)人方に御かり屋立うつし奉り、曽我座ノ通りニ神ばい勤度由相願候所ニ、御殿様ニも往古ゟ無之新法之事ニ思召候得共、右ひっとう(筆頭)役人を以テ願上ヶ候事ニて御聞済有、曽我之通りニ相勤候様と被為仰付、此御墨付当村ニ御代官森田利兵衛殿へ御申付の趣被為仰付奉畏、右五人之人々罷帰り候御事、

九十六

一右五人之衆中帰国被致候て、御徳米売付之義、当村役人ニ江戸御殿様ゟ被為仰付候趣申被聞候ニ付、其時庄屋年寄惣代と皆々寄合申候ハ、御殿様御徳売と申事ハ甚大切成事に候へ共、当時御月賄被成様も無之候得ハ、惣百姓せ話致し出作方へ売付候様ニせ話致し候所、此義ハ本作方にも買請人無之候、ハて(果)ハ出作方ニ買人無之候様ニ申ニ付、夫故村方庄屋年寄其外人々買付候所、米壱石徳代銀五百目ッ丶ニ、漸ニ四拾弐石御高荒高へ御直シ被成、物成四十弐石代銀弐拾壱〆目出候事成リ、依之村役人方に申候ハ、是ゟ江戸御月賄金之儀、右之

弐拾壱〆匁銀子慥成両替屋江日歩まわしに預ヶ置、是ゟ毎月〳〵右之両替屋ゟ取出シ、毎年〳〵十月迄ハ右之銀子にて御月賄有之由、十一月十二月ハ段々と御蔵米納り、いか様ニも御賄金出来致シ候事、右之銀弐十壱〆匁、其年〳〵の御納り米売代銀ニて引戻シ、又明ル年用意ニ右両替屋へ預ヶ置候へハ、此日合銀も御徳ニ相成り、是迄とハちがい仕送り人の付届ヶふち切米利合等、何角に大分御殿様御勝手に相成候事候得ハ、右之銀子百姓ニ御任セ被成被為下候様江戸表へ御願上候所、御殿様御聞届ヶ被為遊、然ル上ハいか様共百姓共ニ任せ候間、いヶ様之買人望之通り江戸ゟ売券証文遣シ候間、急々相調候様被為仰付候ニ付、江戸ゟ御証文被遣出来致候て、惣百姓江戸御月賄銀之義相片付安心致し候御事、依之少々御けんやく被成、右之日合銀方々つミ銀ニ被成候へハ、右御徳売近年之内御買戻し被為成候御事と奉存候御事なり、然ルに世上共此事御尤成御事と大ニ申、村方百姓悦申御事候所、然ルに江戸御殿様ニいかゞ思召候にや、右御徳売代銀江戸ニ而不叶儀出来致シ候へハ、不残差下シ候様ときびしく被為仰遣候所、依之惣百姓千万気毎(毒)ニ存、色々と御歎キ申上候へ共、御聞入無之候へハ、少々ツ、差下シ候へハ、殊外御しかり之御状度々御登セ被為成、此暮ゟ明ル亥ノ春二月迄に、不残江戸表へ右之御徳売代銀御引取、此時御役人藤井宇忠太殿御登り被成候て、無残り取立被帰候、依之惣百姓刀(力)落シ為御と(ママ)存いろ〳〵に勘弁致シ候事、無に成り候事、是迄大分之金銀御殿様江差上ヶ候へ共、いかゝ被為成候や、最早此後致シ様も無之、十方(途)に暮候事、猶又京都名目金御借金段々相まし歎ヶ敷儀存候御事、

九十七

一右之節新町座ゟ曽我太神宮御さか木、新町座当人方へ御かりや(仮屋)立うつし奉る由相心得候様と、御代官森田利兵衛殿ゟ曽我座年寄助三良、伊兵衛、利助、喜兵衛、神主四郎三郎と御呼出シ被成候て、右之御申渡シ有之

候ニ付、新法成事ゆへ皆々驚入候、夫ニ付其夜ニ曽我座中之人々皆々寄合、此儀ハ往古ゟ曽我太神之儀ハ曽我座中支配之儀ハ御殿様御先祖様ゟ御承知之儀相違無之候所ニ候ヘバ、右之儀ハ何国迄(ママ)も御断り申相やミ候様ニ相願候と、森田利兵衛殿へ返とう致し候所、此森田殿江戸役人衆ゟ被頼候、猶新町座方江引込候や曽我座之者共ハきびしく御しかりにて、曽我座人々無致方、夫ゟ江戸へ下ル、此時今井ニて堀内金兵衛、当村ニて北林又七、北村幸助、此三人往古ゟ之曽我座之古筆書物等、其外京都きんり(禁裡)に油之小路大訥(納)言様等之御書被成候曽我太神ゑんき(縁起)等持参致し、江戸に而御殿様に御覧ニ入候様成事、然ルに当村ニて此九月朔日、新町座ハ庄兵衛方ニて青杉葉ニておかりや(仮屋)出来致し候へ共、曽我方神主四良三良ゟ御さか木うつし不申様ニ、曽我座中ゟ申聞せ候へハ、うつし不申候て、新町座方無致方右之かりやをとき申候て、世間之面目あしく仕廻ニ候、依之両座大そうどう(騒動)ニ成、此時右三人江戸ニて御殿様江願書上ヶ候写扣書等有之、仍而御殿様ゟ曽我座江御下知書御下シ、其外此大そうとう出入相片付候義ハ、曽我座中帳箱ニ宝物と成ルなり、

九十八

一宝暦五子ノ年此家大難儀之事

正月廿九日宇陀おつゐ(る)死去　光専寺へひちりめんの打敷上ゲ候、ゑんがわなげし入用銀二百目

四月八日高田おかね死去　高田太兵衛殿ゟ釘かくし永代御経ニ上ル

七月十三日高田吉三郎死去

七月十七日今井おとよ死去

然るに此時京都名目銀之義ニ付、両村庄屋年寄印形の者共不残呼ニ来リ候、然に我等右之忌中ニ候得ハ得不参候と申候へハ、御役所にも合役人方も不入聞、扨々乍難義十八日夜共に乍刀(力)落シ京都へ行、廿日又参り吉文字屋と出入ニ付、大仏みゝ塚通り筆屋勘七うら座敷かり、にたき(煮焚)致し、上下十一二人とうりう(逗留)致候、此時ニ駒井玄場(ママ)、見そ井(ママ)三郎兵衛、大福村ゟ来音(らいおん)と申坊主、此三人之大山師共と一ツ所くらし、扨々御地頭様御物

入等、我々共難儀ニ及候事なり、
扨又十月十日に、妙法寺村知貞様御死去被成候て残念
存候事、然ルに曲川村に此方喜平次てかけ女病死致ス、
此入用銀扨又当村に下市屋よしと申者の娘、此方年切
置候ニ付、此よしがつれ男長吉申ばくち打、此かゝり
合ニて南都物入銀、然ルに今井喜兵衛方へ養子権七取(カ)
ニ付見□(訳カ)銀壱〆百弐拾匁、所に此方喜平次女房おかね、
北林又七ゟ来ル此掛り礼入用銀、扨又当之物木(生)薬買置
筋御吟味、御公儀様ゟ御触有之候ニ付、其時我等に木
がうと□□(くわカ)がうと買持有、此代物堺小西長兵衛方ゟ世
話致し被呉代物ニ候所、此節ハさると申て村々に南都
御番所御役人江申つけ、何事ニ不寄其人々に内証ニ而
まいない金為出候様成義ニて、我等方当ニ物買置之儀、
当村番人庄八ゟ相知れ候由ニて、南都御番所様ゟ我等
御召シ被為成、御尋之上、右之代物買筋之儀いさいに
申上ヶ候所、少シ茂紛敷無之儀に候へハ早束(速)ニ相済、
乍併此儀彼是としん(幸)気をいため、是又入用金入候
事芳(方)々以此年十口之幸(さい)難、大物入ニて難儀致し候事、

九十九

一宝暦六丑ノ年、我等新兵衛事五十八歳ニて、是ゟ在々
江商内に不出候、然ルに此節迄段々と畝やす田地買付
置候、反畝弐丁に高物成に八石四斗六升、此預ヶ米四
拾石程、凡徳米三拾石有之、外に毎年算用帳之通りに
致し置候事也、

百番

一宝暦八年に庄屋勘定帳に村役人印形被為仰付、此儀ハ
先年ゟ無之儀ニ付御断申上候所、庄屋ゟ被頼候ニ付、
若書違算用違有之候へハ、其時庄屋申開キ可致と一札
取置、此方手形箱ニ有なり、

百一

一宝暦九年卯閏七月十日ゟ我等妻おちやう事、有馬江と(湯)
うじ(治)に行キ、同晦日ニ帰国無事ニ候て大悦致し候事也、

百二

一右同年に曽我座年寄四老ニ新兵衛(長玄事)入ルなり、生年六

十一歳ニて目出度存候事、是ゟ喜平次へ世渡ス、後ニ
新兵衛と言、

百三

一右同年に森田利兵衛殿、家筋たへはて候、此儀先年
ゟ御陣屋御門内に居宅有之候所、四年以前に御殿様
ゟ御取上ヶ被為成候て、家材(財)共払物に成り、一子森田
武八郎儀ハ江戸ニてしくじり被致、丁(町)人ニ相成り候由、
後妻(利兵衛殿)おむめ女良古郷新庄村江被帰、残念成御仕廻ニ候
事、夫ゟ此おむめ女良方々へゐんに有付有之候へ共、
先キ生ゟ之こういん(業因)に候や、数度之ふゐんにて何方へ
行候ても不相続ニ候所、南都森丹後と申墨屋へゐん付
被致候也、

百四

一宝暦拾年辰ノ六月十四日に我等夫婦共息才(災)にて隠居へ
入ル、新兵衛六十二歳妻おちやう(後ニ妙玄言)五十一歳、
御本山様ゟ長超(ママ)字被為下、
先年奥御門跡様ゟ玄字被為下、
右之六月十四日に御□たまし相勤候、同日に御祖師様
五百年忌志相勤候、此時に我等一首狂歌致す、
世の難せん(ママ)の渡りこし今ぞたのしむ西のかくれ家
右之通ニて我等夫婦共息才ニて仕舞致し、今年隠居
致ニ(ママ)候事も親玄信、妙信御かげにて、我等夫婦之ゐん
組置被下、御両親之御恩難有仕合奉得(ママ)候、最早我等余
命も無御座候所、難有仕合ハ此家筋江生を請、御祖師
御閑山様ゟ他力信心六字御名号之安心おしゐ被為下、
折々難有も心之内に御念仏他力ゟ被為下候御事、心も
ことばもたへたる難有仕合、此御事専一に候也、然ハ
世上之事も家きやう(業)大切ニ致し候ニ付、未進借銀等も
我等一切不致候へハ、御地頭ゟ御意我等今年迄村役勤
来り候事、先祖ゟ名跡不相替相続致し来り候へバ、此
上之望事世上之事ハ一切望無之候、然ルに世上にハ大
キ成身上金銀家徳持之人々も有之候へ共、左様成人之
儀少茂うらやむ心一切無之、我等一生大悦右之通り候、

然ルに当村御地頭様御ひつばく(逼迫)ニ付、御大借金所々
方々へ我々共借り請之印形致し遣候義ニ付、金主方
ゟ切々さいそく致し候、返とうにこまり、又候て(ママ)数度
難儀ニ及候へ共、此儀も御地頭へ御奉公と存候へバ、
左様ニ茂無御座候、別而京都御名目金印形四千両余連
印致し置候へハ、毎度上京致し候ニ付、さわり多キに
徳多シと、御本山様本願寺興(カ)門様、毎度御礼相勤メ、
其外京楽(洛)中楽(洛)外寺々参詣致し、猶又きんちう(禁中)様み
しお(ママ)のごましゝいでん(紫宸殿)にて御勤被為遊候節参詣致し、
難有も其時ハ御ゆるし有りて諸人はかまちやく(袴着)シ、我
等もしゝいでんのゐんに上り候て、しゝいでんの内お
拝シ候所ニ、広大成事ニて敷板抔ひかりかゞやく様成
御事ニて、御かけじ数々御座候に、皆仏ツそう(像カ)と拝シ
奉り候、扨々難有仕合成事も有之、二条西御番所へも
度々出、其外京都之ぶんげん成大家中へ、右名目金の
訳合イニ行キ候へハ、普請方住居等之珍敷事共見請候、
ケ様成事共に出合候事も、我ら御両親ゟ我等が身随分
息才にそだて置被下候ゆへ難有存、手足たつしやで、
目みゝ(耳)共まんそくにて、かうぶつ酒もたくさんにのミ、
寺道場への御礼参り心のまゝに参詣致し、わが兄弟共
江世話之儀、我等が身分相逢(応)ニ不残致し来り、猶又他
力之御念仏難有おしるゐ被為下候へハ、最早此上の望事
無之、大悦右之御事ニ候なり、

百五

一右之年に兄弟中ゟ一札証文取置候、此儀ハ我等兄弟多
ク候ニ付、数度無心申かけ気毒ニ存、此家中(興)号御先祖
長玄様ゟ伝り大切ニ存、申分無之様ニ取置候事、

百六

一宝暦十辰年、高田奥田屋勘兵衛殿へ、此方次男小八郎（後ニ藤兵衛事）
養子ニ遣ス、挨拶人奥田屋太兵衛殿、道具屋与兵衛殿、
此儀ハ我等御母妙信様出生之家、先祖正善様順情様ニ
我等御世話ニ相成り、木綿商内おしるゐ被下、此忍(恩)ニ候
得ハ、勘兵衛殿事名跡一子も無之候ニ付、此方小八郎

相望被申候、此方ニも子供無数、男子弐人ならてハ無
之候へ共、大切成ル名跡ゆへ約束致シ候、依之勘兵衛
殿北となり(隣)長三郎家屋敷弐間半通り買付、土蔵普請致
し、商内本手銀等小八郎相続致ス様ニ存、持せ遣シ候、
則小八郎持参物請取証文勘兵衛殿ゟ取置候なり、

百七

一宝暦十辰年当村八幡宮御普請出来、八幡(やわた)石橋出来、景(境内カ)
座之芝地ハ六年以前ニ田地買付、松桜諸木植付ケ右
之通りニ相成り、此義ハ大坂伊勢屋道寿老ゟ信心ニよ
って大分之物入事寄進被致候なり、

百八

一宝暦十辰年、八幡(やわた)講と申ス此度新座初り候、是迄ハ町
座壱組之所弐組ニ相成り、然ルに左(古カ)の明和三戌年伊勢
屋道寿老ゟ高羅(良)大明神此新座へうつし、九月朔日の座
いとなミ候か可然と被申候由ニて、右新座中寄合、松
葉ニてかりや立て、当屋金六殿ニて相勤メ候所、町座
中ゟ申ぶんの有之由承り候事、

百九

一宝暦十辰年、曽我宮講と申て初て此義右八幡講出来候
ニ付、曽我方ニ思付申被合、宮講新座一組造用持寄り
候由ニて出来候事なり、依之曽我座共北方三組ニ此節
ゟ相成り候事、

百十番

一宝暦十辰年、当村大橋舟渡しニ相成り、此大橋之義先
年妙法寺村宗領(順カ)坊達(建カ)立被致候、此大橋くずれ候て、其
後元禄年号ニ当村方ゟ往来人々に寄進付、又ハ大とミ
興行致シ、此寄銀大分有之由ニて、此右とミ壱番札落、
小網なすびたねと申書付へ落候由承り及候、然ルニ此
大橋出来幅三間長ケ(ママ)弐十間程ニ出来候所、宝永二年に
高水にてくずれ候、夫ゟかり橋ニて折々之高水ニ往来
川留メ、当村西田井百性高水ニめいわく五十年余前書
ニ有之候、大坂伊勢屋道寿老当村出生之人ニて、養(幼少)
生ゟ大坂にて大出情被致、当村方へ達(建)立事随分世話ニ
被致候、仍而此大橋高水之節舟渡し達(建)立之義、村役人

と相談被致候ニ付、南都御番所様へ相願、御見分御役
人請、村役人ゟ口上書指上ヶ御聞済シ有之候て、右道
寿老達(建)立にて、永代舟渡し相成り、依之舟守りはそん
料共永ミ付置被申候事、仍而諸人悦候事なり、

此節村役人　庄屋助七郎
年寄新兵衛
同　九兵衛
同　半兵衛
同　清八
同　庄兵衛
惣代市兵衛
助六

御地頭御役人
森田利兵衛殿

曽我村堀内長玄覚書　二

百十一

一宝暦十辰年二月廿三日ゟ飯貝本善寺様ニ、御祖師御閑
山様五百年忌御法事共八日迄御勤被為成候ニ付、我等
妻子つれ参詣致し候、其日御八ッの御法事ニ合ィ、飯
貝ニ泊り、其夜御初夜参り、明ル朝じ(ママ)に参詣致し、夫
ゟ我等夫婦本善寺様ニ御礼致し、四ッ時分ゟ吉野山へ
参ル、折節一ト見(目)千本桜花盛りにて、余りうれしく、
弁当ひらき桜の下ニて、一ッさん(盞)のミ、よって一首

五百年(いもとし)の祖師の御影で
見吉野(ミ)ゝ花の下得てのミ込ぞする

新兵衛
おちゆう
おする
供惣五郎
又七
おきん

百十二

一宝暦十辰年迄御本山阿弥陀堂不残出来、依之四月十日ゟ京
参リ致ス、来ル巳ノ三月十八日ゟ廿八日迄御本山様ニ
大御法事御勤メ被為成候由ニて、此節ゟ御拵之最中な
り、

新兵衛
娘おする
嫁おかね
孫おでん
供久次郎

百十三

一宝暦十一巳年、御閑山様五百廻忌大御法事京都御本山
西本願寺様ニ而御勤被為成候御事、三月十八日ゟ同弐
十八日迄日本国一向宗参詣致シ候御事にて、御地曽指(馳走)
上ル事大御はんしやう(繁昌)成事、筆に尽されず候御事、南
無阿弥陀仏〳〵、三月十七日出ニ新兵衛
長玄事　参る
おちやう紗玄事
参る
廿一日出ニ高田小八郎
廿五日出ニ喜平次　参る

百十四

一同年(宝暦十一年)六月十五日ゟ八月五日迄五十日切、なりものおんきよく(鳴物音曲)御ちやうじ(停止)御触、此儀ハ御公儀様御儀之由ゆへ、世上共に殊外しづか成事、何国までも盆のおとり一切なく、大坂ニて米相場なく其節十五六日之間ハ相場状も不参候事にて、諸商内しづか成事、村々にじ(自)身に番、当村ニも役人夜廻り致し候様成事なり、

百十五

一宝暦十一巳年、当村中土橋石橋に替ル、此義も右の大坂伊勢屋道寿老再講(興)被致候、人足ハ不残村方ゟ出シ、石屋ハ寺口村ゟ来ル、大分之石取人足当村ゟ寺口村へ取ニゆくなり、

百十六

一右同年(宝暦十一年)霜月に、当村庄屋年寄惣代組頭等之実判、御地頭様御大借金銀之かり請印形致し差上ゲ置候得ハ、銀主方へ切々証文切替ニ参ルか、又ハ連印かりにて、右之印形共取集メ諸方へ借用に参ルか、毎度之儀に候得ハ、何れ成共折節御地頭様御用か村用か、判人之者共指支之儀有之候得ハ、人足ニて百姓之内何れ成共印形共あつめ、持セ遣シ候得ハ、若後ニ至り紛敷証文書物に印形等有之候とも、ほうぐ(反古)に相成り候と申一礼、証文組頭不残印形致置、後日に申分無之様、証文惣村中ゟ会所へ取置候事、

百十七

一右同年(宝暦十一年)霜月十日に万戈村専明寺へ報忍(恩)講参り我等致候、難有御法事に逢セ被為下恭仕合、夫ニ付右前書ニ有之万戈村七兵衛方へ、四十二年以前に養子行キ候所、前書ニ有之通り、此曽我御先祖家大切ニ存候ニ付、立帰り候てゟ今日迄彼万戈家へ不参候、夫ニ付彼おさ子妻おかつ女良一切挨拶致候事無之候所、不生(定)之命長らへ、我等六十三歳ニ候へハ、七兵衛殿方家内へ見舞により候所、彼おかつ女良も六十歳ニ相成り、是も不生(定)お長らへ、平に四十二年以前之間尋やい(あ)、子孫之事共尋合我等にも男子弐人、娘壱人、嫁壱人、孫男女三人有之候事申聞、おかつ女良にも男子弐人、娘弐人、無孫候

へ共、今日息戈(災)ニ暮し罷有候事、平に大悦致し候上にて、先祖ゟ代々一向宗ニ候へバ、御前様江燈明上ヶごんきやう(勤行)相勤メ御礼致し候事、おもへば専明寺報忍(恩)講之御ゑんと存、不生(定)お長らへ難有奉存候御事なり、

百十八

一宝暦十一巳年極月中旬に、御公儀様ゟ大坂中之金持人へ御用金被為仰付候由、此儀大人壱人に金子五万両ヅ、被為仰付候由、此大人数拾人ばかり有由、其下中壱人に弐万五千両づつ被為仰付、其下壱人に壱万両づつ、其下五千両つゝ、三千両づゝ、弐千両づつ、千両づゝ迄も被為仰付候由、大坂中ニて凡百五六十万両御用金被為仰付候由にて、極月に至り大坂中殊外きびしく相成り、正月の餅つき抔も殊外けんじ(減)候由にて、諸事相場高下致し候由、前代見(未)聞ニ珍敷御事と申候なり、

百十九

一右之時節相場物高下之事、右極月上旬に金子六十五匁迄上り、極月中旬に至り候て金六十壱匁迄下り、夫ゟ同廿日時分金六十弐匁四五分成候、残十五匁二分(カ)ニて高下無之候、米相場ちく(筑)前米四十五六年分ゟ段々上り、五十四五匁迄上候、此時節ハ米下直にて金相場高直にて、諸国之米取方御殿様方殊外御難儀被遊候由風聞有之候、依之大坂表不商内にて殊外さひしく相成り、金持人も金詰りニ相成り候ニ付、後に御請合申上ヶ候御用金共、明ル三月に御ゆるし有之由、是ゟ金銀借シ付等先之通り致し、諸商内はんじやう(繁昌)致ス様ニ御触有之候而、其後年右御用金不残御返済、御公儀様御事候へハ難有相済候而、はんじやう致候由承り及候御事、

百二十番

一宝暦十二午ノ年正月四日、初相場大阪立物ちく(筑)前米生米五十四匁ゟ五匁迄、同帳合米七十五匁ゟ六匁、大上さや有之候金六十弐匁五分、銭十五匁三分、大坂にて外のなや米四十三匁、舛ニ売買有之候由、当地米相場四十七八匁、金六十弐匁六分、銭十五匁弐分、二月上

旬に大坂米相場、ちく(筑)前六十三匁、同帳合米七十四匁、ちく前古米ハ四十三匁、此節当地米五十弐文、種粕四十一匁、干粕正ミ物弐十九匁、金五十九匁七分、両かい(ママ)買売ハ六拾壱匁と申候、銭十五匁壱分、此時節相場ふろく(ママ)にてめいわくいたし候事、

百二十一

一右同年(宝暦十二年)二月廿六日昼九ッ前ゟ南都大火事、火本ハ芝辻ゟ出火にて西大風、御番所様五間屋敷やけ、夫ゟ南北広クやけ天がい(手貝)町半分余やけ、おし(押)上町ゟ東之方へ吹キとび、東大寺中大仏前ゟ水屋江やけぬけ、出茶屋共やけ、つゝら尾山やけぬけ、此東に在家有、是迄やけぬけ、当国にてヶ様成大火ハ是迄聞及不申候事なり、

百二十二

一右同年(宝暦十二年)正月十日頃ゟ此方妻おちやう妙玄事、病気段々重ク、其節八木しゆあん(人名)被為御薬、用意いろ〳〵にかけん(元)致し被下候得共、けん気相不見へ、夫ゟいしや(医者)衆替り〳〵御見廻被下候へ共、段々とおとろい(衰)相見へ、扨々気毒ニ存罷有候へ共、此病人かねてよりりやうけ(ママ)有難御事にて弥陀のたいひ(大悲)ふかければ、仏ッ知(仏智)のふしぎをあらわして、へんちやう(ママ)男子の願の立、女人成仏ちかいたりとの御事にて候得ハ、此御うれしさに我等江申被呉候ハ、だんなどの(旦那殿)、追付我レハ御往土(ママ)へまいります、われらがやうなる極悪じんじゆの衆生ハ、たのほうべん(方弁)さらになし、ひとへに弥陀をしやう(称)してぞ浄土に生るとのべたもうとの御事、御閑山様の御意有之候へハ、是だんなどの死するてわない、御往土へ生るほどに、追付あとより御まいり被下、御座をとりまち居候、たゞ御忍(恩)の御礼御ほうしや御念頃(懇)に御勤被下、南無阿弥陀仏〳〵と悦申ス御事是一ッなり、是が今生のおいま(と脱カ)追付参り候と、おもき枕あげ我等ニ申給り候御事、今にわすれ不申難有候御事、夫ゟ段々病人よわく、ついにわ去四月十六日昼九ッ半時に往往(生)被致、なごりおしく候事筆に尽されず候御事なり、

百二十三

一宝暦十二年午ノ六月、大日でりニ付、南川より廻シ水相談、会所村役人惣代組頭寄合ひよじやう(評定)致し候所、我等承り及候ハ、光専寺込山のうしろ廻シ、水の古樋有由承り置候、夫ゟ吟味致シ候へハ有之候て、ほり出シ候所、依之以前土橋村妙法寺村ゟ取替せ一札庄屋ニ有由、吟味致シ候て、両村立合水廻シ合談之上、堀をほりわけ候て水通シ候事、五十年余以前むもれ(埋)有樋ほり出し、本川かゝり出作本作余水有之候を、下両村へも廻シ候て悦被申候、此事我等同役人中へ相談に及候而、ぢやうちう(常駐)致し候事大悦此事ニ候、

百二十四

一宝暦十二年午ノ九月廿一日に、悴小八郎高田へ養子行初メ致候て、勘兵衛殿丁内之衆中へ引渡シ致し候と被申、定日相極メ候所、宗信坊申候ハ小八郎事高田へ遣シ候事、此宗信へ相談不致候事甚不届き成ル仕方と申、又七殿へ内意ニ申、とやかくとじやま(邪魔)入候様聞付候ニ付、我等申候ハ右小八郎儀先達而一応申聞セ候に、又々とやかく申事以ノ外成、宗信我等ゟ是迄段々之世話致シ遣シ数度に及、又々此度も右ニ付無心ヶ間敷事申かけ、最早此以後ハ此家へ宗信ゲ(下)足一切出入為致不申、一ツしんふつう(一身不通)に致し候と申遣シ候所、又七殿、喜三郎殿、高田道具や与兵衛殿、段々わびごと被致、我等へ段々挨拶に、此度ハ宗信坊了簡違にて有之、御腹立之段此三人へ御了管被下候と被申候ニ付、漸廿二日ニ我等得心致し、其日右ノ宗信同道ニて右三人之衆中なか(仲)直シに被来候ニ付、吸物酒肴等出シ相済シ候事、夫ゟ明ル廿四日道具や与兵衛殿内道(同カ)にて小八郎高田へ遣シ、勘兵衛殿下内(家カ)之衆中へ引合せ、目出度相済、勘兵衛殿一家中、此方一家中共に大悦致し、目出度相納り候事也、

百二十五

一右同年十月七日に、宇陀高井屋五兵衛殿此方江被来候て被申候ハ、此度守道屋弥助殿しんしやう(身上)殊外不埒(元)ニ付、段々吟味致し候所、借銀凡八九〆匁相見へ、本手

銀一切無之、右借銀之内に当村札替所九兵衛殿ニかり五〆匁候へ共、是ハ諸道具山林等売払相済筈ニ相成り、宇陀町と三輪とに借銀有之候へ共、是も片付様有之、我等方に壱〆四百六拾匁借り有、右之通にて下地ゟ之酒屋出来不申、扨々気毒成事、我等方へ右高井屋五兵衛相談に相見へ候て、我等驚入り、然ルに五兵衛被申候ハ、何卒下地ゟ酒商内見捨候事残念成儀、此度本手銀三〆匁有銀拵、諸道具着類等売払右三〆匁拵候て、酒仕込候と被申候ニ付、我等方ゟ前書に有之先年おつゐ(る)仕付、荷物之内、どんすこより一通り、木綿袖付キ夜着一通り、おつゐ(る)死後にかた身に残シ置候と、外にひかのこ(緋鹿子)綿入壱ツ、長持壱さし、此四色にて代銀八百四拾匁に此方へ買取被呉候と被申、右此方ゟ借シ付置候銀壱〆四百六拾匁、是ハ此度此五兵衛引請、証文相改、下歩四朱利足、急度年々相渡シ候程に、此五兵衛が申事堅ク相違無之様に被申候ニ付、右之通り致し遣し候、然ルに右銀壱〆匁之儀ハ孫万蔵の出世銀用意之銀に候へハ、別而此銀子不埒無之様にと堅ク証文取置候事なり、然候に右八百四拾目四色之物、先年此方ゟおつゐ(る)持せ遣シ候内の物にて、あたらしく拵候代銀三色ニ六百四拾目、残り弐百目せいかい火(緋)かのこ来り候所、此ひかのこの事ハ此方おするゑが申候ハ、此ひかのこ綿入宇陀おひて様大切のいしやう(衣装)にて御座候へハ、此方へ買取事御無用に被成被下様と達而申候、右五兵衛被申候ハ、銀子都合に今弐百目無之候ハてハ成り不申候、達而御買被下候と被申候ニ付、長持共四色〆代銀八百四拾目相渡シ買請申候、然ルに右証文銀壱〆四百六拾匁万蔵の出世銀拵預ケ置候所、扨々不生(肖)之せがいにて、宝暦十三年未ノ七月廿日急病にて死ス、依之右之銀子之儀宇陀弥助殿に万蔵がぼだい御とむらい被下候様と存罷有候事なり、南無阿弥陀仏〳〵、

百二十六

一宝暦十二年午ノ十月十九日に、曲川村長三良ゟ高田勘兵衛名蹟(セキ)ニ付、南都御番所様へ願上ケ候て、廿日早朝

御差紙来り候、此儀ハ此方忰小八良事藤兵衛と言、勘兵衛殿方へ養子に遣ス約束ニ付、右勘兵衛と挨拶人太(カ)兵衛殿、道具屋与兵衛殿、万戈村おさよ女良、飯高村左兵衛殿、此人々明ル廿一日早朝ニ不残御召シ被為成候て、参上仕候所、右長三郎ゟ願書上ヶ置候を此方江御下ヶ被為成、此返答書上ヶ候様此方共へ仰付有之候に付、長三郎ゟ願書拝見致し候所、以ノ外成むりいつわり成相違致候事共申上ヶ、此方ゟ返答書廿二日にいさいに書上ヶ候書、右長三郎事兄和田次良儀、先年(委細)勘兵衛方へ引取商内見覚為致候と世話致し候所、此和田次良商内きらい候て、勘兵衛方あとしき望無之と申(ママ)帰り候、夫ゟ弟右長三良、勘兵衛方へ取引候て、右之世話致し候へ共、又々此長三良も商内きらい候て、是も勘兵衛あとしき望無之と申立帰り申候、夫ニ付一家飯高村左兵衛殿右曲川両人に被申候ハ、然ハ其方共ゟ高田勘兵衛名跡無望申候へハ、勘兵衛一家に曽我村に小八郎と申者有之候へハ、呼取候程に、左様相心得候様と長三郎方へ被申候へハ、成程此方に少シ茂望無之候へハ何方成共引取、勘兵衛殿あとしき、勘兵衛方相続被成候か可然と申候事、右和田次良長三郎ゟ左兵衛殿へ申置候儀、御番所御殿様ゟ仰被為候ハ、長三郎和田次良、其方共申事相違成儀、右左兵衛証人に有之候へバ、和田次良長三郎申分ヶ相立チ不申、此上勘兵(申上け候ハ)衛諸色其方共へハとんしやく無之候と被為仰付、右両(頓着)人さんぐの不首尾、此方勘兵衛一家之者共、大悦奉存難有仕合帰村仕候事、其時南都ゟ帰ル人数、此方ゟ新兵衛、年寄代ニ茂平、飯高村左兵衛弐人、万才村おさよ方弐人、高田ゟ上下五人都合十一人、同月晦日ニ皆々帰り候事也、

百二十七

一宝暦十二年午ノ極月に、京都荒木江利銀壱〆匁当村ゟ相渡ス約束之所、一切村方ゟ出銀無之候ニ付、小槻村清左衛門にて当村かごや藤助口入致し銀(出許ニ相成候所)壱〆匁借用、八月晦日切ニ証文致し、庄屋年寄印形致

し候所、右清左衛門被申候者、曽我村へ連印借シに候ヘハ不得心に被申候ニ付、藤助右之訳段々申候へ共、清左衛門無聞入、然者其村新兵衛一判に候得ハ、借シ可申旨被申候ニ付、指詰り儀に候へハ、村方ゟ請合証文庄屋年寄中ゟ此方へ請合印形有之候て、此方へ取置、我等ゟ清左衛門殿我等借り請一判ニて、借用申村方へ用立、仍而京都荒木方出許相納り、村方不難に年取正月礼(例)年之通り相勤申候事也、

百二十八

一右同年右之一儀ニ付、我等一判借り請証文遣スニ付、先年五十余年以前此家にかせ(綛)商内米小売等親喜右衛門様、事後喜助玄信と云、右之時節に米十石小槻村清左衛門ゟ此方喜右衛門へ預り手形一枚此方ニ所持致し候、此証文に預り申御蔵米之事、一米拾石預り申候、何時成共此手形持参次第急度米相渡し可申候、仍而預り手形如件、宝永戌ノ十一月、曽我村喜右衛門殿、預り主小槻村清左衛門印形有、如此成証文我等所持致し置候所、今度清左衛門殿ゟ右之村借り銀、壱〆証文印形我等一判ニ相望被申候ニ付、則我等ゟ預り証文認メ、右清左衛門殿ゟ古手形と添かこや藤助に持せ遣し候、我等此古証文を以テ慥成清左衛門殿に候得ハ、数十年之間利かけいたし五年一ばいに及候へハ、五十年余凡五千三百石程に茂相成り候、然共ヶ様成ル心当テ一切不致候事、此家御先祖名跡一大事候存罷有候、此時新兵衛六十四歳ニ相成り候へハ、家名相続仕候へハ何年も不足に不存、安心にくらし罷有候ニ付、然ルに右清左衛門殿へ古証文進上ニ致し候所、早束(速)清左衛門殿ゟ(ママ)樋釜等にても一札被来候様ニ存罷有候所一切無其義、其後此方へ一言之挨拶不被致、扨々不届キ千万成事、清左衛門家柄に合ィ不申、心外成事ニ存候なり、

百二十九

一宝暦十二午ノ年、八木村久兵衛殿方ゟおとわ事、此方へ我等隠居世話人ニ来ル事、極月中旬なり、此挨拶人同行内ニ八木屋喜三郎殿、綿屋又七殿なり、

百三十番

一宝暦十三年未ノ正月廿七日頃、此方下男清次良女房曲川村ニ居住致し候て、正月廿二日半さん(産)の後病死致し候、夫ニ付廿三日ゟ、親本伊勢国やち村へ呼に遣シ候所、女房はる親来りて寺送り状迄持参致し候所、死人はる姉むこ新木村に善七と申こま廻シ悪敷しやうばい致ス者有之、此死人はる親を引込、南都御番所様へかけ込色々悪事申上ヶ候ニ付、御番所様ゟ御けんし(検使)役人上下五人、其外ちやうり(長吏)、ろくしやく(六尺)番人等大勢寄集、大そうどう(騒動)に相成り、此方下男清次良手錠ニて、此方我等と請人曲川村佐太郎と右人々曲川村役人に御預ヶニ成り、仍而此方ゟ茂曲川ニて清次郎へ番弐人ツヽ付置候所に、無体成儀申かけ、右死人を此方へ送り、当村ニ而ほうむり候様と御けんし(検使)役人ゟ死人はる親ゟ之願と被仰、内意に土橋村清六と申御番所役人之さると申わる人ゟ此方へ内意申候ニ付、驚入扨々存不寄難儀出来致し、無是非金弐両弐分出し、右わる者清六挨拶ニ而漸々相納り候、此時かゝり合に出候人々ニ、松塚村ゟ三人、新木村ゟ三人、御所町おろしばゝゟ三人、曲川村小八郎後家と同村かうしや(ママ)ゟ壱人、右之人々ゟ内証ニて出金致し其場相納り候て、正月廿九日より南都御番所江御引付被為成候人数、右清次良此方ゟ付ヶ人壱人、曲川村請人左太郎と小八郎後家、其外近村番人共十六人と御番所様へ御召シ被為成候て、御吟味之上右新木村善七事不首尾相成り申わけなく、此方共上々首尾ニて、二月三日に皆々相済帰村致し候事、扨々難儀めいわく成事ニ出合候、然ルに右入用銀之義ニ付、御目付役人西山文左衛門殿ゟ此方へ申被渡候ハヽ、此度之入用銀惣高之内六歩曲川村出シ、四歩之所死人はる家主と請人佐太郎と其方清次良壱人と、此三人に三ツわりニ右ノ四歩銀出ス様と申被渡候、然ルに此請事曲川村ゟ此方へ為致相渡し置候所、右惣算用之節曲川村役ゟ右入用払小まへ書此方へ不遣候て、銀弐百拾六匁此方ゟ出し候様に、段々人足ヲ以取に来り候、然

ルに右四歩之所三人割合ふまへ書請取吟味致し候て、相渡し申候と此方ゟ段々申遣候へ共、とかく曲川村役人とやかく申吟味不致、右弐百拾六匁出也とばかり申越候、夫ニ付此方ゟ南都御役人右之西山文左衛門殿へ右之訳合断りニ参り候、文左衛門殿被申候ハ成程其方被申候通り尤ニ候間、曲川村へ右之訳立申遣候と被申候ニ付、曲川村役人弐人呼ニ被遣、南都宿屋中挨拶にて、漸々割合銀百六拾五匁此方ゟ出し、惣入用銀四百八拾壱匁三分、此方ゟ下人右ノ清次郎へ仕替ニ成ル、右ノ内百目清次郎兄弟共ゟ請取、又百三拾壱匁清次郎申ノ給銀ニ指次筈ニて、残り銀ハかしに相成り、合刀(力)ニて相済シ遣候、扨々めいわくに及候事、

(*コノ所ニ狭ミ紙アレド、果シテコノ年ノモノナリヤ疑ワシ、便宜上以下ニ記ス)

此年ニ大天火此上ノ南ノ方ゟ北ノ方へ飛行ク事、大キさ大たい松、柴一束ほどのもの一火とび行キ、其あとひかりニ雲弐つニわれたるやうニ見へ、北国の海へ落候由、かミなりのなるごとくニひびき候事、おそろしき事、然ルニ此事世上ニ国々佐太(沙汰)仕候所、江戸、長崎、ちやうせん(朝鮮)国迄も、右のごとく此国ニて人々がしら(頭)の上ニて飛行キ候と申、せかい(世界)のひろさおもいやり、此事ニてふしきがんぜん(眼前)に相見へ申候事なり、

百三十一

一宝暦十三年未ノ四月に、此方小八良事藤兵衛と言、高田へ養子に遣候ニ付、此方商内手廻り成兼候ニ付、当国森面堂(守目堂)村吉兵衛と申者手代ニかゝゑ候て、木綿買口へ出し候へ共、間ニ合不申候ゆへ、盆のやぶ入ゟ帰り不申候ニ付幸ニ存、此方ゟ藤助ニ訳立断り遣シかへし申候、

百三十二

一同年六月廿五日ニに(ママ)、右ノ小八郎兄喜平次へ殊外成返言申候ニ付、喜平次腹立致し、小八良へ最早此上兄弟之縁切、其上小八良身持段々吟味致し候所、八木村出生之女にほだされ、一生つれそうけいやく(契約)致し置候様

成事有之由、夫ゟ我等もかんにん(勘忍)不成腹立ハ不及申に、段々吟味致し候所弥々無相違候ニ付、扨々世間之面目と申高田表へ相立不申、其上右曲川村長三良ゟ前書に有之候無体之申かけ、南都之御番所様迄茂高田勘兵衛各(名)せき相続書差上ヶ置、其上高田丁内之衆中へも小八良事藤兵衛と改各(名)いたし引渡し相済候所、右之女と取のき一生つれそう事致させ候てハ、我等世間之人に申わけ面目芳々(方々)以かんにん(勘忍)不成候ニ付、小八良かんとう(勘当カ)致し、すでに御公儀様へうせ帳御願書指上ヶル筈ニ相成り候所、今井喜兵衛と権七と小八良に段々吟味致し、いけん(意見)のうへきびしく小八良へ申聞せ候て、漸々八木女に段々右之訳申聞せ、小八良ゟ縁切申分無之様ニ相成り、其上我等方江右権七世話ニて段々と申、小八良儀是迄ハ段々ニあやまり入候、何事茂此喜兵衛権七に御まかせ被成候と被申、右之女に縁切此上之申分無之様に、銀子一包遣シ、一札請取証文取置相済、小八郎事藤兵衛言最早此上諸事心も相〆り候間、早ク高田へ被遣候か可然と、喜兵衛、権七被申候ニ付、七月上旬ニ高田勘兵衛殿へ遣シ候、夫ゟ小八郎高田にて商内為致、此方ゟ本(元)手銀証文之通り持せ遣シ相納り候、夫ゟ小八良商内出情致シ候様に相見へ候や、勘兵衛殿夫婦之衆、家内共大悦ニ被存候事にて、八月廿三日に高田村役人衆中申入振舞被致、其上小八良事藤兵衛と改各(名)引渡し相済、勘兵衛殿一家中も寄合ィ我等共大悦致し目出度相済候、此後ハ小八郎事出情次第と存、末頼母子(たのもし)く皆々之衆中安心致し候事、夫ゟ藤兵衛商内之勘定、勘兵衛殿と当分ハ銘々勘定ニ為致、店おろし帳面にいせい(委細)に有之、安心之事に候なり、

百三十三

一宝暦十三年未ノ九月に、右藤兵衛女房約束挨拶人、当村ニて北村幸助殿被致、北今里村舟問屋権兵衛殿娘おつや事、堅ク約束さかづき目出度相済、大悦此事に候なり、仍而一首

　今さとる舟ハ高田ゑのぼり来て

藤綱（ふじつな）かけてこゝに奥田屋

百三十四

一宝暦十三年未ノ八月廿八日夜七ッ時ゟ、当村かせや九兵衛殿借シ屋にかじや弥兵衛ゟ出火にて、明ル廿九日朝六ッ大火納り、此やけ家ハかせや借シ屋かじや弥兵衛、庄兵衛、源六、此三人と天王寺や五兵衛とかせや柴小屋同家に銀札引替所不残やけ、かせやおも屋のやね東ニて少シやけ、扨々大そうとう（騒動）成事、我等此家も火のこ来り、大勢の人々やねにてふせぎ、御前様御わきかけとも（ママ）まきまし、ワたや（綿屋カ）又七殿へ送りまし、諸道具取直シこんらん致し候、然ルに此節此方嫁おかね事去年ゟ長病気ニてめいわく致し候節、娘おするゑ事殊外成ねつ病にて、扨々難儀及候所、漸々此両人之者共、又七殿へ預ヶ置、かいほう（介抱）頼置候て、我等火本之かけ引致し候事大難儀致し候事なり、

百三十五

一右ノ日限ニ小晦日にて、当村座中宵宮にてはしけづり（箸）ニて座中寄合申候ハ、今日ハ大そうとうにて座会いかゞ致し候やと申、相談致し候所、神拝ィ之儀に候へバ当日に相勤候か可然と申事ニて、両座共相勤候筈に相成り、曽我座ハ井ノ上兵四郎方、町座ハ吉田助七良方相勤り候、明ル九月朔日両座共目出度相済候、然ル所其日朝四ッ時ゟ日しよく（触）有之候所に、ふしぎ成事世上共こよみに日しよくの書付無之、いろ〳〵にうわさ致し、上々様方御さわぎ被為成候由、うわさ申候事なり、

百三十六

一同年暮御地頭様に下地ゟ京都ニ名目金四千両ニ及御借金有之候て、両村役人印形之人々上京之路用人足等段々多ク相かゝり候ニ付、此年ふせん（夫銭）かゝり、高壱石に壱斗五升がけ、札五升かけ、廻り七升がけ、無高人へも一人に札五升かけ、出作ハ高壱石に弐斗かけ、夫ニ付村方惣百姓方段々とこんきう（困窮）ニ及候て、村未進弐百石ほと有之、扨々難儀成時節に罷成り候事なり、

依之両村ゟ持寄り済と申山事出来、此内ニ仕方書有之也、

百三十七

一宝暦十四年申ノ正月三日夜年越、此日昼四ツ時ニ地しんゆり候、此事ゆり直シ候と世上共申ス事にて候なり、

百三十八

一同年申ノ正月九月にちやうせん(朝鮮)人大坂へ来ル、西御堂着致し、同廿六日迄逗留、此ちやうせん人之義、去ル未三月に来ル由御触段々延候て、世上共ふしぎ存候所、然ルに右日限ニ入来候ニ付、見物ニ行ク人おひたゝ敷事、右ちやうせん人四百五十人来ル由、夫ゟ同廿七日ゟ江戸へ罷下ル、江戸ニて御公儀様ゟ殊外成御地曽(馳走)被為遊候由、同四月二日に大坂へ戻ル、右西ノ御堂ニて長逗留致ス内、ちやうせん人之内壱人日本人ゟ指(刺)ころし候由ニて、大そうとうニ相成候由、御公儀様ゟ此御吟味御役所様方御苦労ニ被為成候由ニて、世上共いろ〳〵にうわさ申候事なり、右之儀御公儀様大御物入之由にて、高壱石ニ弐匁三分かゝり百姓雑儀ニ及候、

百三十九

一同年申ノ三月廿一日ゟ四月十八日迄、当村光専寺ニて飯貝本善寺様御法(宝)物御かいちやう(開帳)有、大御法事にて殊外成ル御はんちやう(繁昌)、大坂ゟ生羽之芝居、此子供きやうげん(狂言)手つま(品)からくり大あたり、此世話人高田ニて生田川伊右衛門と光専寺ゟ地代かこい共六歩入り、出羽方造用共四歩わけにて出来、其外女舞子芝居中あたり、其外にけいだい(境内)に色々見世物、にうり(煮売)茶や、料理茶屋はんしやう致ス、其外御法(宝)物ハ本堂に北かわに三ヶ所と、うしろ堂へまハり南がわに三ヶ所、夫ゟ隠居に弐ヶ所、夫ゟ南ノ土井へまハり、山まハりに下向道、殊外成景気よく、世間ひやうばん能(よく)大出来と申事、扨又仕合成事ハ御法寺(事)之間殊外青天ニて毎日〳〵参詣人まして出来ル、御法(宝)物場参銭妙(冥加)が銭杓(力)、毎日〳〵よみ上ヶ候所中頃至り候てハ八口ノ上り銭弐十一弐〆文つゝ上ル、扨又出羽之芝居にて毎日〳〵三十〆文余

つゝ上ル、其外茶屋くわしや(菓子屋)かけて毎日〳〵けいだいにて百〆文程づゝ上ル由、其外町方之茶屋又ハかし座敷等江上ル銭銀高つもり知れ不申、凡惣高当村へ留ル銭毎日弐百〆文程も上ル由にうわさ仕候、右御法(宝カ)物之事ハ上り銀高半分飯貝江上ル、造用不残光専寺ゟ仕出し、右半分上り銭にて諸入用光専寺仕廻、但シ出羽芝居ハ此方六歩之内にて、地かこい共此方ゟ致ス、村方ゟ木竹縄莚(カ)人足等寄進にて出来致ス、出羽方ハ四歩取ル、此方六歩方ゟ内三歩伊右衛門持テ、此等光専寺へ惣上り、高共ニ門徒中御悦儀共、合銀拾弐〆匁余有由、内弐〆五百目程飯貝へ遣ス、又弐〆匁余出羽芝居へ引取、又七百目程ハ生田川伊右衛門徳わけに遣ス、又五〆匁程ハ去年ゟ右ノ願南都入用諸事はん米十六石入候由、買物代方々へ礼物遣ス、何ヶ引(マヽ)〆り光専寺徳壱メ六百匁ほど相見へ所へ、芝居がくや木竹板ふり市に売候代銀四百弐拾匁出候、都合弐〆匁ほど光専寺徳銀と見へ候、是にて本堂天井はり候様と相心得罷有、依之折節土佐山にもみ板下直ニて出候由承り、夫ゟ今井新堂や忠五郎、当村庄兵衛と此方我等と右高取山へ右ノもみ板買に行キ候、五十間買代銀ハ今井新忠ゟ右預り銀ノ内ニて三百目程払由、残り銀ハ段々光専寺往寺江御引取被成候由、気毒成儀ハ今日に至り天井出来不致、残念成事なり、

百四十番

一右之折節高取山材木切出シ、おひたゞ敷事吉野川へ御出シ被成候由ニて、そうま(杣)人足共国々ゟ入来ル、此者共材木出しに山の奥谷〳〵ゟしゆら(修羅)出しと申て、上成谷ゟ下ノ谷上引わり、材木谷川のことく引(敷)詰メ、此上お(を)上ノ谷筋ゟつき出し、大キ成五六五八くらいの弐間ゟ三間迄のかさね、生物のことくおのれとかけ出候事、ヶ様之珍敷儀、此事見物に行キ候人段々と有之候事なり、

百四十一

一宝暦十四年申ノ三月十八日、京都御番所様ゟ御触書来

ル、此義前書に有之候通ﾘ成候、京都御名目金両村ゟ当御地頭様へ借り上ヶ置候借金、凡四千両余印形致シ置候所、是迄度々出訴に及過たい(怠)等請、甚難儀めいわく致し罷有候所に、右御触書に此度京都御役所御名目金借り請候者共、当三月廿五日迄に京都御番所江借金高書上ヶ罷可出候様仰被為下奉畏、廿四日に借金高口々書上ヶ候所、御役所金ばかり千八百両書上ヶ候、然ルに五月中旬に又御触書廻ﾘ候所、右かり請印形之者共江御申渡シ有之候、早々京都東御番所江罷出候様と御触有之候ニ付、此方両村ゟ我等役人七人罷登り候所、御番所様にて被為仰付候ハ、右借金証文表ヲ以、当六月晦日限りに壱歩通り御公儀様へ上納仕、残ﾘ金ハ来〱戌ノ年ゟ三十年賦に急度上納致シ候様被為仰付、難有奉畏御請印形仕候、其時我等存候ハ、当年六十六歳迄生のび候得ハ、ヶ様成難有仕合出合候事、是と申茂右之借金我々共一銭も入手不致儀に候へハ、御地頭様御用に相立候儀ゆへと存、皆々悦罷有候、然ルに又々十月十一日に御触廻り、同廿五日限り此御役所名目金ばかり三十年賦わり、合銀壱匁ニ付四十六匁ハ当年ばかり御取上ヶ亥ノ年ゟハ壱匁に付、三拾壱匁八分づゝ三十年之間に上納致ス様被為仰付候所、是又難有奉畏候御事なり、

百四十二

一宝暦十四年申ノ四月に、今井南口塩屋両家下地ゟ不合に(ママ)候所、此度塩屋五良八殿に家普請被致候て、棟上ヶ之節丁内其外に諸方ゟ悦(祝)儀寄候て、南丁分呼人数多ク有之候所に、同家金兵衛殿方ゟ一人茂不被出候ニ付、五郎八殿ゟ段々呼に被遣候得共、一向金兵衛殿儀とやかくと被申、出会不被致候、此儀我等聞及候所、扨々両家不中(仲)成事気毒に存、五月十一日に五良八殿方へ行、右両家不中之事、何卒和段(談)為致度存罷有候所に、十六日四ッ時分五良八殿此方江被来、右之訳合段々被申候義気毒存候ニ付、我等其日の夜金兵衛殿へ行、段々右之挨拶致し、何卒此度和段(談)致し給り候様と色々申聞、

我等金兵衛殿へ申候ハ、此度我等挨拶に罷出候事かるく思召候へハ了管違と存候、乍憚我等事恭茂御先祖長玄様初寛玄様浄情(精)様懸応様等之御遣(ママ)と存、我等此度挨拶に出候事、両家共聞入無之候得ハ、是非に不及、最早是切りにて申聞候事無之と達而申候へハ、金兵衛殿被申候ハ扨々御しんせつ成御事いかにも得心仕、貴公様之御挨拶にまかせ候と被申候ニ付、然ハ十八日夕方ニ我等同道致し、五良八殿方へ出会致し候て右普請之悦挨拶被成候へハ、我等茂大悦と申候に付、右之訳五良八殿へ申聞候へハ五良八殿殊外悦ニて、和段(談)之上十八日之夜五良八殿方にて吸物酒肴いろ〳〵地曽(馳走)被致、しやうばん人、かせ屋権治郎殿、そがや喜兵衛、其外隠居精(カ)寿様、殊外満足被成、我等茂大悦此事ニ候、依之我等存候ハ六十六歳迄生のび、ヶ様成悦ニ茂出合候事、御先祖様ゟ御引廻しと存難仕合に存候事なり、

百四十三

一明和元年ニ年号替ル、宝暦十四年申ノ六月廿三日に当村へ御触書廻ル、此時節米相場当地六十七八匁、麦安(カ)四十弐匁、小麦四拾匁、菜種七十五六匁、金六十弐匁五分、銭十五匁三分、銀札壱匁に弐リン引通用、

百四十四

一右同年申ノ七月に八木和助事八木村にて渡世致シ兼候ニ付、南都江木綿小売商内勝手宜敷と申引越候ニ付、八木や喜三良挨拶にて、我等ゟ又銀五百目合力、此時証文取置、

百四十五

一明和元年申ノ六月十二日、嫁おかね病死、此人殊外成難有取置にて、午ノ年ゟ三年之間長病にて世話人方と親類一家中江こと〳〵く一札の挨拶致し、御信心難有往生被致候事、夫ニ付一七日仕上ヶ之後にて、おかね兄弟中其外世話人へおかね着かへ之物かたみに十四人にゐり数遣シ候、夫ニ付右之人々ゟ光専寺様へ御経上ル、難有奉存候御事なり、南無阿弥陀仏〳〵、

百四十六

一右同年七年上旬に木之本村ゟ養子庄七来ル、改名小八郎と言、此挨拶人木ノ本村孫八良なり、其後右小八良段々気けん能罷有候て、此隠居跡おするゑと夫婦けいやく（契約）致し大悦此事に候なり、

百四十七

一明和元年申ノ七月八日、当村かせや九兵衛殿札つぶれ、此儀盆前之儀に候へバ世上共払銀之同意致し罷有候所、扨々右銀札持難儀に及大そうどう（騒動）致し候、手前にも前日にざい（在）〳〵へ遣シ置候銀札、此方へ替に来ル人も有、又木綿末かけ買付置候筋ハ、此人ニ申候ハ此銀札かへ給り候ハでハ此方にて右木綿等売払候と申、扨々難儀成事出来致シ、無是非かへ遣シ候も有、銀札替所九兵衛殿にハ諸方ゟ段々詰戈そく（催促）にかへに来ル、此人数九兵衛家内おしわけられざる程の人寄、色々の悪口申人も有、扨々気毒千万成事、此銀札之義ハかせや九兵衛殿引替所にて、大福村藤助札改所、加入人今井ニおびや与右衛門と万や吉右衛門とつばや善二良と此五人組合札ニ候所、中間（仲間）われ（破）致し候由ニて、第一九兵衛殿難儀に相成り候由にて大そうどうに成り候、然ル此儀ハ右銀札諸方ゟ証文かりにて借用致し候人々有之候所、此度京都名目金さへ三十年賦に相成り候へハ、右銀札借り人々申合セ返済不致候ニ付、銀札引替所銀詰リ相成り、右之通リつぶれにて、世上共当村札持之人々難儀に及罷有候なり、此事た（他）に有なり、

百四十八

一明和元年申七月十五日夜明ヶ、当村いぬいかいと茂兵衛家出火、村方驚入大さわき近在ゟ段々かけ付大そうどう致ス、漸々茂兵衛家やねばかりやけ候て納り候、此義世上ニ申候ハ、此茂兵衛右銀札場世話人ニて近年相勤被居候人にて、世間ゟいろ〳〵に申事気毒成事に候なり、

百四十九

一右之時節に京都吉文宝屋半兵衛病死、此人右之名目金共借り出し、段々村方江印形為致、御殿様に茂大借に

て、御難儀に相成り、村方茂段々出訴に及めいわく致し、最早ヶ様成人無之候がよろしく候と、印形人其外村方人々申事なり、

百五十番

一明和元年申ノ三月ゟ殊外天気雨続宜敷、百性方随分勝手宜敷、植田ハ五月中迄に植付出来、其後ゟ段々と天気雨続キ能一切此年川ばり水かへ等一度も不致、扨々弥(珍カ)敷年にて野作の廻り殊外よろしく難有奉存、別而近年難義に及候京都名目金三十年賦に被為仰付、御公儀様御じひ(慈悲)と難有、当村百性茂今年ハ少シ心の休り候と、此上ハ御地頭様御了管次第にて百性茂相続可致候様と存罷有候、依之同年七月晦日之夜惣村方ニきとう(祈祷)ためと存、丁々にわかれ当村に六所にて御日待仕候所、御きとうと存候て皆々相勤候事なり、

百五十一

一明和元年申ノ八月二日夜七ツ時ゟ、明ル三日明ケ六ツ迄、先年ゟ不覚殊外成大風雨にて、丑寅風吹来ル、後に吹戻シ未申ゟ大風雨にて扨々おそろしき大風、当村ニて西養寺大松吹たおし、太子堂とくり(庫裡)と此松にてつぶれ、此向勘兵衛殿大松吹たおし、東口セい(制)札等も吹とばし、西口藤四郎家つぶれ、北ノ文四良か家つぶれ、其外村方やねの瓦家々に吹とばし、曽我森神木おびたゝ敷吹おり、二タかい(抱え)ばかりのくの木(櫟)中頃より吹おり、ゐだ木ハ殊外成事にて神主四良三良へ取入候、残ル木ゐだ共同十二日に宮にてふり(振)市に致し村方ゟ買人出来ル、新町座中人々不残出売払候処、曽我森に御五百目余売出シ、夫ゟ八幡神木ふり市是茂銀七八拾匁ほと売出シ候、夫ゟ東楽寺ぢんしやの杉中おれに成、是ハ七匁に売候、右之三ヶ所売代銀半分四良三良へ遣ス筈に成り候、残りハ宮付ニ成事、両宮共座中相談之上ニて相納り候、然ルに東楽寺往(住)寺ゟ右之吹おれ杉ノ木、くりの普請被致候ニ付もらい度被申候ニ付、曽我座中相談之上遣シ申候、然ル所に当国所々之大木宮々之神木共おびたゝ敷吹たおれ候所に、ふしぎ成事諸方共

宮々のやしろそんじ不申、神力之印相見へ、難有も当
村西養寺太子様右之通リに本堂つぶれ候へ共、太子様
御座所共別条無之、其外仏具等に至ル迄少茂そんじ不
申候、然共在々に古き家々共ハ吹たおし候て、所々
方々におし(ママ)にこわれ死する人数知れ不申候、然ルに三
日朝ゟ諸方米商人、今井八木米屋中米相場大上り之了
管ニて、大坂へ仕立飛脚遣シ、米買人段々買持に行候、
然ル所四日朝ゟ段々相場下直にて、長(ママ)合米下りつぶれ
に相成り、和州方米買人数存外成ルそん銀ニ相成り候
由承り及候、然ル所西国北国一切悪風無之由、則大坂
表も少シの風にて米(相脱カ)場段々と引下ケ、右三日四日
頃かゝ(加賀)米五十四匁ニて、十五六日頃に至り候て、かゝ
米四十八九匁に下り候、扨当国も作方大不作と存候所、
綿方半けと見へ、反に五六十升ゟ七八十升、上ニハ百
升吹米ハ反に弐石四五斗ゟ七八斗上ニ三石迄、此義存
シ外よろしく、成程我等一生に不覚、大風にて候へ共、
一ト時ばかりにミぢかく吹候ゆへと世上に申、夫故百
性方先ハ悦申候事なり、

百五十二

一明和元年申ノ十月上旬に、前書に有之候川原惣右衛門
殿江戸ゟ御登り(長子なり)被成候、然ルに霜月中旬に当村御陣屋
へ御出被成候て、両村役呼寄被仰候ハ、江戸御殿様に
御物入事多ク御手支之義ニ付、此度御用金被為仰
付(候脱カ)所、大福村又作ニ金弐拾両、同村平兵衛ニ金三拾両、
同村庄屋藤助ニ金六拾両、当村九兵衛ニ弐拾両、当村
庄屋助七良に七拾両ト新兵衛へ百両ト、急ニ指上ケ候
様被仰付、甚驚入候、此儀下地ゟ段々御用金先納金等
上ケ置候得ハ、是ハいか成思召に候哉、此義達而御わ
び申上ケ候ゟ外ハ無之候事と申、先ニ其座ハ御断リ申
皆々立帰リ候、然(三脱カ)ル極月十日に右六人御陣屋江御召シ
付にて、右川原惣右衛門殿被仰候ハ、右六人へ先達而
御用金都合三百両申付置候所、当月十五日迄無相違急
度指上ケ候様と被仰付(候脱カ)所、甚こまり入難儀めいわくニ
及候へハ、右六人会所寄いろ〳〵と了管付ケ候へ共無

致方候へハ、当村光専寺御注(住)寺様相頼、右御わび言
段々と被仰御出被下、色々と御申被下候へ共、右川原
氏一かう聞入不申、漸々右三百両之内五十両、来酉ノ
二月迄延シ遣シ、残ル金弐百五拾両、当時急度差上ヶ
候様との儀ゆへ、又々御注(住)寺様相頼、段々御わび被下
候所、漸々当時弐百両指上ヶ残ル百両、来ル酉ノ二月
上ヶに延シ遣シ、利足ノ儀ハ月三朱ニ申付候へ共年に
五朱ニ致し遣ス、是ゟ外ハいか様被仰候ても聞入不申
と、川原惣右衛門ゟ御注(住)寺へ申切りニ被致候へハ、御
注寺茂無致方是切に御引被成候、扨々右六人之者共難
儀めいわく無致方候所に、別而我等事百両金と申大金
此方一人に申被付、十方(途)ニ暮罷有候、然ルに其日七ッ
時ゟ川原氏ゟ右六人急ニ罷出候様ときびしく申呼に来
リ候、依之六人一所に御陣屋へ出候、然ルに川原氏被
申候ハ此度申付候御用金、其方共不承知之由に候間、
一人つゝ呼出シ吟味に及候間、六人之者共はかり(ママ)しよ
へ居詰候様あしがる(足軽)藤井伊兵衛を番ニ付置、此方ゟ一

人ツ、呼出シ候と川原氏きびしく被申、夫ゟ初に大福
村又作呼出シ罷出候所、右之訳被申弐拾両金早束請合
印形致シ候、依之御陣屋下男一人付送りに会所へ戻リ
候、扨々腹立成事ハとが人の様成仕方皆々無利(理)と申候、
夫ゟ残ル五人様子相知らセ不申様と其頃大福村平兵衛
罷出、右同断にて印形致ス、其次当村九兵衛罷出同断
にて弐拾両金請合印形致ス、其次大福庄屋藤助同断に
て六拾両金請合印形致ス、其次当村庄屋助七郎同断に
て七拾両金請合印形致ス、後ノ詰メ(ママ)我等呼出ス罷出候
所、川原惣右衛門殿被申候ハ右五人之者共此度御用無
相違請合候所印形相済候間、其方も申付置候通り百両
金無相違請合印形致シ候様と急度申被付候ニ付、我等
御歎キ申上候ハ、私儀ハ近年不仕合ニて妻子共大病人
続キ其上相果候様成不仕合セ、是迄段々御用金共指上
ヶ置候へハ、殊外金子不廻りに候間、何卒私が此度御
用金御用捨成シ被為下候様御願申上候、夫ニ付乍恐私
儀先年戌ノ七月に村方御用之儀に付江戸へ御召シ下シ

被為成候節、村方御用筋相済候上にて、乍恐御殿様私へ御意被為下候ハ、新兵衛其方ハ是迄用金申付候所出情致シ候、間ニ合しんひやう（心妙）成事今に返済不致、其方難儀に及候由尤に候、今少シ相待此方勝手向持直シ次第に返済致シ遣シ候間、左様相心得候様と難有御殿様御意頂戴仕候、然義ニ御座候へハ何とて御女（如）才不仕候、殊に村方高割之御用金等迄茂度々上ヶ置候へハ、甚手詰り成私儀に御座候へハ、何卒此度御用金御用捨願上奉度候、然共別而此度御大セツの御用と被為仰付候儀、何卒弐拾両金程上ヶ候と申上ヶ候へハ、川原氏以之外成大腹立にて、いか様に歎キ断申候ても大おん（音）にてしかり付、なか〳〵請付ヶ不被申、我等におのれどうしおれ、かうしおれと不聞レ惣（雑）言にて弐十両金の目くさりがね、やうもおのれか口からはき出しおつたと申言、我等一生のむねん事、筆に尽されず候、川原氏申候ハいよ〳〵百両金出来不致候へハ、内六両三歩了管致し、九拾三両壱歩金急度請合候か、不得心候へハ今晩ゟ急に江戸へ罷下リ御前にて申わけ致スか、右ノ請合印形致スか、二つに一ツへんとうしやと我等かかしらのうへに立かゝり、大こゑにてきびしく被申、扨々此時の我等が難儀なくにもなかれず、立ツにもたゝれず大難儀達而我等心つよく相願候所、川原氏申候ハ、然ハ是非不及、是ゟおのれが家内へ罷越、家材付立テ候所、右百両金替りほと無之候得ハ了管致しくれる、若又代物家材不残付ヶ立、百両之替り五百両が物有之候共、有次第に取上ヶ、其時了管者成り不申か、いかに〳〵と大音（おん）にて立かゝり被申、其時御前に居被合村役人半兵衛殿と庄屋助七良殿と挨拶相有候へ共不聞入、我等此時こそ最早此身一生之なんだい請、心おすへ（据）、いか様共我等家材付ヶ立被成と申手まゝに為致候上にて、我等一家共呼寄相談之致し、いか様にも致し方有之候と存候所、惣右衛門身拵にて、下役人藤井伊兵衛に矢立持せ、供人にちやうちん持せ、にわ迄（まで）おりかゝり、我等引つれ此家へ付立テに来ル所、いかにも我等付立

させ候と心おがため罷有候所に、右助七郎殿半兵衛殿達而我等に請合候様と、我等かはおり(羽織)のすそ両方ゟおさへて被申候ハ、先此所ハ請合印形被成、此後いか様共御わび申様も有之候と被申候ニ付、我等事迄どうも不致さしうつむき、しあん致し候所、我等存候ハ右付ヶ立させ候て一家中呼寄、相談之上大そうどうになり、惣やぶれに成候てハ、先達而五人之者共ゟ大金之我等に相談も不致、一人こけに印形請合候所しんくわい(心外)に存罷有候得ハ、我等一人(非脱カ)シテ右之者共へ働キに相成リ候事も残念ニ存無是請合、九拾三両壱歩金上ル筈に印形致し候、扨々此時しんくわい(心外)ともはら立とも申ス方無之候所へ、悴喜平次我等おむかいに来ル、我等なミだながら喜平次かた(肩)にかゝり、会所へ戻り候、其時にて右五人之者共会所にて、大福村又作と平兵衛と九兵衛と藤助と、東北のかたいにて心能クあそび罷有候所、大金の我等か難儀致ス事心よくおもい候やとうらミ申候事も有之候、夫ゟ極月十五日に内へ金五拾両上ル、残ル金来酉ノ二月に上ル筈にて然ル明ル酉ノ二月に残リ金都合致シ指上ヶ候様被申候ニ付、右九兵衛殿儀川原氏と内外共念頃(懇)にて、我等存候ハ是迄御用金度々上ヶ置候にて、何卒此御用金御年貢次に相済様と九兵衛殿相願証文取置、右九拾三匁壱歩之内、我等方大金ゆへ拾三両壱歩酉ノ御年貢に御次キ被下候筈之証文にて、都合九拾三両壱歩上ル成り、然ルに酉ノ極月至り右ノ内拾三両壱歩金御次キ被下、残ル金八拾両戌ノ年ゟ四年之間に無相違御年貢次キに急度被成被下筈、堅ク証文九兵衛殿ゟ請取被下候ニ付、為一札生鯛二枚九兵衛殿江進上ニ遣イ置候、然ルに右八拾両金今に相不済、甚難儀仕罷有候、依之今年迄我等ゟ御用本銀合拾四貫四百十七匁上ヶ遣候事、扨々我等身ふんに余ル御用銀上ヶ、めいわく致ス事此事なり、

百五十三

一明和二年酉ノ正月三日朝、此込山江諸鳥寄リ集リ候内に、鶯のはつね出しかけほほうとのどかに心能ク聞候

ニ付、諸鳥ハ床（寝カ）候にくびおは（を）がいへ入テ心能ク床候ニ

一首

　鳥〱にはつねいたせし鶯も

　　ほうねんのむく西ノ入レくび

百五十四

一明和二年丙ノ正月十五日朝、我等心に思出、此日

初たい（逮）夜にて、今年ハ親玄信様二十九年以前に御浄土

江御参り、生年六十七歳御死去被成、我等当年六十七

歳迄生のび候ニ付、最早うき世是までの事とぞんし仍

而一首

　いさ参るたのしみくろふもかぎりなし

　　ゆめとさめゆく身うそ（を）うれしき

同日又一首

　我身にハもうねん（妄念）ぼんのう（煩悩）一身にて

　　六字の道をまねかれて行

又一首

　六字より得させ下さる信なれば

　　世にふそくなき身こそうれしき

百五十五

一右同年（明和二年）光専寺本堂登り段橋、今年に至り無出来候ニ付、

親玄信様生歳迄我等生のびさせ被下事御ゑんと存、せ

めて少シの御礼御報捨に上ケ度存候ニ付、いわれの宮

にて大松一本買、大工坊城村伊右衛門出来致ス、此事

大悦仕是等も我等の御両親御かけにて候と存難有候事

なり、

百五十六　為灯料して米壱斗油代とも四郎三郎殿へ相談［　］七夜燈

一右同年（明和二年）曽我森石とうろう再講（興）致ス、此儀我等御先祖之

堀内長玄様万字（治）元年寄進、堀内寿意様ゟ元禄九年寄進、

此石とうろうそまつニ相成リ近年くずれ候て、だい（台）と

やね（屋根）とさお（竿）一本森の中に有、此書付見出シ、右年号改、

此度我等再講（興）致し置候、

　毎年十八夜とぼして、仍而此後随分そまつに致ス間敷候事也、

百五十七

一明和二年二月六日朝、此ぶんこ梅見事に落花致ス
仍而一首
花ふりて雪と見込の山かけて
鶯のこゑ法のたのしみ
又一首
我が庵ハ軒ばの梅の景に居て
花もたへなる鶯のこゑ
百五十八
一右同年(明和二年)丙ノ四月十五日大雨ふり、大高水出候、当村新
地孫七水車大そんじ半流、芝ノ後堤切、十弐三間野方
になたねかりほし致し置候ふん、皆々流諸方共所々に
大切レ有、大らん(乱)水成ル事なり、
百五十九
右同年丙ノ六月に、今井鳥屋五兵衛殿つぶれ大借銀之
由ニて、凡銀千七百貫目あき候由、当国にてハ珍敷大
ふんさん、此儀に付当国所々にかね持衆預ヶ銀大分有
由ニて、めいわく被致候、夫ニ付塩や五郎八殿にも三
十五〆匁鳥やへ預ヶ銀有由、めいわく被致、我等御咄
シ被致候後に、右済方当分に壱歩通り請取、残リ十年
賦に相済由承及候なり、
百六十番
一明和二年丙ノ六月、大日てりにて、用水一切無之候て、
扨々百姓方難儀ニ及、土用てりぬき候て、植田之儀植
付ゟかたまつ(ママ)しゆうり(修理)不成、草しけり候ニ付植田のか
ぶほそく不作致し候なり、
百六十一
一右同年丙ノ八月三日、朝五ッ時ゟ大風雨にて、田方綿
方、たはこ等、作方大そんじにて、百姓方大難儀に相
成り候、其時相場実綿百十五六匁ゟ段々上り、百三十
四五匁に相成り、米六拾匁ゟ六十四五匁、此年百姓方
殊外いたミ候事、十月霜月相成リ行詰リ候なり、
百六十二
一右同年酉(ママ)ノ霜月四日に、高田藤兵衛婚礼首尾能相済候、
此時為悦キ嫁おつや方江此方我等ゟむらさきちりめん

綿入壱ッ拵遣ス、勘兵衛江又盃(カ)と樽と料として金弐百疋遣ス、三日見舞ほつかい壱荷遣シ候て、目出度相済皆々一家中寄合大悦致し候事なり、

百六十三

一右同年九月十九日に、今井塩屋覚兵衛殿後金兵衛ゟ、我等方へ銀五百目四五日之間何卒かし給り候様と、子息茂吉ニ手紙持せ取に来り候所、いさい茂吉に承り、早束我等ゟ銀五百目相渡シ申候、然ルに右金兵衛十月十日に大坂ゟ欠落いたし候而、大そうどうに相成り、在々ゟくり綿売付置候人々段々寄合、茂吉に強戈そく(催促)致ス、夫ゟ段々と吟味及不埒候ニ付、借シ方ゟ南都御番所様へ相願候、夫ゟ金兵衛家内子供養生(幼少)にて五人有之候所、致様無之五人組中ゟあてかいはん(飯)米にてやしない候様成事にて、ふびんいたわしく候事、夫ニ付大晦日夜我等ゟ年取之餅大重箱一ッぱいと、大根と持せ遣候て年取候なり、夫ゟ金兵衛段々相尋候へ共有所知れ不申、妻子難儀申尽されず候事なり、夫ゟ弐年過キ諸道具家屋敷払、漸々借り方相片付、右之本屋塩屋五良八殿へ買取、精(カ)寿様隠居に相成り候て、此本家他家に不成候て我等大悦ニ存候、夫ゟ茂吉親子宮ノ前丁かしや有、此うらの大蔵へ□宅に致し罷有候所、右金兵衛欠落致し候て五年に及候へ共今に戻り不申候事なり、

百六十四

一明和三年戌ノ正月に、我等唐(店カ)おろし勘定致し候所、本(元)手銀殊外へり、此儀ハ右御用銀と、八木和助と、新地喜助と、塩屋金兵衛と、高田魚屋善四良へ御講名目かしと申酉に都合生銀拾〆匁程不足致し、難儀ニ及候所、(土橋村ニテ)我等弟宗信坊ゟ又々我等へ合力申かけ候所、我等申候ハ以之外成事、是迄与平次と申節ゟ数々合力致し置候事、請取証文等此後申分無之候と申ス一札等茂有之候所、右之通リ近年我等しんしよう(身上)いたみ罷有候所、無了簡も又此度新がや(新賀屋)喜三郎殿、綿屋又七殿挨拶ニ被出候へ共、我等右之訳申聞せ、一向我等聞入不申候所、彼宗信南都御番所様へ欠込の工面致ス由、土橋村清六

と申南都さる（ママ）に相談致ス由、玉井五左衛門様江内談ニ
行キ候由、然ルに玉井五左衛門様内吟味被成被仰候ハ、
此儀無用被成候が可然と、是迄新兵衛方ゟ段々合力世
話等致し置候由に候へハ、甚六つヶ敷出許にて、両方
共大物入相成リ難儀に及候事、□□無用に被成候か可
然と御申被成候由を、西天がい（手貝）町木綿や与兵衛女房、
玉井五左衛門様へ御出入心安人にて、此様子聞付、当
村新賀屋宇兵衛ゟ喜三郎殿被申相知れ申候、夫ニ付喜
三郎殿、又七殿我等挨拶被致候ハ、少々合力致し候て
内済致ス様と被申候へ共、我等一向聞不入、我等ゟ南
都之番所様へ相願、是迄段々と難儀為致候事、悪僧之
宗信と申上ヶ候て、我等腹立重り候へハ、此方ゟ罷出
候様に存候所、彼喜三郎殿、又七殿聞付、最早大事と
被存、達而我等へ挨拶被致候ハ、とかく此度宗信坊借
銀四五百目詰り、其上東ノ家明キ屋に候へハ、我のそ
んじ（ママ）も有之、しふき等も得不被致候へハ、我等に買取
候様ニ段々挨拶被致候ニ付、左にいさい書しるし有た
り、

百六十五

一明和三年戌ノ二月、東家我等方へ買取候様に、右ノ喜
三郎殿、又七殿達而被申候ニ付、我等申候ハ彼東家ノ
儀ハ、先年此方へ質物ニ入流ニ成り候所、兄弟之儀に
候得ハ了管致し其まゝにて指置候、此儀今井綿屋吉兵
衛へ右之家屋敷質物ニ指入、本銀壱〆匁宗信方へ加り
置候を、此方我等ゟ吉兵衛方へ右之壱〆匁相済シ、証
文此方へ請取置候、両度に及此方之家屋敷候物、又此
度高銀に買請候様と段々無体成義申かけ、是迄宗信
ゟ我等方へ借り請証文一札等被置候無相違儀ハ慥成証
文共取置、数々取出シ喜三郎殿、又七殿に見せ候所、
此両人被申候ハ、扨ハヶ様成度々之合力致し被遣候儀
に候へハ、御尤に存候、然共宗信殊外銀子手詰りに候
へハ、東屋敷外ニ御売候と申候ても時節悪敷、村方に
一人も望人無之候、とかく重々之すくいにて候へ共、
此喜三郎、又七にめんじ被下、右東之家屋敷代銀壱〆

七百目ニ買取被遣被下候へハ、買主今井喜兵衛名当テ証文に為致、宗信ゟハ喜兵衛へ売渡し喜兵衛ゟ其元に買請被成候て、右之代銀相渡し被遣、猶〳〵其元所持之家屋敷に被成候て、かし屋に被成候が宜敷様と両人被申候、依之宗信ゟ喜兵衛方へ売春(券カ)証文致し、印形子供勧信と大坂に罷有候万吉と添印形致シ、喜兵衛へ相渡し此証文此方へ取置、代銀此方ゟ都合壱〆七百目相渡し置候、此内五百目程借銀に相払由、残リ壱〆弐百目歩取銀にかし付、年々つミ銀に致ス由、宗信坊何方へ成共道場坊主に有付用意致シ候、勧信ハこも(虚無)僧にて渡世送り候様に申候事、扨々右之通リ成ひん(貧)家の兄弟共多ク持、数々之無心共言かけられ、我等難儀致し候事、筆に尽されず候、然ルに右大坂に罷有候宗信子万吉、此者宗信かくし置候子供にて、何国之者の子にて候や此方共不存候、然共我等おもい候ハ此堀内家之惣領と生れ、右之弟共へ世話致し候事も、親玄信様妙信様ゟ為致被下候儀と存候へハ、我等今年六十八歳生のび候て右之世話致し候事、先ハ我身一生の大慶此事に存、是等と申も悴喜平次此家慥ニ相続致して候ゆへなりと存、満悦致し候事なり、

百六十六

一明渡三年戌ノ二月五日、東屋敷代銀渡スニ付、挨拶人喜三郎殿出合ニて、宗信、勧信同(カ)道致し此方へ来り候、依之右家屋敷之売春(券)証文此方へ請取、代銀不残相渡し候ニ付、挨拶人喜三郎殿江(様)我等申聞候ハ、外に内蔵有之候、是急に取のき候用申候へハ、喜三郎殿被申候ハ、此内蔵小房村弥七に買に致し候間、其後其元御望に候へハ代銀弐百目ニ御買可被成候と被申、此度外に内蔵代銀弐百目宗信坊へ喜三郎ゟ渡し有ゆへ、此銀弐百目此方新兵衛ゟ喜三郎殿へかしに成リ有なり、扨々世話成事、夫ニ付是迄(カ)之しつくわい之段々、其時に我等ゟ宗信、勧信へ申聞両人あやまり入候ニ付、右之銀子直に相渡し申候、右之趣喜三郎殿御存に候へハ我等も得心致し、双方申分無之、悦之上にて一酒のミ悦罷帰

り候なり、夫ゟ右之家此方ゟ借シ屋に致し、扨々居あらしにて、つくり普請入用弐百目相かゝり、めいわく致し候事なり、

百六十七

一明和三年戌ノ二月廿四日に、高田藤兵衛女房嫁おつや此家へ入ぶ（部）、此時一夜宿りに皆々被来候て、此方皆々大悦致し候事なり、

百六十八

一右同年（明和三年）戌三月廿九日、此家嫁おるい安さん（産）にて一子おさく出生致し候て、皆々悦之事、大悦此事に候なり、

百六十九

一右同年（明和三年）戌四月十一日に、此隠居あと取おするゐ婚礼、八ツ振舞、此時庄屋年寄惣代衆呼、明ル十二日曽我座中衆不残呼、其外懇意合方々十二日夜ニ六七十人呼候て、千秋万歳目出度いわい納候事、皆々悦此事に候なり、

（附紙）然ル所此おするゐ事、三ケ年過候て病死致し候ニ付、我等が兄弟中ニおするゐ替りの娘無之、幸ニ高田おぬい事我等孫子ニ候へバ、右おすえ病中ニ申置候ハ、此身往（生カ）住致し候後ハ、高田おぬゐ様と庄七様と相続被下候様頼置候事なり、

猶此時節兄弟中

正満寺ニ娘無之

喜兵衛ニ娘無之

和助ニ娘無之

喜助ニ娘一人三歳ニ成おやつと申足不具成者一人、

依之弥々右おするゐ頼置之通りニ、高田おぬゐ孫子此方へ為相続もらい入候也、

百七十番

一右同年戌ノ五月に御公儀様ゟ御触有、此儀通用五匁銀と申此通りなる銀五匁之通用にて候所、其後当国へ余り廻り不来候事なり、然ルに此節四文銭出ル、

御印有成り

此通成ル

百七十一

一明和三年戌四月十七日、此方おする忩事木ノ本村九兵衛
殿へ入うふ（部）ニて、此時主がのり物あたらしくはりかへ、
此のり物にて悦行、おとわと我等と上下七人行、其時
娘おする忩いしやう（衣装）ひちりめんと、もふると（マヽ）、そらいろ
しゆすと、其外着替持せ行候へハ、木ノ本一家中大悦
に被存候、夫（然カ）ニ付法念寺にはんしやう成、開帳有テ木
ノ本ゟ地□にて、おする忩我等一家衆中共一所ニ参詣致
し、殊外成おする忩も悦、皆々大悦被致、我等が満足此
事に候なり、

百七十二

一右同年五月戌ノ廿七日、右おする忩安さん（産）、男子出生喜
太郎と言、別而隠居齢取惣領孫男子に候得ハ、殊外成
大悦致候所、六月十日頃ゟおする忩事病気出あしく、ね
つ、たん、せき等段々つのり盆前に至り殊外我々共
あんじ（案）くらし罷有、是迄いしや（医者）初ハ当村安斉、其次曲
川村床庵殿、其次五井周次殿、其次下リ尾村内藤七兵
衛殿等色々にりやうじ（療治）被至（致）、相替事無之候て気毒に存
罷有候、左に有なり其後多村なかと殿ニ替ル、

百七十三

一右同年戌ノ七月五日に熊野ゟ此方荷廻シ、南八木村権
七戻りに今井曲川屋治右衛門江金子弐拾八両、熊野に
て治右衛門弟半兵衛ゟことづかり持かへり候所、い
かゞ致し候や此金子権七宿へ帰り候て、こうり（行李）をあけ
見わけ候所、いつかたにて紛失致し候や、此治右衛門
金子ハぶん（マヽ）にうちかへに入、こうりニ入置候物是ばか
り紛失致し候由にて、此方之戻リ金十六口〆テ請取、
帳面之通り金三拾弐両弐歩と、銀三百目と無相違持帰
り候所、権七十方（途）にくれ候ニ付、早束今井治右衛門殿
と此方喜平次と呼に来り候所、早束喜平次遣シ右治右
衛門と色々吟味相談致し候所に、此方喜平次申候ハ、
右此方之登り金口々請取、帳面之通り少し茂相違無之
候へバ、時分柄と申、殊に権七家あばらやの事に候へ
ハ、片時も早々此方へ請取持かへり度候得共、治右衛
門殿とかゝり合様に各々思召候かと存相談致し候へハ、

治右衛門殿其外人々被申候ハ、幾程其元金子之儀ハぶん立テ口々さいふニ入リ、熊野表請取帳面之通りニ無違イ金子に候へハ、権七方ゟ金子不残帳面共請取被成候事、尤成儀と存候と被申候ニ付、双方得心之上持帰り候所、然ルに明ル日権七組中之人々此方へ来リ、我等へ被申候ハ、右之帳面と金子と之儀、権七、治右衛門出入相済候迄、今暫其所八木村役人江御預ヶ置被下候而可然様と被申、若治右衛門方ゟ南都之御番所様江御吟味相願候へハ、申わけにも相成り、組中ゟ治右衛門殿へ挨拶申入ル品も相立、若治右衛門御番所様へ出訴被致候へハ大へんニ相成リ、老年の権七ハ不及申に、家内子供迄も御吟味之上、水ぜめにも合イ候へハ、権七儀ハ年寄之事ニ候へバ、其場にて命相果候様ニも相見へ、家内之難儀、其外熊野宿にどう(同)宿之人々、権七熊野ゟ道つれ致し候川つら人壱人と、田原本小間物や壱人と、道中ハ同宿致し罷り帰り候人々、やど〳〵致し候人々と殊外成大そうどうに相成り候へハ、猶権七

組中と八木村役人も大難儀に相成り候へハ、千万気毒に存候、何卒是迄其元ゟ権七事正直者と思召懇意に仰被遣候者に候へハ、先右帳面金子共不残今暫八木村役人中へ御預ヶ置被下候様と、段々組中来リ相頼候ニ付、成程我等申候ハ権七義数年熊野筋之儀、此方我等しん(身上)しやう一ッぱいにまかせ置候正直成権七と存候者に候得ハ、若御番所様御苦労に相成リ、権七儀ハ不及申に家内之者共、所々方々の人々、猶又八木村役人組中等大勢人々、大難儀に相成り候へハ、いか様共八木村役人中江右之帳面と金子共不残預ヶ申候と、則南八木村役人こんや佐兵衛殿江預ヶ置申候と申候へハ、右佐兵衛殿被申候者、曽我方喜平次殿にハ右之通り成懇意思召、うつくしく其仰候義に候へハ、右之金子ハ時分柄之儀に候へハ、其元にて御遣被成当時間に合イ候様ヶ可然と申被呉候ニ付、此方ゟ権七治右衛門及出入に候て、右之帳面と金子と持参仕候て宜敷儀有之候へハ、何時成共持参致シ候と申、一札証文此方ゟ八木村役人

こんや佐兵衛殿江相渡し置候、仍而佐兵衛殿喜悦に被存、其場相納り候、然ルに明ル十六日に右佐兵衛ゟ此方ハ喜平次呼に被遣候て被申候者、此度権七金子紛失之儀吟味組中之人々申候ハ、此時節ハ世上にならさると申テヶ様成出入筋聞出シ候へハ、御番所様御役人衆へ内意申込かミなりと申テ、少シ之事にても事大へんに申かけ、右之様成事其かけ合ィ人々身代相応に物入為致、猶又番人ちやうり役人と申者等罷来リ、事大ぎやうに六ツヶ敷申かけ、内証ニてまいない金為出、気毒成時節に候へハ、早ク内済致し候か可然と権七組中ゟ申来リ候、何卒乍御太儀、御懇意之権七ニ候へバ御じひ(慈悲)と思召、此佐兵衛が了簡御聞届ヶ被下候様と被申候儀ハ、此方我等ゟ権七へ余内銀弐百目と又百八拾目ハ、三年過キ候て寅卯辰三年、年に六拾匁ツヽ、請取証文有、又三百五拾目ハ権七娘たつと申者亥ノ(マヽ)ゟ辰迄六年切奉公為致、此者其元へ御かゝへ被召、右三口にて都合銀七百三拾目、此度乍太儀八木村役人と組中と猶権七家内之者共、御すくいと思召出銀被下候様と、達而皆々衆中ゟ我等へ相被頼候ニ付、我等聞届ヶ右之出銀致し相渡し申候ニ付、皆々人々大悦に被存候、依之此銀七百三拾匁を以、今井治右衛門方へ権七組中わび挨拶に行キ候て、段々右之此方訳合申聞候て、其上今壱人姉娘に五年切に奉公ニ出し、此給銀と権七家材(財カ)売立テ、今少残リ候所、権七組中請合証文渡シ相済候由にて、皆々安心被致候、依之皆々被申候ハ是と申茂曽我方の御了簡にて、南都御番所様江茂御苦労に相不成、右之かゝり合人々難儀不致候へハ、権七身にとりてハ曽我村新兵衛殿にわ大恩ん請候と申悦相済候、依之右ノこんや(紺屋)佐兵衛殿江此方ゟ右之預り証文右出入相済候へハ取戻しに参り候所、佐兵衛殿被申候ハ、此証文在所知れ不申、後ニ至リ出次第持せ遣シ候と被申候得共、其後証文かへり不申候、

百七十四

一明和三年戌ノ七月十七日夜、南都御番所様ゟ右之権七

事ニ付、南八木村にて庄屋年寄と権七と同組中と今井曲川や治右衛門と町年寄と御召シ之御差紙来ル由、此御文には奈良西屋敷ちやうり下代と申者、きびしくしかけにて明ル十八日朝五ッ時、右三人ニ御番所様へ早々罷被出候様と急々申来り候、夫に付此つかひの者申候者、南八木権七事、熊野ゟ曽我村新兵衛金子と今井治右衛門金子と持かへり候所を、道中にて治右衛門金子紛失致候由御番所江相聞へ、御吟味被為成候由にて、先々右治右衛門金高何程、曽我村新兵衛金高何程、聞合せ書付為致候て持かへり候様と、主人ちやうり申候と申来ル、夫ニ付今井八木之番人共付添、今井曲川屋治右衛門方へ行キ、右金高書付為致候て請被帰り候由、夫ゟ此方我等方江今井西口番人と当村番人庄八と此方家へ夜半時分ニ来リ、我等ハかやの内に床居候所、南都ちやうりゟ夫と申右番共弐人来り候に付、何事やらんと存驚入候、此者共申候ハ此度八木権七事熊野戻りに今井治右衛門方金子紛失致し候由にて、其元様金子ハ無事に相戻り候由相聞へ候ニ付、其元金子高何程に候や、金銀高書付被成、家々共へ御渡シ被成候様と南都ちやうりゟ申遣候と両人之者共申来リ候、是に付此方我等しんくわい（身外）に思候ハ、右之義八木村役人挨拶にて内済致し事相済候所、願人も無之候所に何方之番人之さる（猿）かいぬ（犬）か南都へ申通シ候や、右相済候所此方之金子之儀を南都ちやうり方へ書付渡ス杯と申事、時世のくらきわ不及、是暫にと存金高書付相渡し候、然候に南都ちやうりゟ遣の者に八木村庄屋年寄今井治右衛門と同町役人と呼ニ参ル、此方へ者出申事無之呼に来リ不申候所、右之衆中被申候者、成程曽我方之義ハ御指紙には無之候へ共、ちやうり方ゟ之金高聞合せに遣ス程之事に候へバ、曽我方ハあとに付御出被成候が可然と達而被申候に付、何而此方ゟ小八良一人遣シ候、十八日明ヶ方に皆々そろい南都御番所近所宇陀屋に宿り候て、早束書付認メ丁代衆へ相渡し指上ヶ置、宿り候所明ル日も〳〵も御前様へ御呼出し一向無之、扨々

こまり入候ニ付、段々かゝり御役人江内証申上ゲ金包物佐太に相成り宿屋か挨拶にてかゝりよりき（与力）衆と取次衆と、猶又ちやうりとへ金包一封つゝ指出シ候て、漸々（ママ）殊済致し候所、廿五日暮方に皆々帰村致し候、依之八木と今井とに金子三両弐分出ス由、此方に金子壱両弐歩と銀三匁と出ス、其様成事人々悦も無之候事に銀百目も捨候事、扨々残念成事時世に候へハ無是非事、此時節者何様之事付候ても南都風吹来リ候へハ、しんだいこぼちと申、人口にてこわがり申候なり、

百七十五

一明和三年戌ノ六月に南都御番所御奉行御殿様、江戸ゟ御替り御入被為成候、酒井丹波守様国中難有存候も、当国へ御入被為成候少シ五十日程の間、当諸役人在々町方百性方其外下々番人等に至ル迄、けつかう成御殿様之由申、いか様成六つヶ敷義申上ヶ候ても事やわらかに御捌き被為遊候ニ付、事済も隙入候ニ付、御番所惣（カ）役人衆、其外在町村々にいぬ（犬）と申人、さる（猿）と申人、心のまゝに成りやすく時節にて、皆々油断被致、気まゝにくぢ（公事）人に気遣為致候事、御番所御殿様にハ右之様子御心見被為遊候由にて、此節迄ハ諸役人右ノいぬ人、さる人、ちやうり村々番人等はな（鼻）高になり、ちよと（一寸）申スならば在々にひ（非）人行キたおれ者等有之候へハ、其所之番人ゟ早束南都ちやうりへ相届ヶ、無宿者に極り候者にても殊六ツヶ敷申、御番所ゟ御目付役人どうしん（同心）衆、南都井上町ゟ籠にのり御出、其外ちやうりと番人と上下十弐三人も被出、道中の中飯酒等宿り造用其外行キ戻リ遣銭、其村々の庄屋年寄付添行キ候て、南都御番所前宿屋迄行キ候て、夫ゟ早束に書付指上ヶ置候所、御殿様ゟ御前之御呼出シ一向御佐太無之、毎日〱宿屋にてむされねおき（寝起）ばかりに高直成、はたご払めいわくに存候ゆへ、無致方其役人にも金子包、此役人にも金子包み候て進上物等にて、漸々御吟味之上早束ニ相済候様成事、右ひ（非）人等の病死致し候にも物入等之時節に候へハ、米に直シ弐三十石程も、ちよと（一寸）

致し候事にも入候様成事、然ルに先年当国にハ質屋中間初リ、一トかぶに年に銀八匁つゝ出シ、南都に八木ゟ出候味噌五郎と申質屋頭、此人へ相渡シ候へハ御切手御番所様ゟ相渡り候て、広ク質屋致し候由、若紛敷物出来候共右味噌五郎へ相届ケ置候へバ、早束に相済候由、其他に在々所々にてかね持之人々、当分念頃(懇)合之人ゟ代物等預リ、当分之質物に右之質屋御切手無之人ゟ銀銭等かし候人有之候義御番所様へ相聞へ、此度うせ物御吟味に付、御番所様ゟ御役人衆中在々所々へ御廻シ被為成候ニ付、此節ハさいわいに御役人中上下十五六人被為出、村々へ其所番人をいぬ(犬)に入レしんし(身やう上)の宜敷人、少シのかし銀の替りに代物預リ置候様成事も質物吟味と申立テ、其人の家材(財)付立テ、帳面等取上ケ土蔵等にも封印付ケ、甚六つケ敷申かけ候へハ、其村々の番人へ内証ニ頼、袖ノ下にて金子弐両三両五両拾両、銘々の心次第出シ、内証にて右之諸役人入来ル事無之様に番人ゟちやうりへ申聞相済シ候様成人とも有之、其外かく別に六ツケ敷有之候様成すじにハ、内証にて金子弐三十両も袖之下へ入レ相済様成人ニも有之由にて、当国中にて内證まいない金子凡弐千両程と集り候由にて、此度南都御番所御役人其外ちやうり(長吏)、いぬ人、さる人、村々に番人等迄大悦之由、油断被致罷有候所に、右御奉行御殿酒井丹波守様、右之諸役人其外ちやうり、いぬ、さる、番人等之是迄仕方得と御覧被為遊候由にて、うちかへる様成御吟味にて、八月上旬に右御番所之御役人中、其外下役人ちやうり等迄御召シ被為出候由にて、此度在々へ質屋吟味ニ付、内証にて過分之金銀まいない取由相聞へ、右金銀出シ難儀ニ存候者共ゟ封許(ママ)致し候ニ付相知れ申に付、いさい銘々言訳被致候て可然様と、御役人中へ御奉行御殿様ゟ急度御吟味有之候由にて、仍而皆々御役人方其外人々驚入、目おさ(を)まし、右之申わけ相成不申、夫ゟちやうり村々番人等、是迄ゆすり取に致し候金銀内証にて其人々に戻シ候様成事も有、其外諸役人ゑんりやう(遠慮)

も有、へいもん(閉門)等も被為仰付、ちやうり壱人入うろう(牢)、村々番人江ハ往古ゟ通りに、当国中ヘ村々ヘ御定之書付廻リ、夫ゟ村々番人共へけんやく(検約)に相成り、世上共事納り、難有奉存、依之世上に申候ハ、此度南都御奉行様広大之御慈非(悲)成ル御殿様にて、御捌キの次第難有奉存、銘々心有者南都之方へねふし(寝伏)致スにも、心をつけ床(寝カ)候様と諸人大悦仕候御事、夫ゟ在々に南都へ内証申込いぬ人さる人無之候て、世間しづかに相なり候て、国中人々悦申ス御事に御座候なり、

百七十六

一明和三年戌ノ八月十二日に南都御番所様ゟ難有御触書廻り候、此儀ハ是迄何事に不寄出入出訴ニ及候事、其か〻り役人に金銀を以まいない致し候事堅ク御ちやうし(停止)之御事、若村々にて無宿者等行たおれ何事に不寄御番所様ゟけんし(検使)役人被遣候共、籠にて送りむかひ(迎え)堅ク致ス間敷候御事、猶又内証にて金銀等少シにて茂袖ノ下へ入、まいない致し候様成事相聞へ候得ハ、其村々の役人ハ不及申に、本人共急度曲事申付、其外村々番人共へちやうりゟ何事に不寄聞合せいぬ人ニなりさる人になり、ちやうり江内証にて相知らせ、丁(町)人百姓にまいない為出候事相聞へ、村々番人之義ハとうぞく(盗賊)ひにん(非人)のせいとう(政道)致ス事、吟味一筋之役にて候所、何事に不寄近年ハ指出候由相聞へ、不届き千万に被為思召候御事、此以後先年之通リ村々番人ヘ身持きやうき(行義)等村々役人ゟ急度可申付候御事、御番所様へ願之筋有之候て、宿屋にて日を重而入用多ク払、是上出許(訴カ)人々難儀に及候事相聞へ、此以後右ていの儀有之候へハ急度御吟味被為遊被為下候御事、其他何事に不寄願事有之候て、諸役人江指つか(支)へにも相成り候て気毒に思候得ハ、許(ママ)状に無書付封印にて内に名当テ書付、御番所様へじきに指上ヶ候様と難有御事、依之前書に有之候八木権七、今井治右衛門、此方我等方内済致し候事、願人も無之候を右之訳にて其時金六両ばかりむゐきにすいやし(費)候、右難有御触書、今廿日ばかり早々廻り候

へハ、右ノ難儀に不合候得共、今少残念候得共、国中
共大悦仕候御事なり、
百七十七
一依之我等一首
ならのミやこて日おくらす
今のよろこひ天のあきらか
又一首
夜と明ケていぬもしずまる世の中に
さるもおそれてかくれいるなり
然ルに二三年之間ハ諸人悦候所、夫ゟ段々と以前之通
り相成ル由にて、気毒に存候由お申ス御事なり、是と
申も下地ゟ之御役人衆のわざゆへと申事なり、
百七十八
一当国に銀札出候覚
一川つら札　先年ゟ出ル
一郡山札　享保年間ゟ出ル
一土佐札　享保年間ゟ出ル
明暦三年戌ノ七月につぶれ申候
一小泉札　宝暦年間ゟ出ル
宝暦年号間につぶれ申候
一芝村札　同年号間ゟ出ル
一柳本札　同年号間ゟ出ル
宝暦年号間につぶれ申候
一田原本札　同年号間ゟ出ル
明和二年につぶれ申候
一曽我札　同年号間ゟ出ル
引替所かセや九兵衛殿
宝暦十四年申ノとしにつぶれ申候
年号替ル明和元年七月八日つぶれ
右ノ通り銀札出候へ共段々とつぶれ候て、銀札所持之
人々そん銀にて、弐歩三歩にも売候人も有、持来ル人
も有、甚難儀ニ及、御年貢等之用意に致し候人々、殊
外めいわく致し、人々有之なり、然ルに其後右之札新
札ニ改引替、買請人出候て、札壱匁を銀百匁くらいに

買請在々所々に数多ク引請人出来申候、

百七十九

一明和三年戌ノ九月朔日、此方養子小八郎、座いとなみ（営）候所、妻女おするゑ儀盆前ゟ段々病気にて八月廿二三日頃ゟ段々と病気重り、あんじくらし（案）罷有候所、小八良座銀取置候得ハ余日無、若神だい（代）之間に往生致し候へハ、氏神江のそまつに成り世上之人口と申、とやかくと我等の心の内いかゞ致し候やと、外江ゆづりもならず若悔（快）気致し候事も有候かと、ぼんふしんに候へハ、心のまよいかなしく候、若九月朔日ゟ七日迄の間に病人おするゑ死去致し候へハ、氏神の御うつり被為成候節と申、世上之人口いかゞとあんじくらし罷有候所、最早八月晦日ニ相成リ、無是非此家にて氏神の御かり屋立、其外米肴諸事之拵致し、座家中江呼遣廻シ皆々集リ来リ給リ、宵宮はしけづり（箸）等首尾能相働（勤）り、明ル九月朔日早朝氏神曽我大神宮様御むかい参ル当人小八郎と我等と参り候所、御きげんよく御かり屋へ御うつり被為下候て、皆々難有御礼仕候所、四ッ時分ニ座中衆へ本膳出シ候所、右病人おするゑおもき枕をあげ申候ハ、今日は目出度小八郎様座之御膳にて候へハ、此身も御膳にすハりたくと申ニ付、皆々悦、早束に右ノ本膳ニてすゝめ候へハ病人殊外悦きげん能、少しづつたべ候て、我等皆々之者共大悦ニ存罷有候所、然ルニ明ル二日ゟ病気段々重り、いしや（医者）衆色々と御薬のかけん（加減）被成被下候へ共、けんき無之千万気毒に存あんしくらし罷有候処、四日八ッ時分に病人おするゑ申候ハ、曽我大神宮様此間ハ御きげん能ク御座被為成候ニ付、此間ハ御前阿弥陀女来（如）様御影けおがミ不申候て心にかゝり候間、乍恐女来（如）様をかけまし被為下候様と、枕を上ケ願候ニ付、此御事難有奉存、我等早束にびやうぶ（屏風）引廻シ御つくゑ（机）直シ、三ッ具そく、かう（香）花奉上ケごんきやう（勤行）勤候へハ、病人おするゑ難有も殊外成悦にて、ケ様成あさましき者お御たすけ被為下候御事のうれしさ、病人おするゑが悦のなミたかぎりなく候、依之我等皆々難有御

報捨御念仏悦申御事筆に尽されず候、然ルに明ル五日御くうつき(供)ニ相成り、其日我等思候ハ此家の内にて御湯かくら上ヶ候儀、若今日の御湯御きげんいかゞとあんじ罷有候所、殊外成氏神様御きげん能御湯玉立チ上り、御満足に被為思召候由にて、いちとの(一統カ)も皆々も悦申候御事、然ルに明ル六日八ッ時分に曽我太神宮様御さか木みこしへ神主四郎三郎殿ゟうつし奉リ、送り御供当人小八郎御へい持御酒さん米等下女に持せ、喜太良も御供にて装束改出立候所、病人のおするゑ大病の枕を上ヶ見立テ見送り候所、此悦かきりなく候、然ルニ明ル七日当村神事にて候所、段々病人よわりおとろへ最早りんぢう(臨終)も間のなき様ニ相見へ候へハ、いまだ曽我大神様御かり屋御へい等も此方に御座被成候へハ、扨々心遣に奉存、七日夜神主四郎三郎殿此方江呼に遣シ候て、右病人之心元なき次第申聞候へハ、四郎三郎殿被申候ハ、成程今晩御へい送り候ても可然と被申、則御酒さん米等拵、神主へ相渡し、其夜に御供被致被帰候、然ルに其夜におかり屋ときかけ(解)候へ共、余り夜ふけ近所の聞へいかゝと存シ指ひかへ(差)候て、明ル八日明ヶ六ッ時にかり屋とき候て、あと仕廻そうし(掃除)致候と一所(緒)に病人おするゑ様子相替り、皆々の者共へいとま之事申候、喜平次様小八良様の事頼ますと申、喜太郎事ハおとわ様皆々の衆頼ますと申、其日八日五ッ時御念仏ともち供、おするゑ難有往生被致、我等心の内筆に書尽され不申候事なり、然ルに明ル九日朝前後之事思候ニ付、菊月ハ九月にて、おするゑ往生に仍而、御念仏のこゑ聞に付キ我等一首

きくに月神も我家にうつり来て
　娘のてたち六字おしへに

又一首

するゑハ浄土に参りつゝ
　また子ノするゑて喜太郎となる

百八十番

一南無阿弥陀仏〳〵、

右のおするゑ事、生年十八歳一生として難有往生致給リ候事、我等へ御さいそく右之通り成ル御神ばい(拝)、首尾能相勤、すぐに往生致し候事、此時分まておするゑ命、神の御ほうべんにて御のばし被為下候御事、是又ふしぎに存候御事、よって右二首愚知(痴)成事に候へ共うかむなり、とかく今生ハ不生(定)之せかいに候へハ、仏の御恩ん一心に信シ候へハ、神々様ニも御悦と聞へ候、仍而何事も阿弥陀女(如)来様ゟ他力之御ほうへんにて、此度おするゑ死後談なり、

百八十一

一明和三年戌ノ九月八日右之おするゑ往生法名釈妙秋

往生之志一今井正(称)念寺様へ毎年しやう(祥)月御経上ヶ置正月八日朝時

同断　一今井順明寺様へ右同断　御経上ヶ置三月八日朝時

同断　一土橋専念寺様へ右同断　御経上ヶ置五月八日朝時

同断　一高田専立寺様へ右同断　御経上ヶ置七月八日朝時

同断　一当村光専寺様へ右同断　御経上置九月八日七日夕ニ御勤

外にゆかり有人々に、かたみ五十品遣ス、いさいハかうてん(香典)帳ニ有、依之光専寺様ニてゆかり人々ゟ御法事上ル、御勤被下難有奉存候御事なり、

百八十二

一明和三年戌ノ十月朔日、光専寺にて先キの住寺高田御坊御留主居被成候伯知様、前書に有之候通り、高田御坊こんわう(マヽ)被成候、大知(カ)者ニて、則当村光専寺かけ持に被成候御僧にて、今年三十三回忌、当村光専寺伯朝様御勤被成候、十月朔日四つニ御法事、其上我等講中へ御斎被下、此時右伯知様御願かゝり、此御前に御も(盛)り物がう花(香華)等しやうこん(荘厳)かざり有なり、仍而一首

伯知つて光専寺しつゝ
はくちってひかりもつはらてらしつつ
　三十余ねんもいまの御影て

百八十三　神々御詠哥

一右之趣によって給り侍候御詠哥書印也
天聖(照)大神宮御詠哥
　弥陀たのむ人をむなしくなすならば我日本の神と
　いわれじ
春日大明神
　またもまたあかばや人におしへても南無阿弥陀仏
　のミなのほかにハ
八幡大ボサツ御詠哥
　いにしへの我名おこゝにあらわして南無阿弥陀仏
　と言ぞうれしき
箱根権現御詠哥
　はやくたゞ弥陀のせいにそまかセツ、南無の六字
　をわすれなよひと

立山権現御詠哥
　ねてはまたさめてもたへぬ世の人の南無阿弥陀仏
　と言そうれしき
若宮八幡御詠哥
　のちの世のたのみあるをやねかゐたくなにいのら
　んと弥陀をねんぜよ
仏道の御詠哥

百八十四

一聖徳太子御詠哥
阿弥陀仏まよひさとりのミちをしるゐたゝなにかよふ
生(いき)ほとけかな
一親鸞聖人御詠歌
こいしくハ南無阿弥陀仏をとのふ(誦)べし我も六字のう
ちにこそすめ
一蓮如上人御詠哥
ひとたびもほとけを頼心こそまことののりにかのふ
ミちなれ

つみふかく女（如）来を頼身になれハのりのちからににし
へこそゆけ
のりをきくミちに心のさだまれハ南無阿弥陀仏とな
ゑこそすれ
右仏神の御詠哥愚あん（暗）の我等書留メ置候事、せめては御恩ん報捨の御ゑんに成リもやせんと奉存、もったいなくも書留メ置候御事なり

百八十五

一明和三年戌ノ霜月村算用節、別而庄屋助七郎殿病気にて、我等へ諸事御地頭御用筋と村用事多ク、段々重り候所、我等歳罷寄（差）、こん気おとろへ候所、毎日〳〵の会所にて指詰り候事共愚あん（暗）の心、せめ候てあまりの事によりて此時会所にて一首うかむなり
わすれても弥陀のおもかけ来りせで
さとりのミちハ六字なりけり
南無阿弥陀仏〳〵

百八十六

一右同年（明和三年）戌極月十五日、当村かせや九兵衛殿銀札右申ノ七月八日につふれ有之候て、世間右銀札持人々難儀ニ及候、三歩四五歩に売払そん見切候人ハ殊外腹立致し、いろ〳〵悪口わる口申ス、持こたゑの人ハ本銀に相成り候と悦人も有之、此儀ハ極月十五日ニ所々方々江右之銀札引替候と書付廻り候ニ付、右之人々悦人と、腹立人と有之候て、大方残り札無数相成り候て、引替ニ成候様ニ世間ニ申候、然ルに此銀札うわさあしく、世上に取さた致し候ゆへ、はやり不申候に付、引替所九兵衛殿ゟ壱〆匁かし付ケ、内へ銀四百目九兵衛殿へ請取、此札ニ目印付段々引替候所、戻り札早ク候ニ付、替所殊外銀強クニ付、又々亥ノ七月十一日に引替とまり、扨々世上のぼん（盆）前かけ取リ人々難儀致し候、いろ〳〵のわる口申候て、扨々九兵衛殿義しやうし（笑止）千万に存候へ共、致しかた無之、其時我等方に右請札五百目かり、内へ銀弐百五拾匁相渡シ置、残リ札弐百五拾匁かり有候所に、此替リ札此方に余り札弐百九拾匁有之、

指引残り札四拾匁持札ニ相成り、我等方のめいわくニ
成り候、然ルに八月至り候て、右之銀札ニ付連人申
人々今井万屋吉右衛門、おびや与右衛門と出入にて九
兵衛殿ゟ南都御番所様ヘ相願御佐太(沙汰)ニ相成り候て、事
六ッヶ敷出入にて、九兵衛にも難儀被致候由承り及候
なり、

百八十七

一明和四年亥ノ九月迄、大坂伊勢屋道寿老、当村之義何
卒引立申度思召にて、いろ／＼に世話被致候所、別而
下地ゟ当村こんきう(困窮)村に候へハ、前書之通りニ諸方
数々証文村借り銀有之候所、此亥ノ暮迄ニ段々相重り、
右伊勢屋道寿殿ゟ弐十八〆匁程村方かり請ニ相成り、
内へ十弐〆匁程村方未進おいの田地質物に書入渡シ置、
残リ十六〆匁程之所、此八月に村方未進取立庄屋年寄
惣代組頭印形ニて借り請、御地頭様月賄銀借り上ヶ置
候へハ、右之人々ゟ未進方取立候へ共とかくこんきう
の百性故銀子出来不申候ニ付、右印形人ゟ道寿老へ申
候ハ、右之不足銀之内去ル戌ノ暮に、銀八〆匁程御殿
様へ上ヶ越、先納に相成り引残り勘定致シ候へバ、銀
拾〆匁程百姓方未進おい人の借り請に相成リ候所へ、
右未進おい人々ゟ集リ候銀子、漸々六百目余り寄り候
を、道寿殿へ相渡シ候所、最早此上いヶ様ニ致し候て
も出来不申由にて、扨々道寿殊外腹立被致候て被申候
ハ、とかく当村百性中ふだん心得悪敷候故、ヶ様に不
埒出来致ス、当年ハ座会茂けんやく(検約)致し、猶神事等茂
堅クけんやく、村中共に被致候ヶ可然と被申候ニ付、
神子宵宮市指留メ候事なり、

百八十八

一明和四年亥ノ壬九月、右之せんやくニ付両座之儀相延
シ候事、此儀我等申候ハ先年も壬九月有之候所、則我
等方にて忰小市良当人にてやはり初テ九月に相勤メ候
間、先年之通り初九月に勤候而可然と申候所、座中寄
合皆々被(日)申候ハ、当年ハ古米高値ニて八拾目致し候へ
ハ、壬九月に相成り候へハ新米ニ相成下直ニ候へハ、

勤やすく候間のばし候が可然と被申候人も有之、然共神だい(代)之儀に候へハ、先年之通り可然と申ス人も有之候ニ付、然ハ神ていにまかせ御くじ入候て可然と申ス儀ニ付、神主四郎三郎殿八月十八日に御くじ被上ヶ候所に、壬九月に相のばし候様と御くじ上り候由、四良三良ゟ申来り候ニ付、弥々曽我座井ノ上伊兵衛方にて相勤候筈ニ相成リ、依之新町座と八幡講と曽我方宮講と同事に相のび候所、町座之儀ハ清次良方にてやはり初九月朔日ニ座相勤被申候事なり、然ルに村方神事も壬九月七日相勤候、夫ニ付御地頭御役人川原惣右殿ゟ村方へ被仰付候ハ、神事客之儀ハ堅クちやうじ(停止)被成、宵宮之儀ハれいねん(例年)の通リ相勤候様と御申付にて、神事日にハ客人無さびしく候事なり、

百八十九

一右同年初九月に、曽我森御やしろうわふき仕替、請取人大坂やり屋町ひわだや平兵衛ニ渡し、極メ代銀百弐拾八匁にて、外に東楽寺ちんしゆ(鎮守)うわぶき(上葺)添に致し出来、此さいしき座中人々出来リ見事に出来、曽我森さいしき今井べに屋勘兵衛請取ニて、代銀五拾三匁、手間ゑのぐ代共に見事に出来致ス、然ル所に右之壬九月六日にも東楽寺ちんじゆへ氏神御うつり被為成、右之通り燈明がくら(神楽)ちやうちん等奉上ヶ、氏子中悦候御事なり、

又外にむな木ち木かり出来、江戸のへ(ママ)□代四拾匁かな物や勘兵衛ニてかい候也

百九十番

一明和四年亥ノ九月に至り候て、此家大難病人多ク候て、当六月中旬ゟぢゑき(ママ)病にて、皆々同病にて難儀ニ及候、上下に十人病人有之候所、九月廿日に我等ひざう(秘蔵)の孫喜太郎二歳にて死ス、法名知玄と言、此者まんきやう(ママ)ふにて一日一夜に往生致ス、同廿二日に嫁おるい死ス、法名妙正と言、扨々ヶ様成不生之せかい残念とふびんとに歎キかなしみ、筆尽されず候、然ルに喜太郎がうば多村ゟしけ申者、又替り今井ゟたまと申者来ル、お

るいが一子におさく此うば曲川村ゟしげと申来ル、うばさへ三人出入に加□へ候様成難儀ニ及候へ共、残ル病人共快気致し候て、右かなしミの上なから悦申事に候、然ル所に新地ニて喜助事右ノ物九月十日に木ノ抜（枝カ）打候時大けが、木かまを足へ打こみ大けがにて一向立はひ不成、ひん家の喜助一人に養生之子供三人と女房おつね儀ハ目やミにてよわく候者なり、扨々此者共も我等か心のくるしみに成リ見捨ニ不成候て、いろ〳〵といしや（医者）衆頼相談致し候所、明ル年二三月ゟつゐつき少しつつ出来候様に漸々相成り、扨々我等に難儀かさなり、殊外成ル悪年に出合候事、然共ヶ様成儀も我等が前生之ごうゐん（業因）と存候なり、南無阿弥陀仏〳〵、

百九十一

一右同年極月に至り、前書に段々有之候南都和助ゟ又々我等ニ無心申かけ候所、我等申候ハ其方八木以来度々之無心にて、数度之合力致し置候所、此方も右近年之難儀共に出合、最早此方身ぶんもいかゞとあんじ罷有り時節候へハ、此度之無心一銭も堅ク相成り不申候と言切候所ニ、又々八木や喜三郎殿挨拶ニ被出、何卒度々之儀候へ共、今少シ銀弐百目と外に三拾三匁と御合力に和助殿江被遣被下候へハ、最早此後いか様之儀和助殿被申候共、我等罷出此後無心ヶ間敷儀一銭も不為申候、何卒右之銀子合力被遣候へハ、度々之証文に和助此後いか様之ひん苦にせまり候て、妻子奉公為致候而成共、此後一銭も御無心不申候と堅ク証文取可遣と色々に被申候ニ付、右之証文請取、無是非銀弐百目と又三拾三匁と又々合力致し遣シ候事、我等右難儀之上に候へハ、親玄信様之三十三回忌近年に来ル、此用意銀之内ニて無是非相渡し候事、右之訳申渡し置候事なり、

百九十二

一右の時節に嫁おるひ死後之荷物、仕付通リ不残又七殿へ前後書壬九月廿日相戻し候、夫ニ付又七殿ゟ此おさく方へ送り物候品、おでん方へ一品、おとく方へ一品、

かた身の印来り候なり、

百九十三

一右前後書ニ相成ル、右亥ノ二月朔日に金六殿ゑびす講被勤、付ヶ主か四十二歳重正事、振舞にて我等思付キ一首

世重居テ亥ハ亥のゑびす知ル子住(カ)小判
　　くわゑた金六殿世

世をかさねいわ井の
　　ゑびず白子すミ、小判くわゑた
　　　　　金六殿世ょ

百九十四

一明和四年亥ノ極月至り此年大不作にて、近年村方に御地頭様大借之印形にて、利足銀を以証文共切替、京大坂諸方へ訳(次カ)立行キ戻リ、其外村方諸入用等多ク有之候ニ付、庄屋年寄惣代毎度会所へ寄合、日々之事に候得ハ、余所にて諸入用等も多ク有之候、依之村算用ハぶせん(賦銭)かゝり物高、石に壱斗三升程もかゝり之様ニ相見へ候所、村役人了簡にて当年之儀ハ不作年に候得ハ、村借銀に致し候て成共、石に八斗五合か心ニて、ふせん算用致し候所、村方百性段々と寄合致シ、先年ゟ無之村役人庄屋年寄惣代と算用致候帳面村方へ預り、吟味致候而其上ニてふせん勘定致し候と申人も有、やはり村役人にまかセ候て、ふせん勘定致し候が可然と申人も有、夫ゟ段々会所帳面改候人々も有、猶庄やにしかへ書出し、村方へ請取吟味致し候事も有、とやかくと六ツヶ敷時節に相成り、依之ふせんも半分程ツヽ、はかり候人も有、又右ノ算用立之通りはかり候人も有、扨々不埒成事、村算用出来不申、村払等わけなしにて、庄屋年寄行詰り甚めいわくニ及候事なり、

百九十五

一右同年(明和四年)極月中旬に、右当村会所に夜半頃ニ何者共不知れ墨(黒)キはおりにほうかむり致シ人、火縄に火付しのび居ル、是おきも(肝)入り吉兵衛が見付とがめ候所、早束にげ行キ、然ル其明ル夜右会所の門屋へ付ヶ火有ヲ少々

もゑ上り、村中大さわき、其後も同付火有ヲさわき、
又其後夜四ッ時ニいまだ会所にて村役人も引不申、何か村方算用立ニ相談致し罷有候所、会所門屋やねもへ(燃)上リ、此付火之儀大さわきたて、つりかねたいこ近村へ相聞へ、扨々大そうとうにて、近村ゟ見舞人々段々被来候て気毒ニ候事なり、依之右此会所之儀村方ゟ申候ハ売払候か可然と申候所、いまた此会所引直シ普請致し候て間も無之、今少シ見合候て売払候が可然と申事にて其まゝに有なり、

百九十六

一明和四年亥極月に当村柴屋小兵衛方に八木村ゟ嫁取婚礼致し候所、彼嫁女入来り候所、其夜いわい候事ハ時の間に数百人も出来り、他村ゟも来ル由にて、一チどうにときのこゑかけ小兵衛家近年土蔵共に見事に普請致し候お打やむり(破)、れんじ戸、しやうし、なべ、かま等ミじんにくだき、ざんじ(暫時)の間にうちやむり候事、家ノ内鳥かごやむり(破)候様ニ相成り、しやうし(笑止)千万に有候事、先年ゟヶ様成ル婚礼いわい承り不申、気毒に存候事なり、

百九十七

一明和五年子ノ元朝仍而歳且、此朝雪(ゆき)ふりつもり四ッ時ゟはれて心能(快)ク天気ニ成ル、

あけてやわらぐ五歳礼
告(く)も亥もはれて今朝の子心
子年に仍而おもい付

同朝又一首、我等今年七十歳ニふしきに生のひ候ニ付

若者の力持するかね持も
生七十のとしのおもさわ

同朝又一首、右子ノ年ニ仍而他力の御念仏うかむによつて

子さめにも六字の生名(せうめう)来らせて
我が七十のとしも来れり

同朝曽我森御礼参りニ付一首

我〱があわれみかむれ而しるしにわ
あけてやわらく五歳礼さん
明和五年 心にて

百九十八

一明和五年子ノ正月十二日に、我等方老年に及候へハ、近年ゟ段々村役御免之願、御地頭様御役人衆へ願上ヶ候所、我等今年七十歳ニ相成り候得ハ猶愚安(暗)に相成リ候儀申上ヶ候所、川原右衛門殿御聞届ヶ被下、我等ニたい(退)役仰被為下、忰喜平次へあと役被為仰付候御事なり、

百九十九

一右同年正月廿日夜七ツ時分ゟ、妙法寺村三郎兵衛家西つまゟ出火致シ、扨々大そうとう、三郎兵衛家ハ半分残リ、茂兵衛家不残やけ候所、諸道具ハ不残出し候へ共、扨々此方の難儀相成り、色々世話致し、夫ゟ引家木原村宇兵衛家代銀弐百八拾目買、引取普請致候、此銀子我等ゟ仕替置候所、さかい小物長兵衛殿ゟ相済ス筈に申所、長兵衛ハ出銀百目藤森佐助ゟ三拾弐匁出銀、我等ゟ七拾目出銀、残リハ茂兵衛出銀なり、其時節一家中ゟ見舞物品々寄り候所、此茂兵衛後々相続致置候かと皆々あんじ罷有候所、右茂兵衛、勘兵衛随分〳〵一しんに相働キ出情致候ニて、以前之通リ不相替相続被致候所一家中大悦に存候事なり、

二百番

一明和五年子ノ正月廿一日ゟ大坂大そうどう、此儀ハ町中のかね持之内に五十人ばかり山師有之由にて、御公儀様へ御うんぢやう上ヶ質屋会所出来、大坂中証文銀借シ借リ壱匁ニ付壱匁つゝ判ちん、右質屋会所へ取由にて、願相叶候ニ付、此儀ハ後ニ至リ大坂中のすいび(衰微)んに相成ル由にて、かね持人々ゟ借シ付銀不出候ニ付、大坂中殊外詰りニ相成り候て、諸しよく(職)人、日用働キ人、茶屋町等芝居に至ル迄、ふはんじやうに相成リ、歎キ人ばかりにて、事さびしく相成候所、何者共不知レ大まへがミの大力大男共出来リ、其外若者共数百人こゑをそろゑてよせかけ、右の質屋会所願人之家々江かゝり、かたはしゟ打こぼち、諸道具等ミちんにくだき、着類衣持等ずん〳〵に引さき捨、金銀ハ一銭も取

のかす候て、水もん（門）川へなけ込、又ハ町中へまきちらし候へ共、一銭もひらい取ﾘ候者無之由にて、扨々大そうどう、御番所様へ相聞へ御気毒に被為思召候由にて、右うんしやう銀御とめ被為成候由にて、先年之通りに可致候と御触有之候て、町中下々迄難有大悦致ス由にて、右願人々之大しくじり入用銀等御そんにて、無面目仕舞相成り候由、然ﾙに右之通り成家こぼち、諸国に見ならい候や、此年国々にて御地頭方の御取かつよく候か、又ハ御用銀先納銀等被為仰付候様成ﾙ筋ハ、其村々に庄屋年寄又ハ御地頭役人に内証にて取りいり、下々の事につけ知（告）らす様成人、右大坂之通ﾘ打こぼち、当国も数々有之候事たに有之、扨々気毒千万成事ニ候なり、

二百一

一明和五年子ノ正月廿五日、当村会所にて高持人不残寄合相談致し候ハ、当年ゟ当村土免六ツ三歩七リンニ、去暮川原惣右衛門様ゟ御極メ被為下候へハ、最早此後伊勢屋道寿老にハ今年ゟ江戸御月賄不被致候へハ、江戸御月賄御手支ニ相成り候てハ、御殿様御苦労に被為思召候間、為御忍（恩カ）村方高割にて、いか様質物出し候て成共、出情致し候か可然と皆々相談相極メ、夫ゟ左江御月賄銀段々出シ候事なり、

二百二

一右同年子ノ正月廿七日に、御陣屋にて御役人川原惣右衛門様添役人に井之上長兵衛殿、当村庄屋年寄惣代其外村方高持人不残御呼被成、御申渡シ被成候ハ、今年ゟ村方諸事改候ニ付、庄屋助七良儀ハ病気ゆへ忰助五郎に後役相勤候様、猶年寄役半兵衛と右村役人勤ﾙ成、其外丁支配入ﾙ八人、東丁にて清八、新治良、西丁小兵衛、平兵衛、いぬい新町に金六、市兵衛、曽我と新地と孫七、喜三良、右四丁にわかれ弐人ツヽ、其丁〱の毎月江戸御月賄銀を高わりに取集メ世話致し候、其外何事に不寄村役へ相談ニ及候て（ママ）様と御申渡し、皆々承知仕候所、依之庄屋年寄三人と井ノ上長兵衛殿

と会所にて相詰極メ、当年ゟ村方けんやく定候ニ付、会所にて酒肴飯等一向堅クたべ不申候事、銘々宿本へたべに帰リ候事なり、依之丁支配人へ壱人に米壱石ツヽ、給分村ゟ出候筈、年寄給分米弐石ツヽ、村ゟ出候筈、右之通りにて諸事堅ク相成り候事なり、

二百三

一右之時村方けんやくニ付、婚礼祝儀物取遣樽入等一向堅ク不致約束にて、其替リ村方高持ゟ一人に銭七文つゝ取集、婚礼いわひ之祝儀村中として遣ス約束にて相定り候事なり、其他仏事年忌等、送り膳、三月節句、五月節句等祝儀取遣堅ク無用事なり、

二百四

一明和五年子ノ二月六日、此方小八郎おぬい婚礼、然ル所右村方之定メにて、祝儀物取遣無之、呼人ハ一家中是者祝儀請候出入方人数ばかり呼候事、明ル七日九つ時分に近所之内儀衆江ひろめに呼候事にて、祝儀目出度相済候所に、村方ゟ高持一漸(軒)役に銭七文ツヽ取集メ、合テ八百九文、夫四平持来ル、時節柄之事故、段々しんしやく致し候へ共、平兵衛殿挨拶ニ被出、達而請納候様申給リ候ニ付、無是非請置候、仍而遣(使)四平へために銀札壱匁遣ス、扨又座中ゟ弐升樽一ツ、そうめん十把、とります五ツと来ル、右之祝儀請候てハ後ニ至りれい(例)ニ相成り、いかゞと存段々しんしやく致し候所、座中幸助殿被来、段々挨拶被致候ニ付、此夫も四平来り、ため銭五十文遣シ、先ハ目出度相納候事なり、

二百五

一明和五年子ノ二月十五日九ツ時分に玄信様三十三回忌相勤メ候、呼衆御僧光専寺御住寺様と民丸様と正満寺親子と光岩院東楽寺次ニ庄屋年寄と惣代と丁支配八人と我等同行衆中と、右之人数一ト座敷、座中衆不残呼人数是隠居にて下座敷、前書に有之候村方けんやく定り候時節ニ候へハ、料理方茶飯立テニて坪平付ケしほり粉餅引、吸物二通り、酒三献大さかつき出ス、献立テかうでん(香典)帳ニ有、若衆中大酒ニて皆々きげんよく御

座候て、うたい等段々有之候て、我等大悦致シ一家中
不残呼候へハ、皆々ゟ悦儀持参被致悦候御事なり、

二百六

一右之悦ニ付我等入道致シ候、法名釈超玄と言、此儀御
先祖長玄様ゟ伝へ被下、家筋相続致し来リ候ニ付、我
等親玄信様遠忌為相勤被下候、悦に仍而我等一首

玄信の三十三回むかい来て
弥陀の御ゑんに夆(逢)も長玄

てうけん(ママ)て知玄くりしとかなしむな　右ニ死ス孫喜太郎子なり
てう七十て我も超玄

弥陀仏(アンフ)ミタ南無阿弥陀仏(ンアンフ)　此時我等悦おとり念仏に　サアサツサ〱〱〱
ササアサ〱〱〱
サ南無でしや天〱つく
〱と

二百七

一右長玄に寄りて思出ス、むかし南都大仏大からん(伽藍)建立
被成候しゆんぢやう(俊乗坊重源)長玄、此御僧ミなもとのわたると
申武者ニて、大がうの侍、難有法身僧と未世に申伝り、
目出度候御事なり、依之我ハ右前書数々有之候告(苦カ)難共
ニ合、ひん家の兄弟共へ世話致シ候、是と申スも我が
祖師御開山様ゟ他力の御信心為得被為下候ニ付、我が
新兵衛が信兵坊超玄と悦候御事なり、我が身分相応に
兄弟共達(建)立致し候へ共、先生ゟ定るひん(貧)家無是(非)悲候な
り、

二百八

一右の書留メよりて我等存寄候ハ、我が一生之覚書致し
置候事も今生之心得と成りもやせんと存、愚筆に愚ど
んの心をくだき、我が子孫の心得と存、書残スニ付、
難有も祖師御開山様正しんげ(信偈)御わさん(和讃)様御伝へ被為下、
蓮如上人様ゟ八十一通御文証(章)様御伝へ被為下、御告(苦)労
之註、愚安(暗)の我等に御書ゆづり被為下報土往(カ)生奉とげ、
難有も御恩んの程愚筆に尽されず候御事なり、南無阿
弥陀仏〱〱、

二百九

一明和五子ノ二月に、今井塩屋尼情寿坊、同家覚兵衛殿家買請ニて隠居被致候、此家之儀此方ゟ先祖之別れ被出候家にて候処、他家へ不売し候て、同家に相納り候事大慶ニ存候、然ルに五郎八殿子息新助殿婚礼同月十九日にて、此方家内呼に来ル、我等行キ嫁おぬい、おとわつれて行候て目出度悦儀いわい候、打納リ候事にて、其時節今井油屋利兵衛方ニも婚礼有テ是をいわい候ハ、諸方ゟ数百人寄集リ利兵衛家ヲこぼち、ひさし、れんじ(蓮子)等ミぢんにくたき候由、殊外大あれにて候時、右五良八殿方之婚礼ニハ少シもあれ候事無之、大婚礼被致、首尾能相済大悦被致候ニ付、二月十九日婚礼によりて我等ゟ一首送り、

　　きさらぎにミち来ル塩屋嫁入て

　　　めなミおなミのよせた嫁とり

二百十番

一明和五年子ノ二月廿七日に、我等高田御坊江参詣致シ、我等此度入道致シ子供心に成り帰り、先年此御坊冊講(菩薩)御普請五十三年以前大御はんしやうにて、石つき有之候ニ付キ、石つき屋くら(櫓)の上にて高田町中ゟ子供きやうげん初り候所、其時我等十七才成ル源氏ゑぼし折上るり(浄瑠璃)に、藤九郎森長ニ我等相成り候て、大出来之事、今年我等七十歳ニ及むかしの心を思出悦に仍而一首

　　おいしつきとしつきむかしに(老)(月　年)

　　　森長て弥陀の御ゑんに逢も長玄

二百十一

弥陀仏(アンフ)ミタ南無阿弥陀仏(シアンフ)サアサツサ〱〱〱

一右同年(明和五年)二月廿三日ゟ三月十二日迄、紀州若山本仏寺様当村光専寺にて御法事御勤大御はんしやう、此時御祖師御開山様稲田御坊ニ御座被為成候節、いなだ西念寺門徒之人々博奕打候人々有之由をきこし被為召、此儀十矢(ママ)とがの御書写、右本仏寺様御待参被成候ニ付、我等講中ゟ願候て、又此写書もらい候て、我等が御前様の引出し箱ニ有なり、此御永哥(詠歌)請承り事に候御事なり、

二百十二

一明和五年子ノ三月三日ゟ法階（ママ）寺大開帳、大御はんしや
う候へ共、留天（雨カ）多ク候ニ付諸商人めいわく存候由、然
共大坂ゟ竹田芝居大あたり、御宝物ハ不残拝見、国々
ゟ参詣人段々出来ル、五月五日迄有之候御事なり、

二百十三

一右同年四月十四日ゟ雨天続キ、此年百姓方めいわくニ
及候事、然ルに右十五六日頃に少々天気有之候ニ付、
諸方共なたねかり干シ致シ置、我等方もなたね壱丁ば
かりかりほし致し置候所、夫ゟ段々ふりつゞき、麦な
たね世上共大分くさらし、夫ゟ五月一ヶ月ふり続キ、
綿作ハ大草ニ成り、すまひ綿多ク候て、諸方共たおし
綿にて、植田ニ致し候も有、畑方にハ綿たおし□（夏カ）まへ
致し候も有之、六月五日土用ニ入候節漸く綿之肥致し
候様成おくれ時節にて、扨々難儀ニ及候なり、然ルニ
右五月晦日ゟ天気ニ相成り夫ゟてりつゞき、七月九日
に漸く雨ふり、六月一ヶ月てりこし、扨々畑方日やけ、
植田方ハ前方のふりこし雨ゆへ出水有ゆへよろしく、
綿作ハあしく当地一反に六七十ゟ八九十斤吹、米ハ弐
石ゟ弐石四五斗迄有之なり、

二百十四

一右同（明和五年）年五月十八日に、江戸ゟ又々御役人小倉わたる（カ）殿、
渡辺友右衛門殿、竹田安高殿、此三人御殿様ゟ両村百
姓へ御申渡し趣仍而御登り、此儀ハ川原惣右衛門ニ是
迄たいろく（ママ）被遣候儀ハ御用筋ニ付、百姓方へ先納銀御
用銀等不申付候様、右惣右衛門自分之筋ゟ相働キ候所、
御約束ニ御召シかゝゑ被為成候所ニ、此惣右衛門自分
ゟ一銭も世話不致、百性共をせたけ（ママ）御用金為出候義不
届キニ思召、右惣右衛門事御吟味之上、御いとま被遣
候儀、左様相心得候様と御殿様ゟ右之御意有之候と御
申渡しニ付、村方百性ゟ申上ヶ候ハ、当正月に川原惣
右衛門様へ願候ハ、当村之儀ハ下地ゟ高免にて田方に
悪場有、畑方多く候ゆへ、当村方段々こんきう（困窮）ニ及候
間、御土免願上ヶ候所、御聞届ヶ被下候て、則御書付

ヶに

当村御高千三百五拾壱石八斗三升弐合　内九拾六
石弐十八斤壱合荒高引　此儀川堤藪森地砂入 徳売御陳屋地之由
残ル御高千弐百五十五石五斗五升壱合け(毛)付キ、
此御土免六ツ三歩七リ(ン)シに御定御書付、百性方へ
　御渡シ置被為下候、
依之当子ノ年ゟ右之通り上納致候様と被仰(カ)、右御用捨
御殿様ゟ被為成候儀ニ候へバ、当年御月賄金、惣百性
ゟ高割ヲ以出情致し候様ニ惣右衛門様ゟ仰被為付候ニ
付、惣百性こんきうの上ニ候へ共、はん米等質物に出
シ、右毎月〳〵御月賄金出シ来リ候と、惣百性ゟ右三
人之新役人衆中へ申上ヶ候所ニ、右三人役人衆被申候
ハ、江戸御前ニて左様成御佐太(沙汰)一向無之候と御申被成
候義、百姓方気毒に存罷有候へ共、右御書付所持致し
置御月賄金共上ヶ置候へハ、百姓方之願少茂相違無御
座候と御事申上ヶ置候なり、

二百十五

一明和五年子ノ五月十九日、川原惣右衛門殿御役御殿様
ゟ御取上ヶ被為、当村庄屋助七郎殿と子息助五郎殿と
江戸へ御召シ下シ被為仰付、此儀ハ多賀明神江御
初尾(穂)米之儀御勘定帳ニ入り候所を、多賀明神へ不参候
ニ付、其外何角御吟味ニ付、右親子御呼下シ被為成候
御事、右助七良殿ちうぶ病気ニ候へハ甚難儀被存、
色々と致し御わび御取次竹田安高殿、江戸仙台屋長兵
衛殿と申米屋と御挨拶にて、漸々と金子拾五匁御わび
之印ニ被出候て相済候由承り及候なり、

二百十六

一明和五年子ノ八月上旬、当村井ノ上長兵衛殿役儀江戸
御殿様ゟ御取上ヶにて、平百性ニ被為仰付候、然ルに
此井ノ上長兵衛殿と江戸役人衆と出入有之候由にて、
七月三日ゟ上京被致八月下旬に帰村不致、此儀気毒ニ
被存候事なり、右之儀左の御殿様当村へ御出被為成候
節ニ帰り役有なり、

二百十七

一右同年八月十五日に江戸御用状来り候、此儀ハ御殿様当村へ御入ぶ(部)被為成候由にて、仰被遣候儀ハ、御陣屋(ママ)之坪数と畳数と何程(カ)ニげつあん(人名カ)、右何程光岩院、右何程新兵衛、家坪数畳数間数何程(カ)、半兵衛家右何程、いさい無相違書付候而、急之差下シ候様御申越被為成候所、早束相改書付差下シ申候、此儀時節柄と申御殿様御借金ニ御手詰リ時節ニ候所ニ、百性方気毒ニ存罷有候、ヶ様成事古江むかしゟ承り不及、珍敷儀と大御物入出来と百性方あんじくらし罷有候なり、

二百十八

一右同年子ノ八月に、今井称念寺様に津ノ国知れゐ(るカ)御僧と申、難有御くわんけ(勧化)僧御出被成候て、御はんしやう此時難有願聞致シ、其時我等うれしさの余り、仍而一首うかむなり

　やらうれしやな此度て地極の上の

　　一つ足をとんて知らせお知ゐの知れい僧

南無阿弥陀仏〱

二百十九

一明和五年子ノ八月に至り、当村江びん(備)後国安部伊与ノ守様百性之娘年十四歳にて伊勢参宮致ス、つれ人ニはなれて其上病気ニ取会ィ当村へ七月中旬ニよわく来ル(ママ)、夫ゟ当村ゟ送リ出シ候様といろ〱致し候へ共、段々よわく相成り、いしや(医者)当村安弋段々りやうぢ(療治)被致候へ共、段々病気重ク相成リ、ついにわ病死致し候、夫故大坂にて安部伊与ノ守様御蔵屋敷へ相届ヶ候所ニ、御役人衆ゟ御念頃(懇)成当村役人へ御一礼之御挨拶ニ而、当地にて仕廻被立候様と御頼ミ被成候ニ付、南都御番所様江茂御届ヶ申早束相済候上にて、当村之光岩院いんどう(引導)にて土そう(葬)に致し相片付候也、依之大坂御蔵屋敷御役人衆ゟ当村役人為御礼と、役人壱人被遣、目禄金子百疋ツ、光岩寺と庄や助七郎と年寄新兵衛と同半兵衛と江御入被為成、御届ヶ礼義にて申請候て、ヶ様成儀ハ是迄武家方ゟ請不申事に候へハ、江戸御殿様へ右之訳合申上候が可然と申、此方御役人渡辺友右衛

門殿へ申上ケ候へハ、渡辺被申候ハヶ様成事殿江申上ヶ候事無用ニ致スが可然と被申候、依之右庄や年寄へ申請候金、百疋ツ、の村方へ出し候て、丁支配八人之立会ニ候間、村算用ニ出し候事なり、

二百二十番

一右同年子ノ九月に、南都和助と今井ゟ大坂ニて仁兵衛当村にて新地喜助、此者共又々我家へ重々之無心申かけ候て、扨々気毒千万ニ候事、此家も人数諸役諸入用等多ク、段々世話筋重り候へハ心ニ不叶候所、度々無心、扨々気之毒ニ存候事なり、

二百二十一

一明和五年子ノ十月九日ゟ同十七日迄、多武峯御開帳たいしやうくわん（大職冠）様千百年忌大御法事御勤メ被為成候、御どうし（導師）ニあわ田口正れんゐん（青蓮院）宮様、御法事御奉行にからす丸様にて、其外御せつ（五摂）家様方、このゑ様、九条様、きんちう様、御とう（洞）所様方、御たいしん様ゟ不残（献）見上物有なり、其外武家方前原氏ゟ不残御見上御目録おひたゞ敷事、本願寺両御門跡様ゟ御見上御目録上ルなり、右御目録大ハ金子百両、近衛様夫ゟ段々筆に尽されす候、此御事日本国の大御法事と申て、国々ゟ心有ル人参詣被致事おひたゝ敷儀、筆に書留メ不申候御事なり、

二百二十二

一右同年十月廿四日五日頃に、我等方実印判紛失致し候、色々吟味致シ候ても相知れ不申候ゆへ、御地頭御役人衆中庄田氏、井上氏へ茂相届ヶ置、其外庄屋年寄へ相届ヶ候なり、

二百二十三

一右同年十月廿二日に当村御地頭多賀豊後守様、当村江御入ふ（部）被為成候、此儀御陣屋へ御入リ被為成候て、夫ゟこげつあんへ御入被為成、廿一日夜奈良泊りにて三輪海道ゟ御出、当地そうしもり砂木（カ）村番所諸人足六つヶ敷事、夫ゟ廿三日朝五ッ時に曽我森江御参詣被為成候て、御湯かくら上ル、夫ゟ西養寺、光岩院、夫ゟ光

専寺へ御参詣被為成候て、御住寺ゟ御地(馳)走有なり、其
夜村役人江御目見江被為下、相済候上にて、伊勢屋道
寿老御目見江、此時御殿様ゟ(カ)道寿老郷之御頼御挨拶ニ
仍而御殿様御召シ被為成候、御はおり御ぬぎ被為成候
て道寿坊へ御ほうびに直ニ被下、是迄段々金銀之世話
御一チ札有りて、猶此後子孫迄も相願候と被為仰候由、
難有道寿坊願弐(頂戴カ)被致被帰候、然ルに道寿坊ゟ右之御礼
として金子百疋御祝儀に指被上候所、以之外成ル御殿
様御腹立にて被為仰候ハ、此方見立はおり(羽織)の替りに金
子百疋呉候事、此方見立不実(カ)世上之人に相立チ不申、
かんにんならずと御こゑ高ク、以外御きげんそんじ、
御そば役人衆色々取直シ有之候へ共なか／＼御腹立被
為成候、道寿坊ゟいろ／＼に御わび申被上候へ共御聞
済無之候得ハ、道寿無是非罷かへり被申候、然ルに廿
四日ハ大福村へ御殿様御けんぶんに御出被為成、御出
に御のり物、御かへりに御馬ニ召シ、御供上下三十人
ばかり、然ルに井上長兵衛殿此時帰役被為仰付、川原
惣右衛門殿帰役、先年御いとま被遣候下市町有之候庄
田軍八殿御呼出シ帰役被為仰付、庄田七兵衛と改名に
て御取立テ被為成候由、其外江戸ゟ御役人永井勝右衛
門、森田甚太夫殿、竹田安高(知)、小倉□□(部)殿等御召シ
かゝゑにて、此度当御地行所へ御入うふ被為成候儀、
御公儀様ゟ上下日数四十日切之由にて、当村に中日五
日御頭(逗)留にて、然ル所、右いせや道寿殿段々と右役人
衆相頼御わび申被上候所、漸々と御聞済シ有之候
不首尾仕廻(カ)ニて、然ルに廿五日八時分迄光岩院にて御先
祖様御ついぜん之御法寺(事)御勤メ被遊候所に、下々と相
替り候也、此時御殿様こげつあんの御堀にてつほう(鉄砲)に
てかも(鴨)御打被為成候由候にて、此御事いかゞと御きこ
ゑ不申と諸人申候事なり、其夜百姓方両村共あら／＼
御呼出し有、当村丁(叱)支配人八人御呼出シ、何か御尋有
之候て、殊外成御しかりも有之候由、其上にて御用金
被仰、八木や喜三郎へ百両、綿や小兵衛ニ五十両、か
こや伝三に五十両、其外に段々被為仰付、彼是以気毒

千万、此人々一銭も無御座候と堅ク申候に付、右ノ御役人衆段々挨拶被致、百両之喜三郎ゟ金五両出ル様成御挨拶にて、段々此わりにて少しつゝにて相済候、然ル所廿六日に光専寺住寺ゟ御殿様御申入レ御振舞、諸役衆共御しやうだんに、今井ゟつゞみたいこ笛等、地うたいの人々共来ル、御殿様御きげん能御まい被為成候由にて、御住寺大悦ニ思召候、

二百二十四

一右之節曽我太神宮様江右御殿様ゟ御もん付キまく一トはりと、御もん付キちやうちん二タはりと、御きしん被為成、座中へ被為仰付候ハ、若陳(陣)屋にて入用之義有之候へハ間に合セ候様、其外ハ曽我座当屋に用意致し候様被為仰付候御事、依之右為御礼金子壱両井ノ上長兵衛殿以テ指上ケ候なり、此割合銀座中人々ゟ割かけ出スなり、

二百二十五

一右御殿様御頭(逗)留弥々中五日切にて、同十月廿九日早朝御出立、御供役人衆不残、引馬壱疋共大坂へさして御かへり、此時両村ゟ出金弐百両余御殿様之御入手被為成、夫ゟ大坂にて伊勢や平兵衛にて金子五両と鉄(てつ)屋忠七にて弐両と伊勢屋利兵衛にて壱歩と御入手、此儀ハ井ノ上長兵衛殿御夫ヲ以テ御入手被為成候由、大坂御出立霜月二日にて新町遊所あけや所へ茂御出被為成候由、夫ゟ京都へ御登り四五日之御逗留にて、宗仙寺へ御参詣、其外遊所へ御出ニ付御入用金芳(方)ニ拾五六両余も御夫被為成候由にて、京都御出立霜月八日頃相成り候由、夫ゟ江戸御着ハ霜月廿日頃之由にて、御公儀様江御届ケ相済候由にて、其節御公儀御役人様之内ニ豊後守様と申御役人有之候由にて、当御殿様之御名と指合候由にて、当御殿様多賀大和守様と御改名被為候儀、御公儀様ゟ仰被為出候由にて、当御殿様多賀大和守様ゟ当村へ御用状ニ申被遣候御事なり、然ルに当村御陳屋に御残シ置被成候役人衆、森田甚太夫殿、竹田安高殿、庄田軍八殿七兵衛殿と改名ニて、井ノ上長兵衛殿、

川原惣右衛門殿丈右衛門と改名被致、小倉□□殿役人
六人と供弐人と毎日〳〵御陳屋にて諸造用御物入、百
性方ニハ気毒に存候所、然ルに右川原惣右衛門殿ゟ村
方百性へ急入用金、当村へ六十五両金急ニ出シ候様と
きびしく御申付ニ付キ、又此度も川原氏ゟ百性をいぬ(犬)
かねこ(猫)か之様ニしかり付ヶ候所、百性方と丁支配八人
と申候ハ、下地ゟこんきう(困窮)百性にて御座候所、此度江
戸御殿様御入うぶ(部)ニ付、殊外出金出し候へハ最早此上
当分御年貢次キ上納も出不申時節に相成リ候へハ、此
場御のばし被下候様と、依之庄屋年寄と丁支配八人と、
段々ニ右之断リ申上ヶ候所、川原氏大キニ腹立にて、
右都合十一人に十一月廿九日夜手錠申被付候所、右十
一人致シ方無之候得ハ相心得、手錠請候とかくごう(覚悟)仕
罷出候所、川原も余り百姓方心つよく相見へ候へハ無
致シ方、手持不佐太(沙汰)ニ首尾あしく、森田庄田の手前面
目なく、川原さん〳〵の不首尾仕廻ニて候由なり、

二百二十六

一明和五年子ノとし、世上共百性いつ気(一揆)出し候事、霜月
廿四日夜南都興福寺御下十三ヶ村百性申合セ候て、大
安寺村に庄屋代官其外右御役人へ御出入之百性四人と
有之候所、此家々共ミぢんに打つぶし大そうどうニ相
成り候事、此事当国百性いつ気の初りなり、

二百二十七

一同(明和五年)月廿九日夜、池尻神主(ほう)(神保)様下十五ヶ村こんきう(困窮)ゆへ
いつ気(一揆)出シ、同日夜ふか(深)田池の堤に寄集りかゞり火
たき、人数千人余寄候て願相談当年の御免定、扨又下
地不納銀御領内御定免等之願御聞届ヶ不被成候へハ、
池尻御屋敷へおしよせテこぼち候て、夫ゟ人々村々立
チのき候由の相談相極メ候由にて、事すさまく(ママ)大そう
とう相見へ候所、依之池尻御屋敷ゟてツほう打はなし
有之候へ共、右百性ちり不申由にて、夫ゟ御代
官伊(猪股カ)の又殿と申役人罷被出、色々と被申候へ共百性不
聞入、只今右願の御聞届ヶ御申渡し被下候へハ人々引
戻り候と申候ニ付、然ハ右百性願之通り聞届ヶ無相違

急度此い(猪股カ)のまたが請合、刀にかけて江戸表願つめ命かぎりに申上ヶ、惣百性相続の儀ニ候へハ右願之趣堅ク請合候と御事にて、皆々得心致し引戻り候事可然と百性申候ハ、若又右御聞届ヶ無御座候へハ大庄屋衆三人と御代官衆と百性方へもらい候て、右之通の百性為勤メ見たく候事と、口々に申皆々引戻り候由なり、

夫ゟ田原本御下惣百性申合せ御知行所大庄屋等へ詰かけ是も右同前之いつ気(一揆)おこし、夫ゟ芝村御下右同前、是ハ吉野郡より数千人詰かけ候由、夫ゟ多武峯御下百済村広瀬村ゟ藤之森村大庄屋辰巳佐助殿へ詰かけ、家こぼちかけ候儀、此義承り候所、是ハ佐助殿に惣百性ゟうらみハ無之候へ共、藤森村方同心不致候ニ付、多武峯江相知れ候様に寄セかけ候由にて、大庄や佐助一人之難儀被致候而、夫ゟ多武峯ゟ百済村広瀬村呼付御吟味有之候所、段々右村々申わけなく、段々御わび被申候へ共御聞入無之候へハ、手錠へいもん(閉門)等の過たい(怠)にて、右村々役人明ル年四五月頃迄ニも難儀被致めいわくニ及罷有候由、夫ゟ郡山御下右極月十七八日頃ニ至り御知行所村々大庄屋へ詰かけ、是も右池尻之御下之通り成り、百性願筋之由段々に人数集り所々方々の森の内、又ハ宮森等に寄り村々へ寄セかけ、不得心之村にてハ大勢いの人々やしない被呉候様と申かけ候て、得心之人無之候へハ大せいの人あばれ、くひ(食)いたして難儀致、夫ゟ段々人数弐三万人も集り、たいこかねほら等ふきたて候由にて扨々大そうとう、郡山御門前迄詰かけ候由にて、段々御役人罷出御挨拶有之候由候所、人々口々に申て事済不申、夫ゟ右之頭取人数御吟味有之由にて相済不申候由なり、然ルに当村にて其節惣百性段々寄合御陣屋へ詰かけ候上にて、当村方に弐三人惣百性へもらい度願申上ヶ度由にて相談相極メ候由、いか成ル事に候や戸屋孫兵衛家こぼちかけ、れんぢ戸、しやうし(障子)、へっすい(竃)、なへ(鍋)、かま(釜)等くだき、扨々おそろしき事にて、村中大勢より集り候へハ、夜分之事かおも(顔)相知れず、其時村役人方会所に居合せ候て、村

役人方ゟ段々こゑかけしづめ候て、漸々と引さりかへり候事なり、然ルに右之通り成ルいつ気おこし国々迄も有之候由、色々にうわさ有之候事なり、

二百二十八

一明和五年子ノ極月十二三日頃、右川原惣右衛門江惣百性ゟ詰かけ候ハ、又此度も村方へ金子割かけ申被付候ニ付、村方惣百性申候ハ此度御殿様御入部ニ付大分金子御取立被為成候跡ニ候得ハ、出来不申由申上ヶ候所、惣右衛門殊外腹立被致、井ノ上氏と申合せ被致、百性方をさん〳〵にしかり付、のっへ(ぴ)きならさる様申被付候所、依之惣百性下地ゟ之訳合ニ腹立致シ、当村惣百性こしをかゞめ一同に申合せ候ハ、下地ゟ割付銀、御用金、銀札引替等書付迄御取置被成御年貢次ニ被成被下候約束之所ニ、こんきう(困窮)の百性に訳立被成不被下、最早此上致し方無之候得ハ、御請申候事相成り不申、何事に不寄此後川原惣右衛門申被付候事聞入不申と、惣百性ゟ口々悪敷申立候ニ付、惣右衛門段々不首尾に相成り候て、極月十六日に惣右衛門丹州へ罷帰り候由を百性方ニ承知致し候ニ付、当村方百性申合せ、御陣屋に詰かけ申候ハ明日ゟ丹州に御帰り被成候由承り及候、夫ニ付五年以前申ノ年御用金きびしく仰被付候ニ付、指上ヶ置候此金子之儀、其節川原氏被申候ハ、此金子ニ付此惣右衛門可申付ヶ候儀、いか様成儀出来致し候共、我等役義相勤メ候へハ、百性方に壱分も難儀かけ不申、是迄之役人の申付ヶ候とハ相替り、急度返済致し遣し候所、急度指上ヶ候様と御申付之事、猶又銀札引替之儀も村中の書付御取置被成、此儀も戌ノ御年貢次ニ被成被下候筈の約束、今日に至り其まゝに捨置被下候事、引替所九兵衛となれ合ィに被成候や、右之口々早々訳立候ハ者古郷へかへし申候、若訳立相済不申候ハヽ、此村方へ惣右衛門もらい候て、我々共之様ニ百姓為致相続成り候物か、ならざる物か、為致見度候事と惣百性口々に申候へハ、川原惣右衛門一言無、いつ気(一揆)の百性方申候ハ、最早此後井ノ上氏申被付候義

も不知請不申候、是又口々ニ申候、夫ニ付惣百姓ゟ口々ニ申候ハヽ、こし(腰)おするゑおのれ惣右衛門め、是迄ハ御ぐん代と奉存候て、何事にても請候所、やうも〳〵是迄御百性をいぬ(犬)かねこ(猫)かの様ニ、百性をどうしをれ、こうしをれと、ひにん(非人)こつじき(乞食)同前ニ申、かりそめにも、けんい(権威)にて御百性をたゝききめ付やうもいたしたな、己惣右衛門めどこのうしのほねやら、馬のほねやら知れもせぬやつが、御百姓をぞんぶん(存分)にやうもぬかしたな、最早百姓も命かきりに候へハ、是迄上ヶ置候御用金、先納銀、銀札引替等訳立相不済候ハ者、是悲共惣右衛門めもらい候と、口々申ニ付、大勢之人々大おんにてあまりきひしく申候得ハ、其時川原惣右衛門いろか(色香カ)をちがひ罷有候、其時庄田氏其座に御出被成、庄田氏のひざもとへにじりより、こわがり、扨々其時惣右衛門が有りさま申スはかりとなく候、其時庄田氏ゟ惣百姓江申被渡候ハ、此度我等事御殿様当地江御入部被為成候ニ付、此庄田召シ被出、何事ニ不寄弐千石百姓共此庄田に預ヶ置候と御殿様ゟ御意有之候得ハ、御殿同前に我等事存候か、可然候へハ此庄田が右川原、井ノ上一件之事預り置候程に、惣百性共指扣(差控)へ候様と仰被付候へ共、百性方口々に申候ハ、庄田様御意ニ候へ共、何分惣右衛門者堅ク申付置候、金子共右申ス通り之訳合ニ御座候へハ、是悲今夜中に訳立被致候様ニ、御取はからい成シ被為下候へハ難有可奉存候、若訳立相済不申候へハ、明日丹州江かへし申事成り不申候、若かへり候共是迄之様ニ御供廻りの、送り御篭のと申ス事一切成り不申候と、大おん(音声)上にて口々大勢百性ゟ申立テ候所、庄田氏ゟ色々と被申漸々預りニ被為成候て、申しづめられ候へハ、惣百性御陣屋ゟ皆々引かへり申候、夫ゟ右川原惣右衛門同夜半立にかへり候様ニ身拵致し候へ共、一人も送り供に参ル物無之候へハ、主一人うろ〳〵と致し候所、漸々井ノ上と藤井と世話取持にて、孫八一人やとい出し候て、此時ハ惣右衛門ゟ自分に賃(質)銭三百文、柏原迄送り相頼

候筈にて出立候所に、其時江戸川合吉右衛門被申候ハ、出立之儀今一ト時御待被成候か可然と、若百性方にうらミ（み）有人有之候て、いか様成あた（仇）いたし候や、夜半頃に候へハ先御扣へ被成候て、夜明ヶに出立被成候か可然と被申候ニ付、夜明ヶかたよりうら道はかの尻さして出行キ、夫ゟ土手や（屋）はいや（灰屋）いなや（稲屋）等のぞきしのび出しハ、尻からげすこ〴〵と惣右衛門一人と孫八とこそ〳〵にげかへるありさまハ、こゝちよかりし次第なりと、皆々申スなり、依之此事世上共いろ〳〵のうわさ有之候事、前代未聞無之候事と申ス事なり、

二百二十九

一明和五年子ノ年江戸ニてむほん人出候由、此人第二（大貳）と申けんぢつしなん（剱術指南）、先年ゆいの正せツ（由井正雪）丸橋ちうや（忠弥）にまさる人の由ニ候所、難有も御公儀様御位（威）光にて御取リ納メ被為下候由、諸人難有奉存候御事なり、

二百三十番

一明和五年子極月、右之庄田氏居注（住）之下市町へ帰り被申候儀、是迄ろう人の身のうゑに候て、所々に居注（住）被致候所、此度当御殿様当村へ御入部被為成候ニ付、御召シ出シ被為成帰役仰被付、御ぐん代弐百石取のかくしきにて其身乗物にはさみ箱等、鉄（鑓）持ちうけん（仲間）、足かる等そうり取供廻りに十人ばかりにて、下市町のくわい（ママ）ぶん大慶致シ被帰候、夫ゟ三日之頭（逗）留にて、極月廿二日頃に当御陳屋へ御戻り候なり、

三百三十一

一右之節、庄田氏我（俄）ニ江戸表へ罷下り候被（ママ）申候ニ付、道中早打にて極月廿五日暮六ツゟ出立ニ、大晦日着に昼夜共五日切ニ御出のつもりにて、夫ニ付江戸へ御持参金百両か五十両か御用意ニ付、村方百性へ被付仰候所、前書之通りの行キ詰リ、百性ニ候へハ少シ茂出金無之候ニ付、庄田氏ゟ田原本安部田屋にて右之金子かり出シ候、此借用証文印形村方百性借り致し候様と仰被付候ニ付、役人ゟ申候ハ、先年其御元様御指ず（図）にて、右安部田ニて銀三〆匁村印形ニて借用申所、此銀子之儀

も御用銀ニて御殿様ゟ御返済無之候ニ付、段々戈そく(催促)ニ及候上ニ、南都之出許(訴カ)ニ及候て、段々と村方もめいわく致し、漸々と右返済銀大坂伊勢や平兵衛にてかりかへ、安部田や江相済シ此儀も今日至リ大坂ニ借用致し罷有候様成儀ニ候へハ、又此度村方印形相成り不申候と申候へハ、庄田氏殊外成腹立被成候へ共、利詰メゆへ、無是悲(非)安部田屋ニて主一判にて借用被成由にて、江戸へ急ニ出立の御用意被成候由、夫ニ付庄田氏被仰候ハ、御陣屋に残ル役人森田甚大夫、竹田安高、井ノ上長兵衛等ニ罷有候、此庄田が罷かへり候迄何分ゟ金子申来リ候共、此後一銭も出ス事堅ク相成リ不申と申渡シ置候、急度村方ニ相心得候様と仰被付、弥々極月廿五日暮六ツ時ゟ急出立にて大晦日夕方に江戸着被成候由、此義ハ庄田氏いかゞ思召ニ候や、江戸御殿様ゟ御呼下シにても無之由、百性方ゟ御頼申御下り被成候儀にても無之候所、主御自分ニ御下り之由、百性方にハいかがと存罷有候事、夫ゟ明ル丑ノ二月十一日に当村へ御登り被成候左に有なり、

二百三十二

一明和五年子極月三日、孫おでん事ほうそうにて死ス、釈尼妙好、此者之儀母親おかね死ス、後母親おるい死ス、妹おさく死ス、残ル此おでん一人にて父喜平次壱人に娘壱人たのしミに致し罷有候所相果候て、力落シ之段、筆に尽されす候、南無阿弥陀仏〳〵御戈そくの御事と皆々相心得給り候と御事なり、

二百三十三

一明和六年丑ノ正月六日ニ光専寺寄セ借し銀之義ニ付諸方之門徒中、味かけ人(マヽ)ゟ是迄我等へ段々戈そく(催促)致し候へ共、とかく銀預り之当村かせや九兵衛殿、今井油屋利兵衛方ゟ返済延引ニ罷成り候ニ付、右門徒中ゟ我等へ吟味に及候ニ付、我等申候ハ、此儀ハ宝暦八年寅ノ八月に光専寺惣門徒中相談之上にて、此度諸方共寺々にて寄セ借シ講初り候ニ付、当寺にも興行致し候て、光専寺くり(庫裡)立テ直シ度相談相極メ候ニ付、右寄借シ

人々相〆り候所、右宝暦十五年頃ニ相成りつミ銀十
一〆匁ほど相見へ候所、御門村治右衛門家弐〆百目ニ
光専寺くりに引家ニ買、此内作り芳(方)々に普譜入用六〆
匁余出候由、残銀右両人へ証文かしに相成リ罷有候、
其外だい所にて民(カ)丸坊ほうそう入用芳(方)々に相成り、出
銀無之、扨々我等通□(表カ)判人候へハ、めいわくニ存候、
依之光専寺御住寺へ段々申聞右両人銀預り之人々へ訳
立被致候様と、急度御申被成候が可然と申候へ共、御
住寺ニも無其儀、扨々気毒成時世にて我等ゟ門徒中へ
色々に入レ訳申言のばしニ相成り候事なり、然ルに右
之時節諸々方々等々ミや様方の御講かけと申て、名目
付キ金銀借シかり大分有之候所、するに(ママ)ハ南都御番所
様出許(訴カ)ニ相成リ、山師人と申て諸人やまこかし(ママ)ニ相成
り、じやくや仕廻にて、正直の人ハめいわくぞんに相
候事なり、

二百三十四

一明和六年丑ノ元朝ニ光専寺様へ御礼ニ参ル、御勤メの
難有為聞へ被下、仍而歳且一首

子くらを出し老の身てさんす(三途)のこくあん
ひらかせて御恩悦丑にひかれて

又一首

丑にひかれせんもん(禅門)が参る心も他力なり
得させ給ふも年を長玄

南無阿弥陀仏〳〵

三百三十五

一明和六年丑ノ正月八日に、南都利助又々此方へ無心ニ
来リ、扨々難儀ニ存罷有候、夫ニ付此方近年不仕合之
段々申聞候ハ、喜平次女房おかね四年以前に相果候所、
後妻おるい本年相果、次に娘おさく去五月に相果、一
人残リ候おでん事去極月三日相果、喜平次事力落シ之
段、筆に尽されず、十方(途)にくれ罷有候所へ、右和助事
此方のよわみ(カ)見込にや、又々難だい申かけ候ニ付、是
迄段々数度合刀致し遣シ置候儀申聞也、其上右之近年
不仕合に候へハ、最早此後一銭も合力堅ク相成り不申

と申切り候所、右和助南都へ罷帰り、御番所様御役人
とうしん(同心)衆に岡本兵左衛門殿内証にて相頼候由にて、
此方共右御役人ゟ内意にて呼ニ被遣候所、早速ニ此方
喜平次替りに喜助遣シ候所、是迄和助ゟ段々あやまり
証文と合力請取証文と持参致し候所、右御役人被申候
ハ、是迄段々と合力も有之候へハ、此上ハ一家中相談
之上、いか様共和助相続相成り候様可然と被申候ニ付、
喜助給リ罷帰り候、夫ニ付右和助今井へ来り候て、
皆々と相談致し候所、最早此後致シ方も無之当村へ妻
子共引越にて、下作百性日用働キ致し候て成共、渡世
致し候と皆々之衆相頼候ニ付、其時八木や喜三郎殿と
幸助殿、あがたや安(カ)兵衛殿と挨拶にて、新地喜助家半
分仕切候て、和助居宅に致し候様と被申、其上和助取
付ニ麦作も少々我等ゟ遣シ候筈、又ハ当分四月晦日迄
はん米等、何か為相続罷遣候様と、正満寺と喜右衛門
と喜助と申聞候ニ付、右相談相極り候事なり、

二百三十六

一明和六年丑ノ正月晦日夜、綿や又七殿へ此方お伝去極
月三日に死後ニ付、親おかねゟ娘お伝へゆつり(結)の着類
不残又七殿へ戻し候、此内に此方ゟおかね方へ言納ニ
遣シ置候くろしゆす(黒繻子)綿入壱つ、そらいろ綿入壱つ、く
ろしゆすおび一筋、此三品此方に留メ置候か、過キ行
候者共ほだひ(菩提)も有之候へハ、いかゝ致し候やと申候所、
少々とやかく有之候へ共、右之内くろしゆす綿入壱ツ、
ひちりめん見事のぬい有綿入一つ、四方夜着一ト通り、
是ハ新兵衛へかた身ニ来ルなり、右ひちりめん之儀ハ、
おかね、おるひ、お伝、おさく、此四人死後ニ候へハ
七状(畳)に仕立、光専寺民丸増(僧)へ志上ケ、右四人生月御経
之印、永代御経料ニ上ケ置候、此御けさ仕立質(賃)拾五匁
と、四天の金らん代六匁と、しゆたら(修多羅)代拾六匁と、御
経志銀壱両トかいはくの御経上り候なり、此儀一ツし
うき(周忌)の取越御法事として、八月朔日夜御経勤り候上に
て、右之しちじやう(七畳)民丸坊様ニ着初メ被成候て、難有
存候御事なり、

二百三十七

一右同年(明和六年)二月十一日に、右去暮に庄田七兵衛様道中六日着、急下り被成候所、御登り被成候所、此儀ハ堺に杉田氏と申人ニ仕送リ御頼被成候由にて、杉田氏当村へ見届ヶニ相見へ候所、いかゝ有之哉右仕送り出来不申、気毒千万ニ庄田氏にも思召候所へ、先年ゟ江戸にて御勤被成候御家老役人石原仙右衛門殿、欠落被致候由申来リ、扨々江戸御屋敷いかゝ候や、毎度御役人衆中入替り〱被成、新役人衆段々出来、百姓方ニ気毒ニ存罷有候、然ルニ庄田氏同月廿二日ゟ下市へ右御仕送り人頼ニ御出被成候是も出来不申、不首尾成儀気毒存候所、江戸御月賄金無致方候へハ、百姓方ゟ漸々かり出シ、御月賄其外三月御切米金等二月廿六日出シに指下シ申候、随分百性方出情致し候て当時相納り候、依之右丁支配人八人之役義、右庄田氏ゟ御取上ヶ被成候て江戸へ御下り被成候事なり、

二百三十八

一明和六年丑ノ二月十八日に、南都ゟ当村へ嶋屋和助事妻子引つれ引越申候、此儀五年以前申ノ年八木村ゟ南都へ引越候所、南都にても渡世致兼候ニ付戻リ、此方へ無心申候ゆへ、無致し方候ニ付、当村にて下作百性日用働キ等致し候て渡世致す了管ヲ以、新地喜助家半分仕切、借宅致し候筈ニ有之候所、右新地喜助家半分仕切候事成り不申候と喜助申スニ付、外方に明キ家も無之候へハ無致し方、和助申候ハ此方の東明き蔵有之候お(を)、当分借シ被呉候様と段々此方へ相頼候ニ付、我等世話致し取つくろい借シ付置候、然に和助妻子五人口ニて手ふり(らカ)にて来り候へハ、はん米芳(方)々、扨々我等しんこん(心根)にこたへ世話致し候て、漸々取続為致候所、右五人之者共毎日〱居ぐいに候へハ、和助子南都にていおうつき(硫黄突カ)出来候へハ、是にて当分かせぎ候と申に付、段々我等世話致しせんがんな等迄もかり出し、松木弐駄畝火村ニてかい、いおう致しかけ候所出来不申、是も代銀此方へふり付、夫ゟ高田にてひの木いおう丸

木かい来り、さかいいおう（マヽ）致し候と申致しかけ候ても、是も出来不申、此代銀も此方ゟ払、此丸木此方へふり付ニ相成り、扨々無致シ方候へハ、和助忰小次郎にかごいかき売り為致候か可然と存、此本銀借シ付、漸々小次良ざい（在）〱へ売りニ出候なり、然共此儀ももふけ無数相見へ候ニ付、我等方へ三月ゟ七月九日迄、八十日程の日用働キ為致、右小次郎事百性之勤（働）キ出来不申候へ共、段々我等申付仕なれ候様ニ致し、一日に質（賃）九分ニ相極メ、日数之通り急度相渡し候、扨々右和助ニ付段々と世話、我等老年ニ及難儀存候事、筆ニ不尽れす候、依之和助親子共一札証文口ニ取置候なり、

二百三十九

一明和六年丑ノ二月に至り候て、去暮に村々百性いつ気おこし候て、家こほち有之候所、此節其村々御地頭様ゟとうとり（頭取）人御吟味有之由にて、村々にてとう（牢）取致し候人々過たい（怠）請、へいもん（閉門）手錠等被請、入ろう致ス人も有之、扨々難儀被致候、夫ニ付今井町ニ去暮借り屋人屋賃半分下ヶ之願ニ、町中借リ屋人不残そんぼへ大よせ致し、此儀不得心人有之候へハ打こぼち行キ候様と、扨又おびや与右衛門家半こぼち之由、是ハ銀札請銀子取込札世上ニ持せ候て、難儀為致候うらみと申、半こぼち致し候ニ付、今井町ニてとう取人七八人御地頭芝村へ御召シ取、御吟味之上、右之人数入ろうニ及難儀、此入用銀右借屋人ばかりに相かゝり、難儀相重り候由、七月ニ至り相済不申、扨々気毒千万皆々申事なり、夫ゆへ六月晦日床と盆とはつとう（法度）相成り、さびしき事や、

二百四十番

一右同年（明和六年）二月廿五日江戸御殿様ゟ当村へ御用状来ル、此儀ハ御公儀様ゟまきのおふすみ（牧野大隅）の守様ゟ御召シ被為成候由にて、当村組頭勘兵衛と同清六と、大福村ゟ弥五郎一人と、三月十五日ニ御前ニ御召シ被為成候、此儀何事共相知れ不申候所、右ニ付御地頭様ゟ之御召シ下シニ候へハ、早束当村ゟ右之替り人ニ吉田屋利兵衛と

大福村ゟ伊兵衛と此両人、三月二日出立ニ罷下ﾘ候、
賄金一人ニ三両ツヽ持参致し候所、是迄前書ニ度々有
之候山田屋伊右衛門ゟ御十判付ヶ(ママ)、漸々江戸ニて切り
金両人ゟ三両相渡シ、五月朔日ニ右両人戻ﾘ候所ニ、
又々五月四日に右之儀ニ付御十判来候、右山田屋伊右
衛門手代持参にて、扨々御地頭様御借銀ニて、両村
ゟ印形致し置候へハ、百性方めいわくニ及、此度にて
当村へ御八判御十判、此度合て来ﾙ事六度ニ及候、依
之又此五月九日出立ニ当村ゟ右之判人替りニ、左平次
一人と大福村ゟ伊兵衛一人と、同五月廿二日御前御召
シ之日限ニ罷下り候、然ﾙに此儀も右之通りに切り金
三両札渡し、御公儀様御役所御申下ゲ仕、六月七日ニ
当村へ戻り候、ヶ様ニ毎度江戸ゟ御八判御十判願弐(頂戴)致
ス事、当国ニハ無之候と近在々の人々申候へハ、人口
も気毒千万ニ存、惣百性めいわくニ及候事なり、

二百四十一

一明和六年丑ノ二月十八日ニ、嫁おその事此方喜平次ニ
三人目の妻に、妙法寺村田宮茂兵衛娘もらい候て、此
祝儀ニ挨拶人(媒人)当村北林又七殿、先ノ嫁両人之親ニ候へ
ハ、此なこふと致し被呉、此時一家中内儀衆引合せニ
呼候て、外ハくばり物に祝儀納り、座中と一家中と近
所と、懇意方とばかりニて祝儀相済シ候事なり、

二百四十二

一右同年三月廿四日に、江戸御殿様ゟ御用状来り候、此
儀ハ南都山之上戈正院後注(住)無御座候ニ付、此御寺当御
殿様ゟ御代々之里本寺之由にて、此度後注(住)右御殿様
ゟ江戸朝草(浅)別当衆之子息御もらい被為成候て、南都へ
御入うぶ(部)被成候ニ付、当村光専寺江御着被成、光専寺
ゟ御供廻り等見事に仕立被遣候様ニ御殿様ゟ当村光専
寺注(住)寺へと、村役人江と申来り候、此御知子(稚)様、千寿
丸様と申御名ニて、当村へ御入り被成候儀、卯月十四
五日頃と申参り、夫ゟ毎日〳〵相侍罷有候所、いかゝ(カ)
御座候や、七月ニ至り候ても御佐太(沙汰)無御座候なり左ニ
候、

二百四十三

一明和六年丑ノ四月五日に、当村藤井庄兵衛殿入道被致、
親父遠忌之仏事御勤ニ付、我等呼被呉候ニ付、一首

　親の遠忌に恩んの得ん
　　御経の得んけふの教圓

二百四十四

一右同年卯月廿三日に、我等が子供の節、六十三年以前、
宝永三年に今此三人息戈堅固ニ罷有、此三人同年八歳
にててら入リほうばい（朋輩）にて、今井に吉田甚内殿と申師
匠頼候、然ルに此三人出生ハ元禄十二年卯ノ年、徳助、
清太郎、喜太郎此三人一所にてら行キ儀（事カ）ニ思出シ
今年七十一歳清太郎、与兵衛事入道道玄ノ言、
同七十一歳、徳助善兵衛事教信入道、
同七十一歳、喜太郎新兵衛事長玄入道、
右三人寄合候て、むかしてらほうばい（寺朋輩）の事申出しなつ
かしく、今年迄存命にてうれしさの余りに酒呑テ

　我等一首

卯としかさねた三人の
　七十一て徳清太喜太か
　　仍而一首

いろはおもへハなつかしや
　徳清太喜太のかおゝそう紙に

然ルに此時ならい候さねもり（実盛）のうたいに、
さればいにしへのしばひ、しんかにしきのたもとな
くわい、けいさんにひるかへし、今のさねもりハ名
お北国のちまたにあけかくれ、なかりし弓（ゆみ）取の名ハ、
末代に有明ヶの月の夜すから、ざんけ物語申さんと、
右之うたい三人思出ス、仍而うたい候事、されハいに
しへのしばい、しんかにしきのたもとおくわいけいさ
んにひるかへし、今のさねもりハ六十に余リていくさ
する、今の我ニハ名を仏国のちかいにて、名ハ末代に
有明ヶの月の夜すがらざんけ物語申さん、
南無阿弥陀仏〳〵弥陀仏ミタ南無阿（アンツ）弥陀仏、サアサツ
サ〳〵〳〵、猶一ばい呑デ悦なり、

二百四十五

一明和六年丑ノ四月に銭大下り、此儀江戸にて大分新銭出ル由にて、下地相場十五匁弐三分ニてすハリ、相場三月晦日時分迄是有候所、四月至り段々下りニ大坂相場十三匁五六分まで下り、夫ゟ十四匁一弐分、四五分相成リ、金相場六十三匁七八分、六十四匁、又ハ六十三匁六七分と申相場なり、右之節に四文遣ィ銭出ル此すがた、

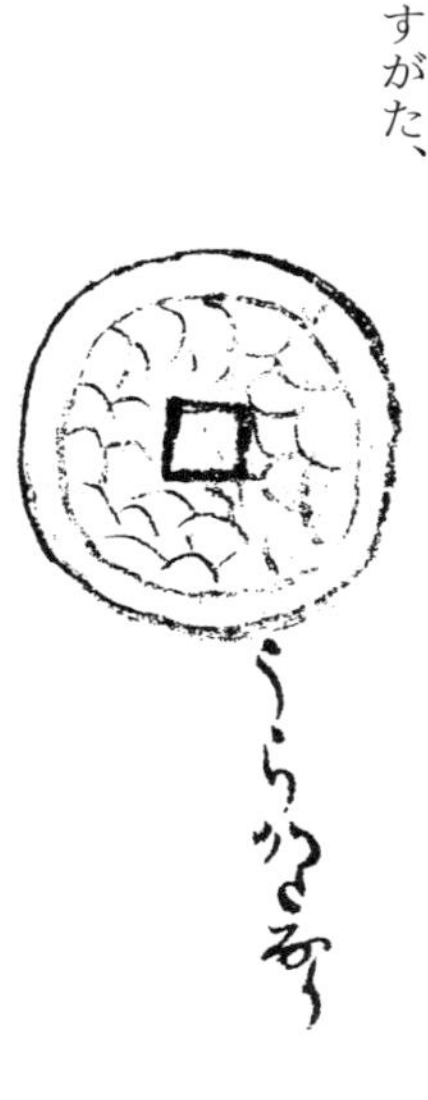

二百四十六

一右同年丑ノ五月十日に大坂ニ罷有候、右前書ニ有之候今井セにや(銭屋)仁兵衛又々此方へ無心申かけ、是迄段々の上ニ候へハ、めいわくニ存候ニ付、最早此度ハ一銭も堅ク相成り不申と言切候所、布屋久兵衛殿挨拶にて段々被申候ハ、此度銀五拾目合力ニ被遣候へハ、最早此後我等請合、右仁兵衛方ゟ一銭も無心ヶ間敷事不為申候間、布久殿ゟ頼入と被申候ニ付、我等存候ハ、是迄段々兄弟共へ合力世話重り候へ共、右仁兵衛事、我等妹おとよのゆかりと申、別而仁兵衛の妹にていしゆ尼と申て、世にふしぎの有ル難有念仏者にて、此人世上ニ申候ハ今中将ひめと申、世にめづらしき尼人と申事めいわくニ、此ていしゆ坊おもい候ニ付、御念仏ともろ共に夜半の頃井戸へ其身すて、水死致ス了管にて、井戸へ其身なげ候へ共、ふしき成事其身ハじねん(自然)と井戸の上にあがり有、夫ゟ又一ト度井戸へ身をなげ候へ共、やはり右之通りにじねんと上り有、夫ゟ此ていしゆ坊南無阿弥陀仏の名号自分ニ書、家の二かいに取込、毎日〱莩かせうみ御念仏もろ共にくらし被居候へ共、其身〱の先生之かういん(光陰カ)ハ無是悲(非)事、ヶ様成世上共に難有信心者ニ申候へ共、長病ニ取合めいわく被致候へ共、あんじんけつちやう(安心結定)致し、御念仏もろ共目出度

往生被致候、ヶ(カ)様成ゆかりの仁兵衛にて候へハ、見捨かたく候ニ付、最早此以後御無心不申候と、請合一札証文取、合力被相(ママ)渡し候上にて、布屋久兵衛へ挨拶致し相納候なり、

二百四十七

一明和六年丑ノ七月に、我等義今年迄随分息弋ニ罷有、右之趣意書留メ候事、少シ茂も相違無之、ありのまゝ成ル事書留メ候ニ付、依之我等思候ハ、我が御祖師御閑山様正信げ(喝)御和さん(讃)阿弥陀女(如)来様の御意にて、直に末世の我等に御伝へ被為下候御儀、猶又れん女(連如)上人様御文証等に末代の愚知あんとん(暗鈍カ)の我等に、得心仕候様被為思召、数々之御苦労被為遊、御筆立被為残シ被為置被下候御事、愚あん(暗)の我等一生之事書留メ候事も相違無之候へハ、もつたいなくも朝暮たくさん得願(頂戴)弐仕候、依之我々共往生仕候御事うたかひ無之候へハ、難有奉存、只々うれしさの余り、南無阿弥陀仏様ヶ外ハ無之、御礼御報捨ばかりニ候なり、然ルに我等たま〳〵此家に人身の(をカ)請、ことに得がたき他力の信心の為得被下、ざいがう(罪業)ふかき身と生れ候得共、我が父玄信母妙信名せきくずれかゝり候所、此御両親ゟ我等に此家相続之儀御まかせ被為成候所、身不しやう(肖)ながら漸々此通り迄に達(建カ)立致し、其上御地頭様御用筋も我が身分に余ル働(カ)キ仕、御用金等差上ヶ置候、猶又兄弟共多ク候へハ、皆々之者共へ此家相応の仕付ヶ致し、相片付ヶ達(建)立致し候へ共、其身へのひんふく(貧富)ハ是悲(非)ニ不及候とあきらめ罷くらし候、依之我等一生之がう立テ置候事も、此家御先祖ゟ御引立テと奉存、元来ハ仏の御手廻シと成シ被為下候御事と難有奉存、其印にハねさめにも南無阿弥陀仏〳〵と御となへさせ被為下候へハ、最早此上我身一生に心にかゝる山のはもなし、今日迄息弋ニくらし罷有候へハ、うき世渡世の世話致し候もぼんのうの所(為)意にて候へハ、成りたけの世話致し候事、御永哥(詠歌)に生花のうき世の水につなかれて、命ハ切レて死なれさりけりと御事に候へハ、せめての

御忍(恩)んと存、此身息戈に罷有候間ハ、随分〱在々所々の寺道場に御法事有之候へハ、参詣仕候様ニ相心得罷有候へ共、いかにとしてもしぶとき我等ゆへ、女峯(如来カ)聖人の御意にハいか〻候や、不佐太ニ成行キ候御事歎ヶ敷奉存候へ共、御慈悲ゟ折々に御念仏のうかみ被為下候御事、此上之悦と奉存候御事なり、然ルに我等一生之念願ニ候、此家と兄弟共と達(建)立致し候へハ、渡世の思是切りと存、此後兄弟共いヶ様共成リ合に渡世致し候様と存罷在候、我が兄弟共別而子供に至ル迄茂女峯聖人様ゟ為得被下、他力念仏の御思不佐太(沙汰)ニ相暮シ候事、此儀歎ヶ敷奉存、猶我等子孫迄此御事第一に存候事、随分〱御報捨相勤メ候様頼置候なり、依之我等思候ハむかしミなもとのわたる申人、うき世のきりに詰り、法身被致候由にて、南都東大寺にてしゆんしやう坊(俊乗坊重源)長玄と申て、大仏でん御達(建)立被成候由にて、末世に目出度御僧と申伝へ候なり、せめて我ハ此家の達(建)立致し(ママ)御事も、御先祖ゟ御引立テ、彼長玄僧の御心持被成被下候様か、我ハ新兵衛長玄と入道致し、今日迄ハ息戈にて所々へ参詣致し候御事も、御閑山様ゟ御引廻シと存、是又難有奉存候御事なり、依之御法談に御永哥有りてかう(功)なり名とげて見(身)しりそくハ仏の道と心得て、成仏の道をたのしむと有なり、右此御永哥ニ付有人の被申候に、最早年寄隠居致し、入道致し候て、其後渡世家相続いか様ニ成り行キ、子孫迄たゑはて候共、念仏さへ申候へハ、うき世見捨候と被申候人も有之候所、今少シ残念成事にて、左様ニ成り行キ候てハ世上之達(建)立はづれて家子孫之相続相不成候へハ、人々相心得候ハ世間のおうほう(応報)を本として、家相続之上に子孫迄代々家々御旨門相伝り、先祖より段々に年忌仏事御ゑんに取りて、御高恩の女峯(如来)聖人様に御礼御報捨の御とむらい、いつまでも相続致ス様と御事にて、右之趣御法談ニちやうもん仕候、依之我等思候ハ、死後に至ル迄子々孫々、何卒此御旨門様御たいせつに奉存可給候、此御事専一に候なり南無阿弥陀仏〱、

二百四十八

一明和六年丑ノ七月三日に、江戸御殿様ゟ急御用状来ル、此儀ハ当村綿や小兵衛、妙法寺や平兵衛、戸ヤ孫兵衛、付添役人ニ大福村庄や弥五郎と此四人、七月十日江戸着致し候様ニ急御召シ、此義綿小、妙平両人ハ去年御用金之筋にて御尋御吟味被為成候由にて、戸孫ハ去年家こほちニ合候義御尋被為成候由にて、急々右四人罷下り候様ニ村役人新兵衛、半兵衛両人ゟ急度申渡候様之御事ゆへ、右両人ゟ申渡し候所、右四人之人々時分柄と申、めいわくニ存色々おわび願書差上ヶ候所へ、江戸ゟ御役人藤井宇兵衛様と申役人、七月八日に当御陣屋へ御入り御登り被成、右之義ニ付村役人御呼出シ被成候て、右之四人者共急々出立致し罷下り候様ニ仰被付候ニ付、村役人ゟ右四人之人々江罷下り候様申聞候所ニ、達而御わび申上呉候様と段々申ニ付、右藤井氏へ段々御願申上ヶ候へハ、漸々一人ツヽ願書以指上ケ、添願書村役人ゟ茂指上ケ、右藤井宇兵衛様添状ニて、江戸御殿様へ七月廿四五日頃ニ右之御用状下り申候、然ルに八月十四日ニ江戸ゟ御用状来ル、右宇兵衛様義御取はからい宜敷御役人ゆへ、御殿様ゟ宇兵衛様へ御ほうび来り候、然ルニ右小兵衛、平兵衛儀ハいか様致し候而も罷下り候様と御申越被為成候て、此両人甚めいわくニ被存候なり、

二百四十九

一明和六年丑ノ七月廿日頃ゟ、毎夜ほうけほし出給ふ、此儀夜半時分ゟ明ヶ六ツ前迄御登り一丈ばかりと相見へ、いね（稲）たば（束）せたる様成御登りにて、いなほしとも言成り、いね作綿作豊年と相見へ諸人悦候御事なり、

二百五十番

一同右ノ年丑ノ七月廿八日夕方ニ、川（河）内国上ノ太子ニ知息庵と申ス候尼衆、此海道毎度往来被致、当国下村勝（聖）林寺真言旨、此御寺へ毎度通り被致候ニ付、此儀先年後ノおちやう妙玄存生之節、有ル日右ノ尼衆此（懇）家へ立寄、湯茶こひに被入候ニ付、此妙玄殊外念頃被申候ニ

付、夫ゟ毎度此表通り節（寝カ）床所と被致候、彼僧達此家へ念頃に被致候ニ付、折節ハ行暮レ候か、又ハ我（俄）に雨ふり候か、者気（ものけカ）を気につかれ候へハ、一夜も泊り被申候様成事も折々有之候、依之此家御前様にて、右之僧衆真言宗之御勤〆殊外成ル御念（懇）頃に、一ト時ばり（マヽ）らい（礼拝）はい御経どくじや被成候御事、此儀此方御旨門之訳と相違仕候へ共、右おちやう妙玄被存候ハ、我が御祖師御開山様御意に、他宗をそまつ（粗末）ニ不致、おうほうを以テ本とセよとの御事に候へハ、他宗ゟ我が御開山様悪敷為申候てハ相成り不申候ニ付、右ノ僧衆一夜つつもとめ相不替念（懇）頃ニ致し候と義も阿弥（陀脱）女（如）来様ゟなさしめ被為下候御事と、右おちやう妙玄ゟ我等に申被聞候事なり、夫ゆへ此度右之僧衆暮ニ及、雨ふり候ニ付一ト夜泊〆候所に、扨々じさい（時采カ）にて夕飯等進シ候と申候へ共、一切不被給、湯茶たばこ等も入り不申、地□にハ夜具出し候ばかりにて、明ル朝茶がい進ジ、四ッ時分迄も被居候へハ出来合ィ御斎進ジ候、依之我等思候ハ此方御旨宗の御僧衆いかゝ御心得候か、いヶ様成物にても呑くい酒肴、女房子持心のまゝ成御僧ハ、扨も〳〵女来聖人様御慈悲ハ心も言もたへ（絶）たる御事、我等が身取リて難有奉存候御事、我が子孫迄も右之御恩わすれさるやう頼置候、南無阿弥陀仏〳〵、此御事によって国々ぞうきやう（雑行）ざつしゅ（雑修）じりきうたがい心さっば（ぱ）り捨はなれ候、い（マヽ）一ッ心に悦候御事なり、此四品之儀此御家の毒（カ）物ニ候、□□此儀相たしなミ候事なり、

二百五十一

一明和六丑ノ八月五日に、曽我森に亥年之願上ニあやす（操リカ）り上り候を、右之日限とあやすり願満し候、依之先年ゟさじき之儀あやすりしやうめんに庄屋年寄さじき取、其次に曽我座、町座、新町座、其次ニ組頭段々と取候所、とやかくとやかましく候ゆへ、当年ハ庄屋助五郎、年寄新兵衛、半兵衛、村役人三人に候へハ、此さじき片寄りて、御用ゆかの前少シ西北へ寄りてさじき取候なり、夫ゟ曽我座しやうめんに取、左りに町座取、右

ニ新町座取、其次ニ組頭、段々とさじき取り遣シ候事、此三人村役人了管にてさじき取相渡し候事、皆々申候ハ右にて宜敷被成様と申て、村方不残満足致し、大悦ニて目出度相勤候なり、

二百五十二

一明和六年丑ノ年、曽我座会之儀、今井塩屋茂吉相勤候ニ付、先年ゟ之定ニて此家ニて相勤候所、折節此方嫁おぬい事りん(臨)月にて指つかへ(差支)候之時、新地助三郎方ニて右茂吉座相勤候、依之座中北林幸助と又市良と被申候ハ、今年ゟ江戸ニ罷有候北林仙霍へ送り膳遣シ候様と座中人々へ被申候所、此儀ハ先年ゟ親又市郎殿ゟも遠国ニ居住致し候者ニハ、送り膳無用致し候様と被申候ニ付、是迄数年送り膳不遣候、然共去年座中ゟ燈明代其外諸入用、右江戸仙霍方、又市郎方へ座中ゟ取ニ参り候所とやかくと被申、わり合銭出シ不取申候ニ付、江戸仙霍へ送り膳不遣候ニ付、右幸助、又市郎ゟとやかくと被申候ニ付、座中人々申候ハ、然ハ今年ゟ曽我ノ宮諸入用江戸仙霍へ申遣シ候、是ゟ出銀被致候へハ急度送り膳遣シ候間、右之訳江戸仙霍へ座中ゟ書状遣シ候、其上仙霍ゟ返事次第ニ可致スと、さいわい江戸すのや(カ)嘉兵衛右座中人数之儀折節呼国(カ)被致、十月朔日出立ニ右之訳申聞、仙霍方へ当座中ゟ書状遣シ候所、其後右仙霍方ゟ返状等一向不来ノ御事、

二百五十三

一当村曽我太神宮氏子と生れ来り候て、人々悦候御事之儀ハ、此曽我太神宮様御事、聖徳太子様御しんが(ん脱カ)にて日本仏法之御とうりやう(棟領)にて御座被為成、曽我大神様古郷ゟ当村ニしゆこ(守護カ)被為成、我々座中人々共、別而御まもりそたて被為下候御義者、難有も阿弥陀女来様他刀(カ)念仏の相続為致下候御ほうべんと奉存、夫ニ付我等思寄候ハ、三十余年以前ゟ毎度曽我森へ参詣致し候節ハ心の内ニて御礼奉申上候ハ、私共ざいがう(罪業)ふかき者共御まもりそたて被為下、阿弥陀女来他刀(カ)念仏の御手間わし御苦労の御すかたと御社を拝シ、南無阿弥陀仏

〱と御礼申スはかりにて候、依之おうほうを以テ本ンとする御意有之候へハ、古郷ゟ此曽我座中人々共一向宗門にて候へ共、氏神座中当屋にうつし奉拝シ、御酒がくら(神楽)御湯等当屋にて奉上候御事、古郷ゟ伝り来ル御事ニ候へハ、さら〱此御神事ニ付きとう(祈禱)願ニ付、少も曽我太神宮様へ御苦労不奉願上、そうきやう(ママ)ヶ間敷儀堅ク不存候、依之座中当屋にて毎年九月五日御くう(供)付ニ御湯がくら奉上候節、曽我太神様御きけんよく御湯玉上り候て、座中年寄四人奉拝シ候て、毎年〱悦申候御事なり、

二百五十四

一明和六丑ノ八月に、今井正念(称)寺様にて大坂かつうお座連生寺様と申余間(ママ)之御僧、御法談御勤有之候所、扨々難有御信心、其時之御さんたいに聖人一流之御事ときのべ被下候ニ付、六角堂勤(観カ)音の御つけ四具の御文にくじきさいたい(求食妻帯)の末世そうおうの用法難有御事にて(ママ)、悪がう(業)ふかき人々ニ付、しやが(釈迦)女来祢はん経にむかし福徳人有りて、かうよくに猶福の神いのり候所、有夜半頃ニきひしく申来ルハ我ハ福の神と申女にて、其方此上の福徳願候事望よって来り候、今日ゟハ其方心のまゝ金銀たまり、病人ハいか様ニ有之候共不残本腹致し、是ゟ此家に病人一切無之、命ハかぎりなく長命にて申ふん無之様ニ相守り候と申候へハ、右ノ有徳人殊外成大悦にて、夫ゟ此福の神女に色々地走(馳)致し候へハ、なす事心のままに相成り、大ちやうしや(長者)と相成り悦罷有候所、然ルに其後夜半頃にひんの神と申ス女神、きひしく申来り候ハ、其方有徳人是迄に候、是ゟ後ハする事なす事あしくなり、家内に病人ハ段々出来、火難水難出合候事其方先生ゟ定而かういん(業因)に候へハ、無是悲あきらめ候様と、右びんほうの神と申女申聞也、かきけすことくうせにけり、夫ゟ右有徳人大びんほう人ニ相成り候由、依之家内ニ段々悪事重り難儀ニ及候ニ付、我が先生之定而がういんおもいひらき、夫ゟ仏法ニ入り、念仏者と相成り、目出度往生被致候由、又之

御法談御引ことに世上に取ちかへたるたとへ事有、酒のみがじやうご(上戸)目出度やする(末)ゐはんしよう、けこ(下戸)の立テたる蔵もなしと言伝り候事、此心ハぢやうこん(上根)目出度やする(末)ゐはんじやう、げこん(下根)立テたる蔵もなしと申ス事が世上にはんしやうの本意成り、いか様ひん(貧)家の人にても名々しやうばい一大事と心得、こんつよく相勤候へハ、はんしやう致候事にちがいなし、知者字者(ママ)にても、しやうこん御かた〳〵、末世の今ニ段々と御はんしやう被為成候御事目の前ニ有、依之阿弥陀女(如)来様我等がために五かうちようさい(語業長斎)ようかう(影向)の御ぢやうこんハ、末世悪がうふかき我々ニ往生致し候様と御苦労成シ被為下候御事、末世の御はんしやうおもへハ〳〵、ほう(報)しても〳〵ほうしかたなく奉存候、御恩御事なり、南無阿弥陀仏〳〵、

二百五十五

一明和六丑ノ九月六日夜、前書ニ有之候、和助事、右の通りに段々此方之セ話ニ相成り候上に、又々むたい申来り候ハ、明日之神事ニ和助妻女とも不残呼□(帰カ)り候へと申来り候ニ付、我等おもひ候ハ、右和助儀今年初テ当村へ戻リ候へハひん家も身いわいニ候へハ、当神事いか様ニ致し候て成共、氏神の義に候へハ、家内心よく神子つとめ候様ニ存罷有候所、折節我等気色あしく候所、□本へ立かゝりきびしく申候ハ、明日呼不被下候へハ、家内のはん米被下候と大こゑにて我等へむたい申、扨々にくき申方とおもひ候へ共、折節木本村九兵衛殿御泊り被成候へハ、外分(聞)とそんじ、かんにん致し罷有候お、段々にむたい成事共申、おのれがかく申まへあしく、身のかういんのわさしらすして、いつまても兄弟の有候様ニ申かけ、不届キ千万成事、又しても〳〵我等へもたれかゝり、段々の心外ニ候へ共かんにん致し、明ル七日ニ子供三人呼遣ス候上ニ、重箱ニむし飯とゐそと添持セ遣シ候へ共、此儀も和介女房おかよの此方へ礼ニも不来り、枡(増)々不届キ千万成事ニ候て、しんくわい(心外)ニ候へ共かんにん致し罷有候なり、然

共此上何卒渡世致シ候様と存、とかくかせき筋こんつ
よく勤(働カ)キ候へハ、いか様ニもくらし方相成り候と申ニ
付キ、和助と小次良とへ竹さいく(細工)すゝめ、女房おかよ
に内かせききびしく致し候様ニ申候へ共、とかくもた
れ心ニ候や、いつまてもびんほうやミ不申候て、気毒
成ル事ニ候なり、

二百五十六

一明和六年丑ノ九月上旬に、御公儀様ゟ当国村々不残荒
し御高書付指上ケ候様御触書廻り候所、当村之義先年
ゟ荒御高(アキ、ママ)　いさい(委細)に書付上ケ、庄屋ニ扣書有、
此外ニ当御地頭様ゟ御徳売り物成四十弐石ニ高四十弐
石、荒高へ御引直シ被為成候儀、此荒高四十弐石ハ当
御地頭様御知行之内にて、藪地堤地下御陳屋其外荒地
有之候所へ、御引直シ之由にて、此度御尋之書上ケに
ハ出不申候、此儀前書ニ有之候趣、何時にても御取上
ケ之儀有之候へハ、村方高割ニ相かゝり、買戻し候約
束之証文有之候なり、

二百五十七

一明和六丑ノ九月廿日に、嫁おぬい安産致し候て、我等
大悦存候、然ルニ去ル亥ノ九月廿日ニ先キの孫喜太郎
往生致し候、今年三回忌此当日ニ相勤メ候て、光専寺
様へ御法事上ケ、家内皆々参詣候所、右おぬい事段々
にしきり来り我等事ハいかゝとあんじ罷有候所、然ル
に右御経のおわらせられ候時節にあんさん致し候て、
右喜太良ニ相不替男子出生致し、殊外成大悦此事に候
なり、依之一首ふじき成御事ニ存候ニ付、

ミとし過キにし今夜のなミだ
うれしなミだに逢ふも長玄
右光専寺様ニて御法事奉上ケ、御経ニ仍而悦の一首、
御きやうのこゐ菊月に名を悦に
喜太良喜太松
二百五十八

一明和六丑ノ十月十五日ニ、右ニ有之候京都御名目金(カ)ニ
付御番所様ゟ両村印形人不残御召シニて、又々出訴初

り、扨々難儀ニ存候、夫ゟ両村ゟ八人上京致し候て、段々御日延願上ヶ候所、夫ゟハ両村ゟ二三人つゝ上京致し、毎度十日切日延請候て、段々に行き戻り致し候て、めいわくニ存候なり、

二百五十九

一右之義ニ付十一月十二日ゟ、井ノ上長兵衛殿上京被致候、右出祈(訴)之儀相片付不申候所に、前書に段々之訳有之候、川原惣右衛門方へ銀壱〆五百目御殿様ゟ御知行米代として源妙院名目銀、両村役人惣百姓として為借り請証文者川原所持致シ候を、此度金子長兵衛殿ゟ右名目片付之用意金之内、十両被相渡、証文取戻シ被致候由、此儀ハ去年惣右衛門けんいニて、村方へ印形為致候筋之銀子にて、右惣右衛門と村方と大ふわ(不和)ニ相成り候へハ、右証文銀一銭も相渡ス事成り不申と、百性堅々申候所、此度井上長兵衛殿一了管にて、町方判人へ一応之相談も無之、右十両金ニ相渡し被申候事、長兵衛殿一人の心まゝいかゞと申候事、猶又御役人藤井宇兵衛様へも右之相談一向無之由、右川原惣右衛門ハ渡り役人、村方数代之百性、是上段々上ヶ置候御用金御座候へハ、此者共へ右十両少々つつにても御渡し被成候か誠の儀と申ものにて候を、百性方かわに被致候事いかゝとあんじ候なり、

二百六十番

一明和六年丑ノ十二月十二日早朝に、信兵(新兵衛カ)得超玄思出シ悦ニ、今日ハ百十余年以前十二月十二日中号(興)御先祖喜兵衛長玄様御名(命)日、仍而一首古哥にいわく、うれしさおむかしハ袖ニつゝミけり今夜ハ身にも余りぬるかな、と思寄候事も我身七十余年をへてむかしハそうきやう正きやうの分別なき念仏申せハ、げん世のりやく有様ニ心得候て、今朝悦の御念仏ハ先祖ゟ此御旨門御相続被為下、我等に此家御相続為致被下候御事、此家筋へ生れ来ル我等、子孫末々之者共迄も悦候御事ハ、女(如)来聖人様の御手まハしと奉存候へハ、うれしさか身に余ルト申御事なり、夫ニ付我等此隠居に今年ひ孫男子も

ふけ候事、先キの孫喜太良事急病死致し候節ハ、歎ニしづミ候所、此度ふしぎなる喜太郎ニ相不替ひ孫男子出生致し候ニ付、悦の一首うかむニ付、此儀ハ喜太良三旧(回カ)忌九月廿日往生日、当九月廿日ニ光専寺様へ御法事奉上ヶ御経御勤被下候時節、ふしきに此ひ孫出生致し候ニ付一首、御経のこゑ菊月に名を悦に喜太郎喜太松、依之我等一生の悦有之候ハ、御両親様へ随分苦ニ不成様御心ニ叶候様と相心得候上にて、御一生之御仕廻ハ御夫婦一所にぜんもんとあまとにて、隠居被成被下、其時御満足の御言、我等へ御申聞セ被下候御事、是又悦が身にも余ルと申事なり、猶又女(如)来聖人様への御礼御報捨之御事ハ、昼夜御悦の御勤メ被下候て、御心能ク御くらし被成候て、御念仏もろ共御夫婦共前後ニ往生被成被下候候(ママ)御事、我等が大慶此事に候なり、夫ゟ此家段々と相続仕、兄弟共多ク候所、身分相応〳〵に相片付遣シ候へ共、銘々の先キ生ゟ為かういん(業因カ)にて、ひん家にくらし候事ハ、名々心得違も有之候得ハ、是悲ニ不及事なり、然ルに我等事、村方世間共何事ニ不寄一銭も難儀かけ不申、随分〳〵此身詰テ相働キ、猶又御地頭様御用筋いか様も相勤メ、仍而御用金筋ニ付、数々之働キ仕、指上ゲ置候其外村方江も我等か身に余ル仕替銀致シ置候所、御用金筋ニ付候て、両村にて人数多ク候へ共、我等ほと成大金、御地頭様へ指上ゲ置人ハ無之、是以我等が大慶ニ存候へ共、右ニ付我等しんしやう(身上)すく相成り候へ共、我が身分筋にハ世間へ一銭も難儀かけ不申候へハ、是又ハ悦候事なり、然ルニ我等七十余年に及、五年以前ゟ曽我座一老にて今日まで無事息戈に罷有(候様□)○是迄一ト度も大病不得、兄弟共一家中へも苦労かけ不申、是以大慶ニ存候、猶又是と申スも女来聖人様ゟ御引立テと奉存所ニ、方々江心のまゝに参詣為致被下候御事、是に過ぎたる難有儀ハ無之、仍而うれしさの身にも余ルと申ス御事なり、依之仏法を心ニかけ他力の信心得る人ハ、此方ゟ仏神へげん世のいのりかけ候ハても、じねん(自然)と悪かういん

のうすくなる事承り及候、其身へのかういんにて、しんしやうおとろゑ候ても、其家末々に成共はんしやう致ス事とも数々我等見請置候事、依之我等兄弟之人々、一家中人々我等が一生之働キ、右之通りニ候事、少シ茂相違無之、若少シニても相違成儀有之候ハは、いつれ成共打て給り候事頼入候、然ルに我等の兄弟多ク有之候へ共、残念成義ハ一人も此本家のたすけに相成ル人無之候て、残念ニ候へ共、是悲に不及、別而是ゟ後ニ至り、銘々子供共に出情致し候様ニ仕付、能ク致シ銘々の家相続可致候様か、此人間に生れ来ル所専（ママ）御先祖へ御地□猶仏法之本意と相成り候御事なり、然ルに我等事最早余命も無之、追付極楽参りと相心得候へハ、何事にも心にかゝる山のはもなし、死しては極楽、生キてハ念仏、うれしや〳〵弥陀仏（アンフ）ミタ南無阿弥陀仏（ンタアンフ）サアサアサ〳〵〳〵〳〵ササアサアサアサ〳〵〳〵〳〵おどり念仏にて、

一（番号なし）右之儀ニ付我等曽我座一老にて、ひ孫持候事、先々ゟ一老にひ孫持たる年寄中無之候へハ、是以今生の悦、是又極楽参りの道くさと存候て、南無阿弥陀仏〳〵〳〵

二百六十一

一明和六年丑ノ極月之義、当村方ハ前年ニ有之候通りに御地頭様御借金ニ付、近村とハ相替り殊外多用にて、村方こんきう（困窮）ニ及、会所用事毎日〳〵村役人ハ銘々かきやう（家郷）捨候て相詰メ候ニ付、甚めいわく仕、夫ニ付是迄とハ相替り会所にて飯酒等給不申、随分〳〵けんやく仕罷有候ニ付、村役人難勤候ニ付、段々御地頭様へも村方組頭中へも断申たい（退）役願候所、先年とハ相替り難勤思召候事尤と被仰、今年ゟハ村役人役料米壱石つゝ村方ゟ出し候間、勤メ給り候様と頼被申候ニ付、当時村役人ハ新兵衛、半兵衛両人ばかりにて、扨々難勤候ニ付、此度藤井宇兵衛様へ加村役人御加へ被為下様相願候所、御聞届ケ被成候て、当極月十二日出立ニ江戸へ御下り被成候、御登り被成次第に、村役人加役

極り候様被仰候事なり、然ルニ二月中旬ニ藤井氏登り
被成、村役人ニ清八殿加役被為仰付候御事なり、

二百六十二

一明和六丑ノ暮歳末に一首

　丑引とまたほうねんを寅まへて

二百六十三

一明和七寅ノ元朝歳旦、光専寺様如来様へ御礼参りニけ
る一首

　寅せ給ふか御信心八九徳なる年も長玄

　　生年七十二歳悦ニ

同断

同元朝曽我大神宮様へ御礼参り仍而一首

　寅せ給ふに御信心八九徳にて年も長玄

　　右同断ニ

　弥陀仏ミタ南無阿(ン)弥陀仏(アアンツ)サアサツサ〱〱〱

同断

一同元朝ひ孫喜太松が百日のくい初、当日ニ当ル仍而一
首

　百日ていわ井のぞうに(雑煮)くい初いつも若餅くいに喜太
松

　又悦ニ一首長玄七十二歳悦ニ

　朝(てう)にんて八九徳なる極楽江参ル道草(くさ)ひ孫喜太松

　又向勘兵衛殿ニ男子出生ニ付一首

　寅まへたるよかんべい男子持たる徳ハ丑松

　又向治兵衛老ニ孫男子出生ニ付一首

　寅まへたるぞ初春に孫を持たる徳ハ加年松

　　右ハ目出度三本松之悦也

曽我村堀内長玄覚書　三

二百六十四

一同正月四日ニ、五ヶ所御坊江御礼参りニ付当年も不相替悦ニ一首

　ありがたや親にもろふた此身にて
　　見たり聞たりあゆんたり
　きたりぬいたりのんたりくたり

仍而此時がん(ママ)くわい楽酒樽持参ニ付一首、がんくわい楽にハ命をのぶ、さすさかづきのこゑそたのしむ〳〵、弥陀仏ミダ南無阿弥陀仏サアサツサ〳〵〳〵〳〵三国一の、(以下欠)

二百六十五

一明和七年寅ノ正月十日当村ゑびすにとミ有之候ニ付一首

　寅せ給ふかいちのとミけふのゑびすて福を寅せて

此日年越ニ仍而又一首

　寅せ給ふハ今朝のとし福ハ此地へ寅まへて来た

二百六十六

一同正月廿八日朝時、光専寺様へ参詣ニ付、毎夜〳〵ぼ(煩)ん(悩)のうのゆめ見るニ一首

　夜な〳〵につもるぼんのうゆめさめて明ル御礼(カ)に極楽を知ル

　　又一首

百姓がまけばはゑ(生之)はゑハしうり(修理)に身をこらし我身につもる老をわすれて

南無阿弥陀仏〳〵

二百六十七

一同(明和七年)正月廿九日に、当村会所にて村算用詰有之候ニ付、庄屋江入ﾘ込銀壱〆弐三百目住(ママ)有之候由、此儀村方百性中ゟ右吟味之事、年寄新兵衛と半兵衛と立合算用致

候様と申来り候、猶井ノ上長兵衛殿ゟ御殿様へしきに(ママ)
次上ヶ物之訳と、御吟味被下候様と申来り候事、
二百六十八
一同正月九日に、新口村松尾論清僧江年頭之祝儀参ル、
仍而一首狂哥
　寅せ給ふか御(カ)信心又あらたむ(ママ)而御礼論清
二百六十九
同二月朔日木ノ本村九兵衛殿、六十一歳の二の正月被
相勤候ニ付、悦儀ニ付一首
　寅まへたるか卯の鳥て卯の羽かさねのとしも若やき
又一首、寅まへたるか卯のとして卯の羽かさねに餅を
九ひやうへ
二百七十番
一同(明和七年)二月二日に、前書に有之候藤井宇兵衛様、江戸御役
人ニ御登り被成候、此役人之儀ハ是迄段々御役人入替
り被成候衆中とハ相替り、上下共に宜敷御役人之由に
て随分御けんやく専一ニ被成、諸事御取納メ宜敷由に
て、此度御殿様ゟ猶切米五十石被為遣候由之所、右藤
井宇兵衛御じたい(辞退)被成候由にて、切米拾五石ニ三人ふ
ち御請被成候由、御ぐん(郡)代にて当地(知)行所御取捌キ被為
成、御大慶成御役人に候ニ付、夫ゟ江戸御賄方毎月
〳〵両村仕送仰被為付候所、両村百性心能ク御請合申
上ヶ、此儀ハ右御役人被成方宜敷、此度も江戸ゟ御登
り被成候ニ付、御主一人御けんやく(検約)にて半道中ゟ御供
一人御やとい被成、御登り被成候様成御けんやくの御
役人ゆへ、惣百性悦申候様成御事、然ルに此役人有難
一向宗にて大御億(臆カ)心の有難御人にて、折々我等方御前
様へも御礼被成被下有難奉存、ヶ様成御役人ゆへか、
上下共被成方宜敷相聞へ、惣百性共悦罷有候御事なり、
二百七十一
一明和七年寅ノ二月廿三日に、此家御先祖妙玄様七十年
忌相勤候、此儀奥田村善教寺様にて御法事料上ヶ、此
日夜法事御勤被下、折節ひがん(彼岸)ニ入候へハ、我等とお
とわと参詣致シ難有仕合ニ奉存候、此儀ハ右妙玄様、

奥田村中川氏出生ニ候間、此度七十年忌ニ及候ニ付、右之通ニ候、依之同廿五日に当村方ヘハかま戸不残しぼり粉餅くばり、夫ニ付我等兄弟之内ひん(貧)家の和助ニ白米壱斗と、村ノ喜助ニ白米壱斗と、今井仁兵衛ニ米壱斗ニ銭五百文と遣ス、忌部村勧信坊新地へ引越ニ付、米五斗遣シ、右廿五日の夜光専寺様へ御弾(カ)の志上ヶ、是又難有奉存、同廿六日昼四ッ時ニ相勤メ、此呼人数右光専寺様と庄屋年寄衆と組頭之内半分と座中ノ内半分と、其外応□方不残、一家中之儀ハ奥田村弥九郎、四兵衛殿と今井ハ喜右衛門、高田ハ両家之衆と妙法寺両家衆、其外之一家中へハ右之くばり物遣ス、出入方の人共ニ呼人七十人位有之候、右之通にて我等一生之大慶此御事ニ候、ヶ様儀も女来(如)聖人様ゟ難有も為勤メ被為下候御事、我等二歳にて相わかれ候御先祖様、我等今年七十二歳に及無事息弌にて右之御法事、御年忌相勤、悦ハ我等今年迄生のばし被為下候儀、難有奉存候御事、うれしや〳〵弥陀仏ミタ南無阿弥陀仏サアサツサ〳〵〳〵

二百七十二

一小綱村に新地出来之事

明和七年寅ノ二月中旬ゟ池ほり初リ、依之川下村へ小綱村ゟあいたい(相対)ふねん(不念)に候ニ付、当村と妙法寺村と申合、其外下郷之村々迄めいわく仕候ニ付、高取土砂御奉行人へ右池ほり相やミ候様と願候ニ付、夫ゟ小綱村と当村妙法寺村と申ふんニ成り、扨々やかましき事出来之儀、小綱村ゟ他村之人相頼入候様申候所、高取土砂御役人ニ先達て右川下村へ右池ほり之儀指搆無之候哉と御尋も無之、御ふねん有之候ニ付、当村と妙法寺村と願書ヲ以つよく申候へハ、尤と被仰、夫ゟ証文下書此方両村ゟ指上ヶ候ハ、明後五月之節ニ入候日限ゟ八月下旬迄之内、いか様之急水来リ候共一水も右之新地へ入レ不申、猶又右之間ニ少シにても池水入置候へハ、其両村へぬき取いか様共可被成候、其時小綱村ニ一言も申分無御座候申ス下書相忍(認)、指上ヶ様取為替之

証文出来候ヘハ、両村得心仕候様と申、若又不得心御座候ヘハ京都二条之御番所様へ罷出候と、張(強)ク申候所、高取御役人衆御聞届ヶ被成候て、小綱村へ右曽我村妙法寺村へ下書之通ニ得心致し、相済候様ニ可致スと被為仰付、右之証文両村へ請取置相済申候事なり、

二百七十三

一右同年(明和七年)二月下旬に忌部村ニ、我等弟正満寺事五年以前ニ此道場悴くわんしん(勧信)坊一代切ニ買付罷引越候所ニ、此勧信坊下地ゟ気まゝ物にて、寺役等そまつにて、こも増(憎)に出候様成不出来者、然ル所に此節親正満寺事賄女ニ五歳ニ成候一ッ子有之候、女まかない女と申引入候ニ付、右一子の勧信坊此儀腹立致し、悪言芳(方カ)々にて、此寺出寺致し、夫ゟ当村新地へ此方東ノ借シ屋に有之候土蔵引取、くわんしん坊漸々居住成候、扨々右親子共末々之事いかゝと無心元存候事なり、依之右之かい(ママ)付証文、忌部村戻し代銀三百目、親正満寺入手ニ候所、無心元候なり、

二百七十四

一明和七年寅ノ三月十日に、京都御本山西本願寺様に御婚礼被為成、此儀ハ日本一の御婚礼にてきんちう(禁中)様天子あけのミや様御女子様之由にて、二条様へ御取り子様ニ之由にて、御本山へ日本一の御嫁入、我等参詣致し奉拝シ、扨御荷物之儀ハ先日ゟ段々に入ル由、先ハ御長持ハ七十さし、不残ひどんすのゆたんかゝり候由、御嫁入の次第ハ、御先キ供に御大名衆一ト頭いなばの守様、きんちう様ゟ御見送りに中之御□様と高塚(鷹司)佐様と御二タ頭に、其外くげ(公家)衆寄馬のり段ニ有、御本山ゟ御むかいの御女中衆ひやう(ママ)のり物段々来ル、御ひめ様ハ天上ごし白木作り此見事成ル事ハ筆に尽されす、此御こし之儀ハ右あけのミや様ゟ御祝儀に進上被為遊候由にて、其外御つき〳〵の女中ひやうのり物段々来ル、青のり物ハ段々来ル事数不知れ、其外御手道具指物にて段々来ル、ゆたんはひどんす、ひらしや(緋羅紗)、見事成事ハ愚筆ニ不及、右御役人一ト頭にやり、はさミ箱と行

れつ(列)やつこ拵見事にふりて来ル事、一ト頭つゝ段々の行れつなり、依之二条御屋敷のよりき衆そうしき(総指揮)にて、もゝだち取テはだしにてかなほう引御両人ツヽ、段々に御出、其外諸役人数不知れ、段々に御出被成、御おさゑ嘉□が様御留主居衆おさゑの御供、事の大キ成事ハ此日八ッ半時ゟ七ッ半時迄御通り、扨御通りの道筋家々の見せ共片付、金ひやう風にてもうせん引、町中のかさり見事成ル事是又愚筆不及、依之我等先年江戸道中にてこのゑ(近衛)様ゟ尾張様へ御嫁入被為成候事、おひたゝ敷儀拝シ候、此御事も日本一と奉存候所に、此度右之御嫁入奉拝シ、是と申も御且(カ)師御関山様の御位(威)光と拝し候へハ、うれしさありがたさ、くわんき(歓喜)のなミだ筆に尽されず候、右之御事奉拝シ候も我等今年迄息戈に罷有、他力ゟ上京致し候様ニ成シ被為下候御事と、此時我等がもりおとわ引つれ参詣仕、難有奉候なり、

二百七十五

一右同年(明和七年)寅ノ三月廿七日ゟ、今井正(称)念寺様の御触下村々へ御講御取立被成候ニ付、我等にも在々門徒中へすゝめに行キ候様と御頼ニ付、夫ゟ前日十二三日頃ゟ在々へ罷出候、然ルに当村ゟハ我等共に六人出候、其外村々ゟ出、凡右三月廿七日に御講、惣人数今井町在所共に百人余と相見へ、此後段々と御はんしやう相見へ候事なり、

二百七十六

一明和七寅ノ三月廿一日ゟ、高田御坊にて川(河)内国見正(先カ)寺様宝物御ひろう有、此時江州近松御坊ニて先年れん女(連如)聖人様御しん筆之とうしんの御まむき様おかませ被下、其外難有色々御宝物御ひろうにて大御はんじやうニ付、芝居等見せ物等品々来り候所、高田御坊御鳴下村々ゟ御祝儀ニ色々御地頭ニ指上ケ候事おびたゝしき事なり、夫ニ付当村ゟほつかい弐荷ニ白米入のぼり一本添御祝儀ニ上ケ候事なり、

二百七十七

一明和七寅ノ三月廿二日ニ奥御門跡様御冊講ニ付、諸国

御末方御門徒中ニ割付奉加銀被為仰付候ニ付、当村光
専寺惣門徒中へ銀高七貫目百五十匁十年賦、一年ニ七
百四十五匁づつ、半年ニ三百七十弐匁五分ツ、割合せ、
上納致し候様被為仰付、御請印形致し候事、此儀門徒
一間宛ニ年ニ弐匁つつ、半年ニハ壱匁ツ、ニて御□(尤カ)成
御割付と申、皆々御請申、然ルニ高下有之候へハ年ニ
三分五分ノも有之、我等方へハ年ニ八匁ツ、のわり付
ニて無相違指上ヶ候、然ルに在々の光専寺門徒中へ我
等もセ話仕候、

二百七十八　是ゟ超玄眼病ニ而代筆ヲ以左ニ書記、辰ノ
　霜月ニ代筆左之通(カ)り付出し
一四月十八日、会所ニ而組役之節、和助五人組ニ入候事
組合人一切無之候ニ付、此方新五兵衛清八殿相頼、組
ニ入給り候、然ル所ニ十九日夕、右之和介(助)又々無心申
かけ、過言之上此方壷所へ洞(泥)足ニてふみ込無体成事申
来り、我等殊之外腹立ニ存候得共、難有も我等儀段々
御法儀御聞セ被下候ニ付、志ひ(慈悲)ハ兄からと存、又々銭
壱〆文合力致し遣シ候ニ付、和助最早此以上一銭も御
無心不申と一札取置申候事、

二百七十九
一同(明和七年)四月廿日ニ今井順明寺ニ而和泉国ほくたん様御堂衆
導光寺御法談、難有御くわんけ(勧化)ニ而、殊外御はんしゃ
う被成、依之御くわんけニ仰被下候ハ、名々ついぜん
くやうの事、自力之方ハ其先言(立カ)シ候ミやうしやへと心
得、女(如)来様へ上ヶ候由、他力之方ハつい(追)善くやうへ致
ス共、ミやうしや御ゑんニ取、随分女来様へ御くやう
指上ヶ候得ハ不残願主之御報捨ト相成候へハ、先立候
ミやうしや不残極楽へ参リ仏ニ成リ被居候へハ、此く
やう其(カ)先之ミやうしや悦て弥々仏之御悦ト相成、猶有
かたき御事、依之他力之方ハついぜんくやう、猶大切
ニ勤メ候事、其身の徳ト相成候由や、

二百八十番　前後書（註＝大型文字、本人自筆の終りか）
一是ゟ超玄目病ニ取合候ニ付代筆頼年□前後候へ共、覚
　候分書印ス、明和九辰年七十四歳之九月下旬ゟ如此ニ

候、

二百八十一

一明和七寅五月四日ニ、池尻御屋敷ニ而せいばい有候事、
此義前書ニ有之候亥極月ニ百姓共いつき(一揆)家こぼち、頭取と聞へ畝火村惣次郎、大谷村半兵衛と此両人ニ御吟味かゝり、段々之上、江戸御公儀様ゟ御申附之由ニ而、打首被為仰附、しやうし(笑止)千万成儀、仍而せいばい場所土段々ニ直り候節、此両人代々御旨門ニ而其節正信げ(偈)と白こつ(骨)の御文章様といたゞき、念仏もろ共ニ両人首打れ、其時あり逢ふ人々儀と共に念仏ばかりニさて〳〵いたハしく、ふびん之ありさま、申はかりもなき候由の事ニ候なり、
右ニ付芝村御下北ノ兵庫村大庄屋此人芝村御屋敷江御用金段々上ヶ置候人ニ而、兼而御役人衆ゟ殊之外御懇意ニ被成候様成ル人ニ而、御下之内ニ四五人せいばい相成候人有之由ニ而、此義気之毒ニ被存、此大庄屋替りニ引請、此人右御殿様御役人衆御念頭之人々ニ候得ハ、引請ニ被致候へハ相済候様ニ慈非心ゟ被存引請候処、江戸御公儀様ゟせいばい申来り、此人ニ是非なく打首ニ相成り、扨々歎ヶ敷事ニ候由、諸人共歎キ候事なり、
夫ゟ六月十四日ニ今井町ニ六人右之通のとが人有之候処、内壱人鳥屋藤七と申人打首ニ而、残リ五人ハ所払ニ相成、此義右藤七壱人之とがニ相成り、此義ハ其節家こぼち相談宿致候由ニ而、此人壱人の越度ニ相成、扨々いたわしき事と諸人歎キニ相成り候事なり、

二百八十二

一明和七寅五月五月、節句初ニ喜太松祝儀、こくせんや(国姓爺)後日合戦和藤内裏成竃山を片取、人形ヲ立はい(ママ)杉之大蛤ニ而大てきの事、

二百八十三

一明和七寅閏六月七日ゟ、今井正念(称)寺様へあき国こかん様と申御僧御法談、日本ニ弐三人之衆ト聞へ此御法談ニ人間ハ十方衆生之中ニたとへハ世界之土と我等がゆ

びのつめニとめたる土と、世界ニ有トあらゆる生之物
之内ニ、人間ハつめニのせたる土(カ)ごとし、か様成目出
度大切之生請候事、仏法ヲ聞、ほとけ成シ被下阿弥陀
如来御苦労被為成下候と聞込、人間ニ生レ仏ニ生レ候
ハ南無阿ミだ仏ゟ外ハ何事も無之、とかくうたがいの
心少ニ而も出候へハ、人間ニ生レたるかいなし、地極
ゟ外行方なし、然ルニ念仏悦人間ニ生ると申事、此生
之目出度御事是ニ(有脱カ)過たる事ハなき事なり、尚又祖師御
開山御上人様之難御意此上之御悦なり、

二百八十四

一明和七寅ノ卯六月晦日、夕方ニ少々雨ふり候而ゟ、其
後閏六月壱ヶ月少シ茂雨ふらす、七月ニ至てふり不申、
此時七月四日切ニ七日七夜之間雨ふらせ候様ニ当村こ
けつ庵ニ法印坊と申大山師有之、此人ゟ当国中へ村々
書附廻シ、口広キ事申遣シ、七日七夜ニ(マヽ)之間ニふり候
へ者、礼銀心持次第ニ被遣候様と書附申遣シ候処、一
向一水もふり不申、扨々面目申分も無之、就夫当村御
地頭様ゟ、か様成まいす(売僧)坊頭、当村住居致候由候事堅
相成不申候事与、当村御払被成候事、然に(ルカ)に夫ゟ段々
照続、七月廿一日の夜、此一辺北ノ方ゟ雲やけと申一
辺、丹波やけ様成あかき筋立、京都大火之様候と申候
而、少之間ハしつまり候所、半時斗と過候而右之雲や
け段々とひろまり、火ノ雨ふり来ル様ニ諸人申恐、こ
わがり候事筆ニ懸(盡カ)されず候、其夜九ツ時分之事ニ候、
夫ゟ所々方々ニ日待之百まんべんの念仏之□いろ〳〵
の事申あげくらし罷有候、此時日でり百日斗てりつゞ
き、西国方、東国方、所(諸)方ニ而も右之ことくニ相不替
ふしぎ成雲やけ之事なり、然ルに右大日てりニ而、当
国植田半分程すくミかれ申候、此年近国共に当国同事
ニ日でりニ而、諸人難儀及候、依之世上共ニ一向見物
其外願まんじ等の様成事は一向無之、別而盆之おどり
なんぞも無之候、此儀も百姓方昼夜共水がへニ身をこ
がし、村々百姓之義ハ中々盆所でも無之、段々水かゑ
重り候得者、壱反かへ候水造用壱反ニ米五六斗宛茂候

事、壱反ニ五六遍つゝ水かゑ候へ者、其田地ゟ米作り候程造用ニ入候事、此節米之相場六拾五六匁之処、七拾弐三匁ニ相成リ、然ルニ段々水かゑ候而、諸方ニ米くひこし候得者、無売人候ニ付、段々上り申候、六拾（七月廿五日頃ニ八拾三四匁しこり申候）四匁候下さやニて、是ハ余国が豊年故銭拾弐匁九分五リ、金子六拾六匁五分、是ハ御社参与申巳ノ年ニ御座候而段々高直ニ相成り申候事也、然ルニ当村之義ハ右之不作故、御地頭様ニも迷惑被成候ニ付、諸方御払方御断ニ而、京都名目金之儀、利足村方御用金御借金之利足等も百姓引請ニ候得共、是又百姓方大難儀仕候、綿方ハ百斤余之吹ニて御免なし、田方ハ四五歩通り御取被成候而、旁以百姓迷惑致候事、然ルに明卯ノ年も右同様成大日照ニて左ニ書記事、

二百八十五

一明和八卯ノ正月之朝ニ、京都御本山様へ元朝之御礼参致度願、此年参り候事長玄不常命徳分（盡）ト存、難有御本山様興門様御礼仕候御事、難有儀筆ニ懸されず候御事なり、

二百八十六

一同卯二月廿五日ニ藤井宇兵衛様与申御役人江戸ゟ御登り被成、被為仰附候儀者、当村庄屋助七良義ハ去ル寅ノ八月ニ病死仕候処、悴助五郎へ跡役被為仰付候所ニ、去ル暮御赦米之取込有之、其外不埒旁以又々此助五良退役致被為仰付候、此跡役之儀ハ半兵衛殿に被為仰付候事、

二百八十七

一明和八卯年、麦作豊年之事、此年三月頃迄日続よく、麦作之義ハ去年故（やけ田故）か麦作大豊年ニ而、弐反三反小作之（ママ）人者三石四五斗ゟ四石弐三斗迄取候人も有、又壱町位之人ハ三石壱弐斗なれ、我等作ハ麦わ壱町四五反作候故、弐石五六斗なれ作り候事、此長玄七拾三戈ニ及候得共、一生ニ無之珍敷麦豊年ニ而御座候、菜種者反ニ壱石位之取入也、右麦豊年之義ハあまりめつらしき事なり、

二百八十九

一明和八卯三月廿二日ゟ、大坂御坊へ京都御門跡様御下向、御両所様御成被為遊候ニ付、我等参詣仕候、悦ハ不思議成此年迄（ママ）不奉思事ニ罷有候、ヶ様成有難仕合ニ為出合被為下、御はんじやう（繁昌）の御事、筆ニ尽されず候、諸心之諸仏様トおがまれ、難有候事筆ニ尽されず候事、

二百九十

一同四月廿八日、天子様（御桃園天皇）御息（即）位被為遊候、此儀ニ付我等廿六日ゟ京都御本山様へ我等御たいやに参り、廿八日朝時ニ阿ひ、夫ゟ北山御坊へ参り、廿九日右之御息位禁裏様へおがミに参り候、此儀ハ目（日カ）之御門ゟ入込しゝ（紫宸殿）んでんの御かざり物、此儀もろこしげんそうかうてい（玄宗皇帝）のうつし、此儀日本ニ并なき御事正徳（聖）大（太）子御息（即）位被為成候儀式之由、皆（皆）人難有奉存候事、

二百九十一

一同（明和八年）四月廿八九日頃ゟ伊勢大ぬけ参宮初り、右息（即）位御日限極り候節ゟ、いづく共なくぬけ参り段々罷出、五月一日頃ニハ京都大坂ゟおびたゝしく罷出、かゝ達子供をおひ、まいだり乍仕、又ハおやぢハ鍬をかたげながら参る人もあり、左ニも有之候、六拾弐年以前ニも有之候、今年大坂ゟ出たる人も凡何十万とも筆ニ尽されず候、此海道へ数何万とも相知レ不申候、此海道筋もセつたい（接待）場出来いたし、村々ゟ米麦柴薪等大神宮様御池（馳）走被致持参、此東口柳原ニ而今井ゟセったい場出来、此儀おびたゝしく俵物百斗も寄、就夫御ちそう馬、我一ニ罷出色々と御馳走申事おびたゝしく事筆ニ尽されず候、当村之内ニも西口寺前ニ而セつたい場有之、我等方ゟ割木、茶、はつたいミ（ンカ）、なんぞのといふ様な物出し申候、其外村方ゟもおびたゝしく持寄、おひたゝしく事筆ニ尽されず候、

二百九十二

一明和八卯年大日照之事、四月四日雨ふり候而ゟ、夫ゟてり続キ川々江水出不申候、五月ニ田植出来不申候故、方々にかゐ（ママ）どあけ、其外井戸水等かゐ込、漸々当

村半分程植付、残り半分ハ粟、ぎ(きカ)ひ、大豆、小豆等蒔付候得共、是以(後脱カ)照続キ候故、はへかね漸々四五歩通り程やけそだちに成候、然ルに此年六月八日ゟ土用ニ入、同廿六日ニ土用明キ照ぬき候処、六拾日之大日照、去年之大日照ニ候処、又々今年大日照ニて百性難儀仕候、百姓方申候者右お(カ)かげぬけ参り故、はんげしやう(半夏生)過キ、又ハとふよう(土用)明キ候而、植付候而も作方三石てき有と申百姓方、水かへいろ〳〵ニいたし、とふよう過キニ植るもあり、夫ゟ段々こん気をつくし、しうり(修理)いたし候而作上ケ、是又水かへ百性方甚難儀ニ及候処、七月十日雨ふり、此時漸々大川へ水出申候、然ル処当年之義ハ先年ゟ聞不及大不作ニ而、綿作之義ハ日やけ之上大虫入ニ御座候、右粟きび大豆小豆蒔付候漸々はへ候処、日照故ころうと申むし出、くひ(食)たおし、弐三べんもまきなおし候、段々照続キ秋日並よく候へ共、吹綿壱反ニ付皆済ニ十斤ゟ弐三拾斤迄吹申候、此綿直段之儀ハ七月廿二日大雨風ニ而右之綿不作、直段百四五拾匁与申候、米作之義ハ早植はんげしやう(半夏生)迄植候田、水廻り能候処、壱反ニ付弐石ぐらいも有様ニ見へ、夫ゟ土用前、土用過ニ植候田ハひつじはへのやうニ相成り申候、其長八九寸ぐらいニて一向ほう(穂)出不申候、ミつぼいたゝきニて、壱反ニ付ミなし米壱弐斗つつ御座候、ケ様成時節ニ御江戸御殿様御月賄金御けんやく願百姓方ゟ御願申上候へ共、近年定免地ニ被仰付候上ニ而、少茂御用捨無之、以之外御殿様御立腹ニ思召、定之月賄金毎月〳〵指下シ候様ニ被為仰付、右大不作之百姓甚困窮ニ及、致方無之高割合ニ致シ、月賄金毎月八九両、十弐三両ツヽ、指下シ依之江戸御屋敷被成方無之候ニ付、当村御陳屋御役人藤井宇兵衛様ゟ村方見立ニ被成、御賄金仰被付候ハ、八月御賄金当村ゟ十八両、内四両ハ此方新兵衛、又四両喜三郎、又四両小兵衛、又壱両伝三、又壱両金六、又壱両市兵衛、依之右之人々甚難儀、殊ニ新兵衛儀ハ是迄段々大金指上ケ置候へハ、致方無之由申上ケ候得共御聞入無之、其他右

之人々も惣高割と被成被下候様、段々御願申候得共、
事相済不申候、然ルに江戸ゟ当村役人大福村惣代御召
状罷来り候間、藤井宇兵衛様右之人々召連、南良越二(ママ)
階堂迄参り候処、又々江戸ゟ御状来り、右江戸下り之
儀者無用与申来り候間、二階堂ゟ皆々罷帰り候、月賄
金段々指上ヶ甚難儀仕候御事、

二百九十三

一同明和八卯ノ五月時分之頃、御公坊様日光御社参、来
ル辰四月御成被為成候由、先達而御触有之候、依之金
子段々高直ニ相成候而、此節六拾六匁五六分之処急ニ
上り、十月五日頃七拾五六匁迄大上り致し、又々御社
参之儀丑ノ年迄今十年之間御延シ被為成御触有之候付、
右金子大下りニ而六拾壱匁位迄下り申候、夫ゟ六拾弐
三匁位ニ而年ヲ持□罷有候事、

二百九十四

一同明和八卯ノ十月十一日ゟ、五ヶ寺報恩講御本山御代
僧様善行寺様当国江御下り被為成候、難有御法談被為
成下候ニ付、うたがひのふかき諸人候へ者、右仏法之
すゝめむかしゟ此僧出候而すゝめ候へ共、諸人うたが
いふかき狐かたぬきか、ころりやかんのまよわし候か
と末世衆生うたがい候かと思召、阿弥施如来之御方便
ゟ、難有も天竺ニ而ハ釈迦如来、上品大王之御子ゟ御
出生被為成候御事、我朝ニ而ハ正(聖)徳大(太)子用明天王之御子
ゟ御出生被為成候御事、夫ゟ段々御祖師親らん(鸞)上人様
藤原之御惣領と御出生被為成、此仏法之御すゝめに付
何之うたがい有事なし、ヶ様ニ難有御出生之御方ニ而
無之候得者、末世之我々共諸人うたがい候と思召、難
有も南無阿ミだ仏様之ミかげニて、家々之内に正
しんげ(信喝)御和讃与阿ミだ如来様之御直々御法談与奉畏存
候、難有御手猶々依之極悪ぢんちう(蘆中)の衆生い他(化)の方便
さらニなし、ひとへに弥ざ(陀)を生じて浄土ニ生ル与のべ
給ひ、然ハ念仏之人難有、今生を死するニてハなし、
浄土ニ生ル与御座候へハ、猶々此後之御たのしミ頼母
敷思ひ候御事なり、南無阿ミだぶつ〳〵

二百九十五

一明和九辰ノ正月ニ当村御地頭多賀豊後様、御代々江戸虎之御門前西之窪(カ)ニ御座被為成候処、同江戸鉄砲頭(洲)之御屋敷松平藤十郎様ト申御屋敷也、此御屋敷与御替被成候御約束定り候処、御用状ニ申来り候御事なり、此造用金弐百両余ほど豊後様御入手被成候由申事なり、

二百九十六

一明和九辰ノ二月廿九日午ノ刻ゟ、江戸大やけ之事、三月二日午ノ刻迄大火仕候、古来ゟ無之大火事ニ而三月四日ニ当村之御用状来り候、此用金弐百五拾両申来り、村方とほうニくれ罷有候、然ル去ル(ママ)九月頃ゟ金子之儀付あんじくらし罷有候処、江戸御殿様之儀、右屋式替前日御入替り被成候由ニ而、西ノくぼ御屋しきハ不残やけ候へ共、難有も御入替り被成候鉄砲頭(洲)之御屋しきハ少も御別条なく候御事由来り候、依之大殿豊後守様此節ハ御隠居被為成候而、若殿様多賀左近様之御代ニ相成り候而、御運御よき御殿様与奉存、惣百姓共大悦仕御事御座候、

二百九十七

一明和九辰ノ三月十日之夜、此家向蔵ニ盗賊入込、くり綿壱本分矢(紛失)致し候、此儀ハ裏成ゑひす之門之戸損ジ有之候処、此方下男共一人ハ其夜不戻ら候由、内下男一人与申合右之者取矢(失)候様ニ相見へ候、依之南都御番所へ御訴置被有候事、

二百九十八

一明和九辰ノ三月廿日ニ、嶋屋和助是迄段々預御世話ニ候処、此度八木屋清兵衛殿挨拶ニ而証文致、御得心ニ被成被下恭奉存候、此上壱銭も御無心申儀ハ無御座候儀候へハ、御心易思召被下候与申事ニ御座候、此満足いたし候御事なり、

二百九十九

一明和九辰ノ四月朔日ゟ、京都奥御門跡様御普請地築初り候ニ付、諸国へ御門徒中ゟ人足料壱人前ニ付五拾文宛、当村光専寺門徒中ゟ銭七〆文、のぼり壱本、白樽

壱荷、此方ゟ銭壱〆弐百文志、門徒中七八人四月六日出ニ、右之献上物持参ニ而上京致候、然ルに奥門跡様大はんじやう(繁昌)ニて、近国ゟ献上物、銭トのぼりト段々上ル、此節迄当国ゟハ大のぼり壱本、土橋村御坊ゟ去ル卯ノ年ニ指上ヶ候のぼり壱本有之、其外和州表ゟハのぼり壱本も無之候処に、当村和州曽(賀脱カ)村光専寺門徒中ト書付、右之のぼりと白樽壱荷与献上仕候、此儀当村門徒中之大慶ニ奉存候御事なり、其後段々御はんじやうニて方々諸々ゟのぼり抔、献上物上ル、此儀段々御家門御はんしやうニて難有御事なり、

三百番

一明和九辰四月下旬ニ江戸ゟ急御用状参ル、此儀者御地頭様御若殿左近様御代相続、御家督御高弐□石無相違御公儀様ゟ被為仰下候御事、江戸御役人衆様より当村御陣屋役人様へ申来り候由ニて、当御陣やゟ百姓方へ御申聞被成下、惣百姓共難有奉存候御事、依之御目出度被下難有頂戴仕、惣百姓何程か恐悦至極ニ奉存候事、

三百壱

一明和九辰ノ四月下旬ニ、江戸御地頭様御役人衆御入替被為成候由ニて、当村御陣屋ニ御座候藤井卯兵衛様御暇被遣候、江戸御役人衆も不残御暇被遣候由ニて、諸事御改之上、跡御役人衆此度御入被成候、先々ゟ通名ニ御家老川本半平様と申御郡代、吉川定之進様、同安田郡太夫様、此御三人之儀ハ万事上下共御取計ィ能キ御役人様方ニ而候由、御殿様御一家様方御世話被為成被下候而、当御地頭様へ諸事御改御取直シノため御剣被下候由ニて、若殿左近様之御代ニ御成り候得者、是迄とわ違ひ此後段々御はんじやう与奉存候、惣百姓共難有恐悦ニ奉存候御事、

三百二

一明和九辰ノ五月上旬ニ、右御江戸御役人様より御知行所御田地反数町数水帳等之儀御尋被為成候、依之村役人ゟ往(古)後ゟ之当村水帳凡百七八拾年以前、御公儀様より検地御役人様三牧勘兵衛様御検地役人ニて御打被成

候帳面、当村御陳屋御座候、吉川氏様安田氏様へ御目
掛候処、御尤成儀与被仰、御検地之節ゟ年数重り候得
者御田地共候（ママ）一々ニ入替り候得ハ、反畝之儀ハ委細ニ
相知レ不申候得共、当村御高之儀ハ千三百五拾壱石八
斗何升何合迄、只今ニ急度相知申候御事、然ルニ当村
之儀者往後（古）ゟ御毛見取被成候而、毎年〳〵物入等茂多
ク掛リ百姓茂甚かひわ（ママ）へ仕候、其上領内之御田地反別
と御物成り付有之候処、此物成大分高下御座候而、百
姓之内物成高之多ク掛リ候田地持之百姓共ニ而、年も
寄、殊之外成大難儀度々仕候、近年百姓旁以肥銀等ハ
高直ニ相成り、段々困窮仕候、然ルに右惣御物成之田
地四拾七八歳以前ニ、畝高持之百姓当村ニ而ハ相続相
成不申候様ニ申、立のき候様ニ申儀、時之御代官庄田
七兵衛様弐割引ニ被仰、当村立のき申候与申者之田地
斗十人斗も御引被成被遣候而、漸々当村ニとまり住居
致罷有候、又其後八九年迄過ぎ候而、畝高持之百姓、
段々御殿様へ御未進相重り候処、色々御味吟（吟味）被成候而
も、困窮百姓ニ御座候へバ、一切御未進ニ上ヶ候物無
御座候ニ付、被成方なく候得者、未進おひ百姓拾人斗
江持来リ候田地之内へ、弐拾石程、時ノ御代官多太（ママ）忠
太様江戸へ御下リ之節、御殿様ゟ御用捨被為成候との
御事ニて、忠太様ゟ御申附ニ付、右未進おひ百姓共此
用捨お（ママ）持知之田地物成を内引ニ致、出作方村方共へ分
ヶ売付、此代銀を以御未進を相済候様成事も有之候、
尚又右ニ有之九拾六番之処、宝暦四年亥ノ歳ニ、殊之
外御月賄銀手詰りニ付、銀弐拾壱匁（ママ）当村へ被為仰付候
義ハ、御物成米四拾弐石御用捨被成、御買戻シ之積
リニ被成候所、右之番付之処委細有之候事也、然ルニ
当村土免之義御尋被為成候所、則六ッ三歩七厘之御定
免之所、御地頭様ゟ御定免之御書付、此度之御役人様
之御目掛候処、御承知被下、右御年貢米勘定仕皆済書、
村方庄屋年寄惣代共ニ差上ヶ候而、依之右皆済御証文
ニ御印、御地（カ）頭様、御家老川本半平様、其外御役人中
右皆済御印形被遊目出度相済候事なり、

三百三

一明和九辰ノ六月上旬ゟ、村方惣百姓出作方共申(カ)候者、当村御田地下地ゟ畝高持之者共、御上免六三七ニ而者相続不成相様ニ申ニ付、夫ゟ畝□(高カ)持中地持、惣百姓相談之上、畝高田地之方ハ物成引下ヶ、中地ゟ以下上七斗迄之所、御免無数、七斗以下ハ御免壱立茂無之、依之畝高田地共徳方多ク成、支配致能相成リ候得者、御領内之惣田地之内壱畝ニ而も捨置ク様成田地者無之候様ニ相成リ而悦候事、是迄之儀ニ候得者、村方百姓も困窮之上ニ候得者、田地壱反ニ而も売払度致候而も一切買人無之候へハ、行詰リ当村立退候様ニ申人も有之候得者、甚気毒成儀御座候得者、御地頭様御為ニ不相成、尚又中地持畝安持ゟ了管(ママ)致し度、依之惣村百姓出作共不残大悦ニ存候而、百性末頼母敷ぞんじ候事なり、依之此方所持之田地御高惣合弐拾八石四斗五升四合、是を右六三七之御定免ニ而、拾八石壱斗三升一合五勺六戈斗米之処江、弐拾石六斗六升六合、毎年〱上納仕候通、弐石五斗三升四合五勺、年々村高江余内ニ相成シ、外ニ村掛り諸入用等者村並ニ出シ申候、当家役札掛り多ク掛リ、是又迷惑ニ存候事、

三百四

一明和九辰六月中旬之覚、近年当国けんとくと申而、壱番ゟ五百番迄之しやうぶ(勝負)大とみはやり、此儀ハ毎日〱五拾番つき上ヶ候而、第壱番ニ当り候者、銀壱匁ニ付銀拾〆文宛取也、依之銀百匁入レ候者者銭百〆文取なり、残ル拾番目、弐拾番メ、三十ばんめ、四拾番目□□ハ壱匁ニ付壱〆文宛取也、大切五拾番目ニ当り候ハ、壱匁ニ付銀三拾匁宛取、其あい〱のびりと申ハ、壱匁ニ付弐百六拾文宛取なり、此儀当国中はやり候而、右大とみにあたり候はなし、方々ニ壱〆匁弐〆匁宛取様子なる事も有之候、依之諸人よく(欲)ニ思付、毎日〱入候事おびたゝしく(ママ)事、夫ゟ国中大身上之者迄入越(ママ)候ニ付、家売様成者茂有之、夜ぬけやら迄も之事も有之候也、此儀筆につくされす候、依之去ル寅年迄

庄屋致候助七良養子助五良抔茂、内所ニ而右けんとく
に大分損致候由、尚又紺屋札所九兵衛抔茂同用（様）ニ損致
候由ニ而、かうきやく（沽却カ）致し申候て、両家共右身上仕舞
申候、然ルに此方家内ハ不及申、他領方一家迄茂同様
成不実事一切不致候得者、損徳之儀心ニ掛る山之葉（端）茂
なし、仍而案心ニ暮此事ニ付悦罷有候事なり、

三百五

一明和九辰ノ六月廿三日ゟ七月四日迄、今井順明寺ニ御
法事有之、此客僧河内国丹下明円寺様ト申、昼ハ観経
之訳難有御事ニ而、夜ルハ、信長大坂今之御城に石山
本願寺けん女（顕如）上人様とたゝかひ、此御事本伝ニ御法談
被遊、殊外聞事ニ而、昼夜我等参詣致し候処、七月三
日夜下向之節俄ニ雨ふり一天しんのやミ（真闇）ニ候所、此方
ゟ迎ニ伊八かさ（傘）、てうちん（提灯）持迎ニ来り候処、今井北に
土橋ゟふミはづし、此超玄さかさまに落候而、かしら
打割折節川ニ水有ざんぶりぬれ驚候事筆ニつくさず候、
此時目舞候か又ハ早ちうぶ（中風）ニ而も出候かと存候へ共、
不思儀与申ハ此御事、此時超玄川ゟ上ル節御念仏とな
へ候へハ心茂くるハず、伊八与道々（同道カ）ニ而罷帰り候、然
ルに我等超玄か一生ニ今一度大けがハ此時ゟ無之候、
夫ゟ曲川村白朝散買調用候処、痛弘（治カ）リ候事、然に超玄
此上之御悦ハ右土橋ゟ落候節悪病出不申候、此儀御開
山様之御守りと存、猶難有奉存候事、さわり多きに徳
おふし、依之超言が悦者右之一生記あら〳〵乍、愚筆
書置之事也、

三百六

一明和九辰ノ七月十四日ニ、右ニ有之元庄屋助七良養子
助五良欠落致候事、此儀者前書ニ有之候けんとく（色）ニは
り込候由ニ而、十四日諸しき払方一向手支ニ而、無是
悲欠落仕候、三年以前迄親助七良身上随分宜敷様ニ相
見へ、極福ニ暮被居候処、此度けんとくに故家かうきや
く（沽却）に致申候、跡式之儀ハ先祖吉田助七良血筋名跡たゑ
はて候、後之助七良三年以前ニ病死、此子助五良右之
通り欠荷（落）ニ而跡式ハ俊助七良兄弟中土佐村辻本小兵衛

家筋ゟ相続被致筈ニ而、本家半分仕切、浦成那屋土蔵（裏）（納）共売払候而、本家屋敷内蔵残し被置、此年之御年貢方ハ田地売払上納被致候、残ル田地と家屋敷と助七良後妻今井ゟ来ルおつや女郎と申人、只一人下女壱人と隠居住居ニ被暮罷有候事、気毒成事ニ存じ候事なり、

三百七ばん

一明和九辰ノ九月中旬ニ、紺屋九兵衛事改名長兵衛与申、（ママ）兼病死被致候ニ付、右百八拾六番之処ニ委細有候訳ニて、紺屋家内共何角不自由ニ罷成リ、先年先之九兵衛殿時代ニ者世上ゟ宜敷身上向与申、初瀬ゟ竹之内迄ニ壱弐番之銀持与申うわさ致家柄ニ候所、如何致シ候哉、急ニ身上ふつていニ成り、扨々しやうし千万ニ気毒ニ（払底）（笑止）存候事なり、依之右銀札取組之初り御地頭様ヘ願上リ候儀ハ、御知行所弐千石場所通用三拾貫と御公儀様ヘ御願上ヶ候而相叶候所、銀札出候ハ凡三百貫目出候由ニ而、方々へかし付有候所、引替銀茂手廻りかね候ニ付、世上難儀致し候事、扨々気毒成儀ニそんじ候事なり、依之右銀札取組之節、紺屋九兵衛殿我等方に半分引請候様ニ段々被申候得共、我等存候ハ右願三拾貫目所ヘ三百〆目茂銀札出借ニ付等、段々致大世話事不常成事共ト存、いろ〳〵すゝめ被呉候へ共、我等不得心罷有候、若其時節我等得心致、半分組合候得者、右九兵衛殿同前此家茂かうきやくいたし、子孫迄茂此家を（沽却）立退、先祖ゟ之跡式不残仕廻ィ候様と相成候事、九兵衛殿同事也、仕舞ニ相成り候得者、扨々大難儀仕、心外ニ存候所、是と申も御先祖長源様ゟ此方御引廻シ与（玄）存、右銀札之儀我等少茂無座候ニ付、当村とも又七、喜三郎、小兵衛是三軒之衆ハ、右銀札弐三貫目ツヽ、買請候而引替被致候処、当辰ノ極月十九日ニ南都御番所様ゟ、右紺屋九兵衛銀札之儀ニ付、世上共買請銀札御吟味被為成候付、我等方も右銀札一向買請無之候得共、右之又七、喜三郎引請、銀札、木綿組之印形有之候付、此方ニも左様之銀札有之候哉与御尋被為成候、右之儀ニ候へハ右銀札我等方ニハ請不申候得者、何事茂一切

不存候と申分致候へハ、御聞済シ有之候得共四五日も
隙取、入用銀百匁計と入相済罷帰り候、其外買請札之
（カ）
人々ハ相応ニ□料銀指上ヶ相済申候事なり、扨々此銀
（過カ）
札買請札ニ而も甚難儀ニ及候所、右札所九兵衛同事ニ
（沽）
半分我等方ニ取組候得者紺屋同然かうきやくニ及候所、
（却）
一切取□不申候得者、心ニ懸る山之葉もなし、長玄が
（組カ）（端）
一生之一大事、此義取組不申大悦と奉存候事、

三百八ばん

一明和九辰九月朔日、此方喜太松座入四歳ニ而目出度相
勤申候、超玄老後之祝、依而狂哥
　子年ゟ一老持し長玄でひ孫喜多松辰之とふにん
（当人）
依之目出度老松之□ニ有
　うれしきかなやいざさらば
　　此松影ぞ旅居して
　　　老をかさぬる辰のとし
　　神之つげをば待て見んく
依而猶目出度神踊ニ有よし

ミだ様名号悦ぶ人ハく
諸天前神皆諸共に夜昼常に
　まもりたまふく
　　ミだあんぶミだ
　南無阿ミだぶつ
　　サアくくササアサアく
　　　ササササく
　サアサく南無でじや
　　　打て置
　シヤンシヤン
　　　過シてセ
　　　く
　悦てさんさんく
　シヤンくノシヤンく

三百九ばん

一明和九辰ノ霜月中旬ニ年号替ル、安永元年与御触有之、
依之超玄か一生ニ年号替ル数々、超玄出生喜太郎与申

元禄九年ニ出生、元禄ハ十六年、宝永ハ八年、正徳五年、享保弐拾年、元文五年、寛保三年、延享四年、寛延三年、宝暦拾三年、明和九年、安永元年辰ノ霜月御触

依之目出度狂哥

安永元年と聞え心安永し

うき瀬を渡る舟水ぞよし

仍而目出度やうろう(養老)のうたひにある

水とふとゝ(滔々)して浪ゆふ〳〵(悠々)たり、

おさまる御世の君ハ船〳〵、神ハ水、水の船うかめ〳〵て神の君を、あをぐ御世ぞといくひさし、さもたきせじや〳〵、君にひかるゝ玉水の、上すむ時ハ下もにごらず、瀧津の水の返す〳〵(うき立浪の)もよき御世なれや、ばんぜい(万才)の道をかゐりなん〳〵

三百十ばん

一安永弐年巳ノ正月下旬ニ、南鐐銀出ル御触書廻ル、此形[菊桐紋]此金子小判壱両ニ八きれと引替とて、小判壱両六拾匁がへと候得者、南鐐金壱歩ニ七〆五分ニ通用いたし候割ニ而、御触有之候ニ付、下地之小判大下り弐三年以前ニハ日光御社参有之由御触ニ而、右の小判七拾四五匁迄上り候処、夫ゟ御社参御延引之御触ニ依而金子段々大下り、巳ノ正二月頃ニハ六拾匁四五分迄下り、金子持候者大損仕候事、銭ハ新銭出し而鎰銭多ク成候故、拾六匁弐三分迄下り候なり、米者地米五拾匁位、依之下々ハ遊福(裕)暮候事なり、但シくり綿ハ五〆八九百三百匁、木綿ハ十弐匁□ゟ十三匁位之相場なり、

三百十一ばん

一安永弐年巳ノ三月十日ニ、当村役人御改被給、御陣屋へ御召被遊候而被御仰付候ハ、庄屋新兵衛、同弥八郎、此両人ニ被仰付、村役人ハ十兵衛、孫七、金六、甚七、右四人年寄役、惣代之儀ハ村方相談之上弐人ツヽ壱年替りニ相勤申候様ニ村方ゟ相究候事、然ルニ当村庄屋之儀ハ昔ゟ不相続仕、当御殿様御先祖多賀両恵様ゟ御高弐千石余、慶長年号ゟ今ニ不相替、目出度御相続被

為成候御事、庄屋之儀ハ右慶長年号御殿様御世ニ成初候而ゟ、庄屋北林彦左衛門代々不相替相勤居申候、同二代目彦左衛門、同三代彦左衛門、同四代彦八郎、同五代後之彦八郎、其後庄屋相替り吉田助左衛門へ被仰付、此家六代相勤居申候、其後勘兵衛、其後小林彦七、其後吉田助七郎、其後又市良、与平次、九兵衛、此三人組ニ而相勤、其後ハ吉田助七郎へ相渡り、其次半兵衛被勤申候、此迄十弐代段々かうきやく(沽却)いたし候様成仕合(カ)候得者、当村庄屋之儀ハ相続無心元奉存候、別而近年御殿様御大借銀惣村方印形ヲ以引請候得者、旁以無心元奉存、新兵衛、弥八郎庄屋之儀、末々無心元奉存、近々御断申上奉候得共御承引無之、御陣屋御役人被為仰付候ハ、是迄之江戸御殿様被成方ニ而ハ、上下共取続難成儀尤奉存、今ゟ後者御家老今之川本半平殿、御用人安田郡(カ)大夫、吉川定之進、是ゟ諸事相改候間、無心元候儀ハ不仕候間、成程両人庄屋役御断申上候儀本々存候得共、外ニ存寄ﾘ無之、右之通庄屋年寄中共御請申、此後ハ上下共いヶ様共御相続相成り候様打込相談之上、相互ニ心を合相勤候へ者、無間違不相続も有間舗様ニ存候間、急度右之安田氏様吉川氏様ゟ右庄屋年寄御申付罷為成奉畏候御事也、依之毎月御賄金庄屋年寄より、村方高割ニ月賄銀割付出し候処、村方惣百姓御請申無相違月々ニ出シ申候、此返済当年貢次、無相違勘定被為仰付、惣百姓銘々無自由いたし候而皆々皆済仕候、依之来ル正月下旬ニ江戸御役人様方より右之御上免六ッ三歩七厘之御勘定ニ而皆済御証文御下シ被成、庄屋年寄惣代惣百姓共、安心仕候ハ是迄とハ違い、江戸表より惣皆済手形被為下候事、此上後々之御心得ニ奉存安気仕候御事や、

三百十二ばん

一安永二年巳ノ閏三月十五日より、於当村光専寺ニ幡(播)州亀山本徳寺様御宝物御披露有之候所、相応之御はんじやう(繁昌)ニて候得共、光専寺之徳用無数、造用旁及算用ニ候得者残徳方無之、扨々先年飯貝本善寺様之御宝物ハ

大はんじやう、此度ハ中はんじやうと候へハ、村方之諸入用迷惑と皆々申候事、最早此上ヶ様成大さわき致事此上ハ無用ニ致事可然様と、惣村方ニ申由相聞申候也、日数之儀ハ四月十五日迄三拾日ご開也、

三百十三ばん

一同四月十八日より超玄眼病段々おもり候ニ付、最早まふ(盲)目ニ相成候とぞんじ候而、今生の御暇乞とそんじ候而、おとわ連京参り仕、本願寺様興正寺様に御礼為致被下候御事難有候、超玄の一生之祝、嬉しさ此御事ニ候なり、下向之道末見へ分り候而無事ニ而下向仕候、然ル五月十一日ニ超玄両眼ともひしとつぶれ夫ゟまふ(盲)目ニ相成申候、扨々能キ時節を御暇之参詣仕、御他力より被為成被下候事と存、難有奉存候御事也、南無阿ミだぶつ〳〵、

三百十四ばん

一安永弐年酉ノ正月下旬、御地頭多賀左近様駿河御成御加番ニ御付被為成候、御役付之初ニ候得者惣百性御大慶旁御目出度存奉候御事、従江戸御内状罷越候由、当御陣屋ニ而村役人へ御知セ被為成候御事や、

三百十五ばん

一安永三年午ノ六月十九日之夜、大風雨ニ而大坂堺大津浪ニ而千人余も人損シ有之由、当国ニ而ハ不思議成事、然者高取御城之ゑんしやう(煙硝)蔵其夜四ッ時分ゟ右大風雨ニ而火玉来ル由ニ而、ゑんしやう蔵不残飛のき、柱、かべ、石、瓦等其跡に少も無之、何国へ飛のき候哉、又右ハ十人掛り位之大石迄虚空へ飛上リ御広間へ落候て今に有之候由、是ならでハ残りし者無之候、残リ之石、瓦、柱、かべ土等ハ何国へ飛のき候候(ママ)少も無之候而、末世之ふしぎヶ様成事ハ是迄承り不申候事、あまりふしぎゆへ一生記ニ書記し置申候御事なり、右飛のき時大かミなり之ごとく、当地ニ而もきびしく聞候事すざましき事也、

三百十六ばん

一安永三年午ノ九月ゟ、右御地頭多賀左近様、弥々御目

出度駿河御番ニ御付被為成候由、従江戸当陣屋江御申
被為遣候、上下共御目出度奉存候御事、依之惣百姓夫
代銀として被為仰附候、右夫代金三百両程被為仰付候
処、此度御大切之義ニ候へば惣百姓近々出情致し候而
も、下地ゟ困窮之百姓ニ御座候へ者、両村として漸々
ニ百両斗差上ヶ候事、此金当御年貢次ニ被為成下候、
右寅ノ年大日焼ニ御賄金差上ヶ置候分、是ゟ三年切ニ
御次被下候筈之処、六年切ニ被為仰付、百性方迷惑な
がら奉畏候、其外下地ゟ諸方御借金方、右之年賦ニ被
為仰付候御事、依之村役人彼是与難儀仕候御事なり、

三百十七ばん

一安永四年未ノ正月下旬ニ、前書有之候大坂伊勢屋道寿
殿名跡当村先清八殿一子平兵衛殿ゟ、右道寿殿先之多
賀豊後様御用銀村方惣百姓印形ニ(ヲカ)以差上ヶ被置候、元
銀凡四拾五〆目有之候処、此度元利共及算用、九拾〆
之余ニ相成、右証文を以テ惣村百姓相手取り願ニ被出
候所、下地ゟ段々困窮之百姓候へハ、致方なく庄屋年
寄百姓惣代、指当り難儀迷惑被及申候、然ル処いろ(カ)
〳〵致勘弁、右平兵衛殿へ段々詫いたし、右九拾目余
之銀高を拾三年賦ニ而、壱ヶ年ニ米三拾石つゝ相渡し
候筈之約速ニ而、十三年目ハ四拾石相渡し、都合四百
石之証文を以相済申候、右道寿殿ゟ恩借与ぞんじ、惣
百姓案心致し罷有候事也、

三百十八番

一安永四年未二月中旬ゟ、大(小)槐村清左衛門ゟ、先年村方
百姓印形を以て借用致申候而、御地頭様へ指上ヶ置候
内、組頭三拾六人庄屋年寄借リ請印形与、合五〆目余
之証文ニ(候脱カ)処、段々返済致、残候銀高壱〆目程之所、去
年ゟ三年切之御地頭様ゟ御渡し被成候筈之所、右御地
頭様御加番役ニ被為成候ニ付、金子も御引廻シ時節ニ
御座候へハ、右残壱〆目程三年切之所六年切ニ致呉候
様と、大槐村へ段々相侘(詫)申候へ共、一切清左衛門承知
不致候、然ル右村方三拾二人印形之証文ハ右五〆余之
内ニ而済方相片付、残リ壱〆目程之所ニ、右五〆目余

之証文を以右三拾六人を相手取り御番所様へ出訴致し申候、依之御番所様ゟ三拾六人御召之御差紙参り、御番所様へ当村ゟ印形人三拾六人罷出候而、段々及対決出入等有之、村方惣百姓迷惑致し申候、依之当御陳屋御役人吉川定之進様、甚以御腹立有之儀ハ、右壱〆目残銀を元銀相片付候内、組頭三拾六人を相手取、迷惑為致候事、清左衛門致方以之外無帯（躰）成儀、惣百姓へ難義為致、物入等多ク掛リ旁以勘忍難成との御事ニ而、此上ハ御上之御思案次第と被仰付、江戸表へ三月下旬ゟ罷下リ被成候御事ニ而、清左衛門方ハ其侭ニ而有之候、其後御番所様ゟ村方庄屋年寄御召出ニ而、右之残銀壱〆目斗之所、約束之通り三年切ニ相渡シ候様ニ被為仰付候処、村役人之儀候へハ奉畏、修得共未割合銀ハ壱分も相渡シ不申候事、五月上旬頃か（カ）へり候、然ル処、五月中旬吉川氏様江戸ゟ御登り被成候而、右之訳合有之候処、大槻ゟ茂さいそくも無之共□□而有之候所、七月下旬ニ大槻村ゟ又々きびしく申来リ、兼々御番所様へ出訴ニ致し候様ニ相見へ候処、物入ニ成リ候而ハ村方惣及難儀候ニ付、又々吉川様右之訳申候へ共、御聞入無之候へハ、惣百姓甚タ気毒ニ存候得者、右少之銀ニ大物入有之候而ハ、村方惣百姓迷惑ニ候ニ付、村方不残相談之上、清左衛門方へ銀子四百目余相渡し、先出訴無之様ニ相成リ、此銀子之義惣百姓印形ヲ以他借致シ候事、当暮ニ及吉川氏様相願候心得ニ而候事、

三百十九ばん

一安永四年未ノ四月中旬ゟ六月中旬迄、大長雨中ニ而、扨々麦作あしく成、綿作茂も（ママ）草はゑ続、百姓甚ダ迷惑致、依之世上共長雨中ニ而人々しつけ（湿気）請候而、痢病ニ腹かん（ママ）多ク病人あり、扨々無心元時節ニ候事、依之我（カ）等方兼而しつ（湿）はらいニふかんきん（ママ）、毎月気節替候時節用ひ候事、別而当四月ゟ右之雨中ニ候へハ、右之ふかんきん用意いたし、上分ハ不残、毎日〳〵用ひ候、此薬徳ニ仍大病人も無之候而悦び候事、依之不断養生ニふかんきん用ひ候事専一ニ候事なり、

一（番号なし、三百二十番カ安永四年）同年六月十六日、此方新兵衛京都行ニ付、玉水泊りニ参り、此夜俄ニかくらんおこり扨々難儀ニ及候、此時大福村年寄伊右衛門殿道（同カ）道ニテ参り候得者、伊右衛門段々ニ御世話致シ呉候、当地江急飛脚ニ被懸（カ）候ニ付、此時超玄殊之外驚、扨々案じ候事筆に尽されず候、然候此方ゟ医者中嶋玄意老、此方伊八駕篭之者、四人連ニ而迎ニ参り、十七ゟ七ツ（ママ）時ゟ出候而、明ル十八ゟ朝五ツ時ニ玉水へ着いたし候所、段々右伊右衛門殿御世話ニ而病気茂宜敷相成り、夫ゟ仕度致し十八ゟ（ママ）夜半之頃ニ此方へ戻り候、超玄此節之案じ事筆ニ尽されず、一生の内無之案事ニ而候所、右病人新兵衛殿ゟ段々心能候由、先キ戻リニ小八郎はしりかえり病気快気之儀、早々超玄へ申聞セ候処、一生之悦び此事ニ候なり、此嬉しさハ今にわすれ不申候、依之超玄存候ハ愚知之我々ニ候得者、仏之おしゑ無御座候ハヽ、仏法取はずし候而、地獄ニしずむ者ニ究（極）り候者ヲ、阿弥陀如来様御開山上人様御すゝめニ而極楽へ決上（ママ）参り候身と相成り候哉と御座候へハ、右病人之本腹ゟ極楽参り之悦び筆ニ尽されず候様存じ、悦び候筈之所、此御事ハ常ノ様ニぞんじ、もったい（勿体）なくぞんじ候御事や、南無阿ミたぶつ〳〵、

一（三百二十一番）安永四年六月廿四日、此方家来勢州間弓村ゟ壱年切ニ而相究下男置候所、此者農業ニ参り其外之家来日用も弐三人有之、七八人連ニ而曽我殿江みぞ土あげニ参り候所、暑気時分ニ御座候へハ、右之者共土橋村溜池へ手をすゝぎに参り候所、右之内勢州ゟ参り候善六と申者怪我ニ池ニはまり、彼是障故之内水死いたし候、此時中嶋玄意と申医者も右溜池へ参り候養進（ママ）ニ而、保養いたし候へ共右水死いたし候、直ニ此方へ連レ帰り、南都御番所様へ御断早速相済候得共、彼是隙入、廿九日ニ漸く死欺（骸カ）も相片付相済申候、尚又勢州間弓村親并当国檜前村ニ妹奉公いたし候而、早速此者来り、御番所様へも参り右の訳合を申上候所、御番所様早速相済、右廿九日之夜当村光専寺様御送り被下、相片付申候、

御経勤り品能相済申候、
一同年閏十二月二日之日、当村百姓御地頭様へ御願有之（三百二十二番）（安永四年）
候ニ付、南都最福院様へ御内分御願御相談申上候而、
当村百姓五六人、二日ゟ南都表最福院様へ参り申候、
夫ゟ八日立ニ江戸表へ罷下り申候、右江戸江下り申候
ハ清八、清右衛門、治兵衛、伊兵衛、新六、六兵衛、
此者共六人罷下り申候、此儀ハ三年以前ゟさつま村太（薩摩）
郎作ト申者、当村御陣屋江御出入申候ニ付、当村御陣
屋ニハ吉川定之進様御座被成、右太郎作宜敷かノ様取
斗りいたし申候、依之村方惣百姓之いたミニ相成候事
数多有之候、依之南都最勝院様を取込、江戸表へ御願
ニ罷下り申候、此儀ハ南都最勝院様ゟ御懇意ニ仰被下、
帯刀御借シ上下其上御紋のちようちん、ゑふ等御借シ（裃）
被下、首尾能罷下リ候処、江戸表ニ而御役人中之内壱
両人当御知行所御尋之儀有之候ニ付、百姓申上候ハ太
郎作吉川氏と馴合、色々工事致、御殿様御不自由被為
遊候事不相構、江戸ニ而近年又々御借金出来いたし、
御殿様御不自由被為成候所相聞へ、百姓共歎ヶ敷奉存
候、其上当村御陣屋ニ有之候往古ゟ之用水御堀を崩シ
テ御陣屋引直し、御家中など御普請致候様之義ニ而、
御殿様へ大物入為致、下地ゟ御大借之御地頭様猶百姓
方依之段々困窮仕難義及罷在候節、又々右之御普請出
来致候得者、大物入ニなり、領内御田地之用水茂無数
相成、下地ゟ御堀懸り天水場ニ而有之候処、右之御堀
段々崩り候得共、百姓方之迷惑不及申ニ、御地頭様御（れカ）
物成米茂無数相成り、是又歎敷奉存、右両人之心得次
第ニ為致候而ハ、上下共大難義ニ相なり候義不相構、
両人之身ニ付候様、上下之迷惑不相構候様相見候ニ付、
則昔ゟ御陣屋ニ有之候大木売払、其上高壱石ニ三升ま
し申し付候様成、百姓困窮致候義不相構、其身さへ能
候へハ、御殿様之御不自由ニ罷為成候事茂不相構候様
相見へ候義、江戸役人中へ申上候へハ御驚被成、扨々
左様成事とハ不存候と被仰、依之右太郎作義当村へ之
出入堅ク御留メ被成、是迄へ之工事以テの外成御腹立

ニ而、当村方ニ内々ニ而申合せ之もの壱人にても有之候ハヽ、急度曲事可申付候、御用状ニ申来候、依之右定之進殿申訳茂無之、段々不首尾ニ相成り、御殿様ゟ申来候ハヽ、右定之進義御陳屋を欠落夜ぬけ等不相斗候間、村方百姓ゟ昼夜共当村、大福村ゟ八人ツヽ、番ニ付候様、急度被為仰付相勤申候、頃ハ申ノ二月中旬ゟ三月上旬迄、右之番村方ゟ相勤申候、右定之進殿江戸ゟ御暇申来候、依之両村庄屋年寄被為、仰付御申越被為成候ハヽ、御陳屋付之諸道具敷物等迄下地ゟ御陳付之ものハ両村役人請取、下地之通受取申候而、御陳屋ニ百姓両人ツヽ、此番昼夜付置候事、然ルニ右定之進義ハ右三百壱ばん之所ニ委細有之候、能キ御役人衆と申百姓方茂悦び申処、扨々新渡リ役人衆と申事ハ其時承り候とハ相違致、段々不埒成事出来有之候而、上下共なんぎ迷惑之事出来いたし候ニ付、右定之進之義当御陳屋へ早々払出シ候様ニ百姓方へ被為仰付、四月上旬ニ当地出立、扨々此定之進義江戸ゟ当御陳屋江郡代役として被来候節ハ阿わせ（袷）一重と羽織大小斗ニ而被参候所、当地被出候節ハ面堂村々茶屋売女ヲ妻として、是ニ女子壱人出生、親子三人共其外駄荷諸道具共三駄有之、此義も御殿様御物入之内ついゑと相成候、右定之進儀妻子共身をくるめ、当御陳屋出立被致候、然ルニ早速片付方茂なく南都へ引越浪人被致、夫ゟ不仕合ニ而、右荷物之品々売払、妻子共別れ之由ニ而、定之進ハ初瀬之町家に奉公ニ有付候由承候、依之両村惣百姓申候者、先斗庄田七兵衛様当御陳屋御代官所迄ハ上下共堅固ニ相納候所、其後ゟ江戸新役人中之内入替り郡代之衆と申色々之役人入替り〱被来候而、依之御殿様夥敷御ついゑ有之候由ニ而、両村惣百姓申候者、当村御陳屋ニ御留主居之事ハ御兼役之砌ニ候へハ、今四五年茂何れなりともかろき下役人壱人御下シ被下候様ニ百姓願之事、江戸表ニ而御殿様御聞届被為成下候由ニ御座候、然ル所同年申五月中旬ニ新役人通り名ニ而御家老川元半平様郡代役ニ小林十内様御両人、江

戸ゟ五月中旬ニ御登り被成候而、両村惣百姓へ被為仰付者、此度我々両人罷登候義、近年江戸新御借金四百両余出来致し、金主方ゟ段々詰催促致、江戸表殊之外詰りニ而致方なく、依之右四百両之新借金、両村百性之借請之印形を以相片付候様と御願被成候義、百姓中扨々驚入候、左様之事ハ江戸表ニ而一切無御座候様ニ承リ候所、今新役人様方御被成方宜敷御取斗被成被下候由承り、悦び罷有候所、以テ之外成不時金、今以百姓致方なく御断申上候へハ、村方如何様ニ致し而なり共、右借金惣百姓之借請として銀主方相片付候様と願入候との御事、是悲(非)〳〵たのミ入候と御申被成候、依之両村惣百姓申候者、下地ゟ御殿様御借金、惣百姓印形ヲ以所々方々ニ借請有之難儀ニ仕候所、其上京都御名目銀惣百姓之印形ニ而借リ上候へハ、旁以此後少々之金子□□と致方無之候得者、此度之御借金御免被下候様、段々御願申候得共、是悲ニたのミ候と御申付、此御断之義、五月ゟ霜月迄御役人中と百姓方と詰開(ママ)き致候所、漸々致方なく右之金子之内弐百両百姓方之借請となり、此金子之義ハ今年ゟ三年之間ニ御殿様御助成米ヲ以、下地之御借金之利金京都名目銀と、此弐百両之金共、是ゟ三年之間ニ御年貢銀ヲ以、御済被下候筈と双方取為替証文相片付候而、右両人御役人、極月中旬ゟ江戸表江御下り被成候而相片付候事也、

一右同年(三百二十三番)申(安永四年)ノ正月五日之夜、今井そがや喜右衛門方ニ不存寄さうどう之義致出来驚入候、此義ハ喜右衛門一子茂無之候ニ付、前書ニ書印し有之候通りニ、当村新賀屋喜三良二男喜兵衛義養子ニ貰候而、此喜兵衛儀段々致出世、伊賀表へ反物商搏(ママ)致し、家内ハ油商売ニ而取廻り宜敷、養父喜右衛門義大悦ニ有之候所、三年以前午ノ年春之頃ゟ病気出、気之毒ニ存方々医者衆相たのミ、色々と介抱致し候所、病人喜兵衛義同申ノ八月に段々病気重り、同十八日ニ相果申候、依之喜右衛門家内一家共十方(途)ニ暮罷有候、右喜兵衛ニ一子茂無之、とやかくとやかましく折節ニ候処、右新賀屋喜三良末子

権七、跡かた持ニ致し候と達而申候ニ付、時分柄之義候へハ兎や角と申隙入候而ハ気之毒ニ存候ニ付、新兵衛挨拶ニ而、先々此場ハ葬礼相片付が可然と存、権七望にまかせ跡かた致させ、相かた付申候、夫ゟ右権七名跡相続致候様ニ相見江申候処、養父喜右衛門心ニ不叶候へ者宗旨帳面ニ茂入不申、権七義ハ曾我村親元宗旨帳之通りニ有之候、然共喜右衛門存候ハ、右権七喜兵衛跡商売正徒ニ致、相続ト而家内之事大切ニ相守り候様ニ相成り候ハヽ、権七義如何様ニ茂相談致候と存、見合罷有、先五六ヶ月之間雇人ニ致、右権七心行見届罷有候所、極月晦日夜迄之事也、然ルニ明申ノ(安永五年)正月五日之夜右喜兵衛後家ハ塩屋五郎八殿へ初御寄ニ参り、喜右衛門ハ道行中ニ初寄勤り候而参り申候、留守居ハおゆき壱人ニ而有之候処、昼時分ゟ其心得有之候や、曾我村新賀屋家来共、権七内蔵ゟ長持ニ銀八〆五百目入、又金六拾五両ハ権七致懐中、右銀子入之長持庭迄かき落シ、曾我村男共江為荷ナ、権七茂付添ィ出候と致候処、不思義ニ喜右衛門道行中ゟ寄参之下向致、驚入、早速長持をおさへ、右之銀子中ニ有、此時喜右衛門申候ハ、是ハ如何成事ぞと相尋候へ者、男共二人ハ捨置、曾我村走り帰り候、権七義ハ六拾五両之金子懐中致、曾我村へ帰リ申候、右八〆五百目の銀子喜右衛門方ニ納置、依之喜右衛門(長玄)、新兵衛方へ早速参り右之件申聞候処、新兵衛殊之外驚キ、ヶ様成事ハ音(隠)密ニ致、権七持帰り候六拾五両之金子取戻シ候へ者、音密ニ而相片付、世間うつくしく相済候様ニ致度候由ニ而、新兵衛、喜右衛門(同)道行ニ而、右之金子喜三良方へ請取ニ参候所、其時権七兄八木や清兵衛、喜三良両人申候者、権七持帰リ金子相戻シ候間、其元ゟ請取一札喜右衛門、喜兵衛跡式不残権七へ相譲り候と、一札被致候ハヽ、相戻シ候と申ニ付、喜右衛門、新兵衛殊之外立腹ニ而、此方之金子を取戻しニ参リ候ニ何之申分無之候を、ヶ様ニ申候へ者内々ニ而ハ相済不申候得者、此上ハ公訴ニ茂相成りしやと腹立致し、其上者思案茂有之候と其

夜両人共立帰り申候、夫ゟ二ヶ月程之間喜右衛門方及思案ニ罷有候茂、右喜右衛門了管付候義ハ、我等惣領始おいそが夫養子喜兵衛ニ候得者、此夫婦ながら一子も無之相果候へ者、右之権七無体成事無之、此方へ侘入、金子茂相戻シ候ハヽ、喜兵衛片身として、此方之心ニまかせ、金子ニ而茂可差遣シ申と存候処、以之外新賀屋方ニハ大たくミニ而茂そがや喜右衛門跡式不残請取候様之所存と相見候由、就夫南都御番所様御役人中江内証塩屋茂八殿を以申入置候、此時御番所御殿様小菅(カ)備前守様諸役人様方、殊之外六ヶ敷候、其後三月廿九日ゟ南都御番所様へ出訴ニ付、町役人中并ニ塩屋茂八殿付添、其外役人中入代り、路用殊之外物入、それゆへ塩屋茂八殿初役人中共段々取嗳給リ候得共、相済不申候ニ付、南都ゟ茂八殿、曽我村新兵衛呼ニ被遣候て、嗳之相談有之候、依之御番所様へ願事ニ、右正月五日之夜之義、委細申上候へ者、曽我新賀屋方ハいヶ様ニなり行候や、未此方ハ養子喜兵衛所縁と存候故、笑止千万ニ存差扣へ罷有候所、付上リ之致し様なる事ニ而相済不申候ニ付、新兵衛南都宿迄四月中旬ニ参候、それより段々双方挨拶ニ而、今井方役人中当村役人中と、新兵衛、茂八共相談之上、兎角相済シ候か可然と申ニ付、五月上旬ニ相済申候、此済口之義ハ右権七持帰り候六拾五両之金子ハ、喜右衛門方へ取戻し、養子喜兵衛形身として銀子五〆匁喜右衛門方より新賀屋江相渡し申候事相済申候、依之新賀屋ゟ喜右衛門方へ済証文請取置申候、此文言ハ右五〆匁之銀子請取候上ハ、喜右衛門殿跡式ニ付、少茂申分無之、猶又相続へ之義、何方ゟ御入被成候共、其之心まかセニ可被成候、其時一言申分無御座候、

右之趣ニ而御番所様へも済証文差上申候、然ル所喜右衛門諸式(跡)之(ママ)茂相改店落し致候所、家屋敷曽我領田地等迄茂所持之通ニ有之、勘定之義ハ東方伊州表迄年々残リ掛(ママ)弐拾〆匁程有、内(ママ)商残り掛弐〆匁程有之、借金もは一銭茂無之、当時慥成有物、油種粕、木綿類、

飯米等迄店落し帳之通〆上候所、代銀合拾壱〆匁程有之候而、先ハ一家中安心致候事、依之曽我屋喜右衛門名跡相続之義、和(カ)介悴子幸次郎、南都ニ居申候所、右幸次郎呼戻し、此方新兵衛弟分ニ致曽我屋喜右衛門名跡相続為致悦之事、此後之義ハいヶ様共幸次郎出情次第ニ而、家内之義ハ上分(カ)ニ喜右衛門、おゆき、おふさ後家(カ)と幸次郎と四人之小世帯ニ而候へハ、幸次郎出情次第ニ而妻子を求家名相続致、身体(代)茂宜敷相成候様と一家中茂願たのしみ罷有候事成、

一(三百二十四番)安永五年中五月上旬、江戸御地頭様ゟ御家老後ノ川元半平様、御用人小林十内様、御両人御登り被成候而、両村庄屋年寄組頭迄御呼付被成候而被仰付候ハ、近年御地頭左近様一家中共ハ、別而四年以前ゟ金子御手詰りニ付、此方両人下役人共取しまり罷有候所、下地京都名目金、其外村方御用金等御知行ニ不能処ニ、又々新借金四百両程、江戸ニ而致出来、最早被成方茂無之候ニ付、右四百両之金子江戸銀主方へ御渡シ不申候てハ、御地頭様始メ一家中共致方なく及難儀ニ候、依之此川元、小林両人罷登り候ハ、右四百両之金子両村高割ニ而、先納銀五年之間ニ返済致シ候間、右四百両之金子両村惣百姓江受合候様と御申付有之候ニ付、惣百姓驚入候、別而両村之義ハ京都ニ莫太(大)之名目銀印形と申、村方ニ而ハ借り上銀銘々御用金等差上置候へハ一向致方無之、御返答之申上様無御座候、右之訳両村庄屋年寄ゟ江戸御役人御両人様へ近々と御断申上候へ共御聞入なく、難儀千万ニ存候、依之村方惣百姓申候者、五年以前御殿様御役付被為成候ニ付、御地頭様御役人中御壱所之取しまり御ていねいニ被為成候て、御殿様ニ茂御機嫌宜敷御役筋御勤被為成、御一家中共万事御都合よく御座被為成候由、両村惣百姓正悦此事候所、此度四百両之不時金百姓方へ被為仰付候義百姓承り、右御取しまりと者(カ)致相違驚(ママ)、為之段々御理(コトワリ)申上候得共、御聞入なく候ニ付、近年百姓方ゟ御月賄金御役金其外、年々御仕舞金迄近年御定被為仰付候通無相違御上納、

百姓ゟ村方銀(借カ)り主相頼候て差上申候、依之御断申上候ニ付、右不時金四百両之義御払方口々色(カ)書御書付被成候而、御見セ被下々へハ、無是悲候ニ付御事ニ候ハヽ、少々つゝなりとも、惣百姓ゟ銀主相たのミ候て差上候間、右払方書付惣百姓江御見セ被下候様と、両村庄屋年寄ヲ以段々御願申候処、右御役人御両人ゟ御返答無之、御書付茂御下シ無之、此義如何有之候哉、兎角右四百両之金子請合候様ニと巳後二ヶ月計茂其儘ニ有之候、然ル所ニ江戸御地頭様ゟ両人之御役人中江極月差入迄、急々罷下り候様ニ段々御用状ニ被為仰下候由ニ而、右四百両之金子被成方なく候ニ付、川元、小林御両人両村役人江被仰付候ハ、此方共急々罷下り候得者右四百両之金子出来不申候ハヽ、弐百両なりとも請合たのミ候、此返済之義ハ今年(安永五年)ゟ戌ノ暮迄三年の間ニ、御年貢次(継)ニ相済候様ニ御申付被成候、依之両村方へ申聞候得者御年貢次ニ候へハ、両村庄屋年寄組頭印形を以銀主相たのミ被下、惣村借り上ニ被成御片付被下候様ニ皆々申ニ付、依之相片付、御役人両人之衆、極月六日立に御下り被成候、如何有之候哉、其後御家老川元半平様義ハ払(押)込隠居被為仰付候由、

一安永(三百二十五番)五年申八月中旬頃ニ、江戸御地頭多賀大和守様払(押)込隠居ニ被成御座候処御病死被成候而、両村百姓五十日之鳴物停止致候、此御殿様之儀ハ御身持気儘ニて、前書ニ有之候通、大借金惣百姓之印形ニ而借り上為致、百姓方跡ながく迷惑仕候、然ル所ニ御若殿様ハ大殿様とハ替り随分下々御憐ミふかく御にうわ(柔和)ニ而、何事茂百姓と御相談之上万事御取しまり被下候、村方庄屋年寄ヲ始、組頭小百姓迄御地頭多賀左近様之儀正悦仕罷有候へ共、下地村方御用人は御借金筋ニ而困窮村ニ候へ共、随分百姓野作致出情、御地頭様之御為と存候得者、惣百姓茂致相続安心致し、依之曽我村、大福村之儀ハむかし平の清盛公と小松殿との様成事ニ而、今の若殿様せい人なる御殿様と申、世間ゟほめうやまい候事也、

一（三百二十六番）安永五年申ノ七月、南都御奉行様小菅備前守様御替り之由ニ而、江戸へ御下り被成候、それより御跡役御奉行菅沼和泉守様当明ル（ママ）酉ノ（安永六年）二月上旬南都へ御登着（到）被遊候、右之小菅備前守様御捌之間迄、けんとく富寺社方之終覆（修）料として名目付之大富有之、願人ゟ運上差上大和国中所々ニ有之しやうぶ（勝負）心有之候人々、其身上仕舞なる人多ク有之、勝取宜敷ものは無数、国中騒敷衰貧ニ相成り候様と見へ候処、猶博益（奕）等はいくわい（徘徊）致騒敷有之候ニ付、在々所々ニ南都へ致内通候者ヲさると申、依之御番所様御吟味ニ付御召出し被為成候ニ付、折々ハ数多之人数被為御召出、宿々茂不自由ニ相成り、日数重り候事、南都宿屋ハ銭もふけニ而悦び、其外掛り合之役人中迄茂御勝手ニ相成り候由、被召出候人々迷惑致し、此節諸事出入ヶ間敷事出来候而ハ、物入多ク諸人之難義ニ相成り候事、

一（三百二十七番）安永六年酉ノ二月上旬ニ、南都御番所御奉行様菅沼和泉守様御登着（到）被為成候而ゟ御捌方各別宜敷、国中安譲（定）ニ相納り、諸人莫太之御厚忍（恩）と正悦仕候、指当り前事ニ有之候けんとく富名目付之富、博益（奕）等堅ク御停止被為成、其外紛ハ敷事共御取上被成、国中しづかニなり、諸人恐悦ニ奉存候、依之乍恐此度御殿様をほめ言之狂歌数しれず悦び候事、それニ付前々之御奉行様最初ニ此度之御奉行様之通悦候へ共、後ニ至まるく御成候哉と諸人気之毒ニ存候事、此度之御殿様之義いつ迄もながく御勤被下度候様ニ諸人存候、依之狂歌ニ、御家之御紋四角ニ而まろくなせどもならざるをすわりよろしく御殿様、とほめ悦候御事や、

一（三百二十八番）安永六年大日照之事、当村大川江四月中旬ゟ八月廿二日迄流水一向無之、依之五月田植之事水無数候ニ付、五月十日ゟ村中惣川ばりニ毎日出候而作方しゆうり（修理）ニ難義致候、五月十六日中ゟ段々照りかわき方ニかゐど不残明ヶ、昼夜共村中水かへニ掛リ、五月廿六日之はんげしやう（半夏生）迄百姓我一ニ水かへ致出情、漸々領内七八分程植付申候、それより所々ニ井戸をほり、昼夜共か

へとハ不及申ニかへ出シ申候、及難義ニ候而、漸々六月二日迄領内不残致出情、植付申候、先ハ悦候事、依之右之通百姓致出情候事も、近年御殿様ゟ御定免難有被為仰付被下候ニ付、領中百姓申合御田地上中下を見分ヶ、壱反ニ何程ツヽより御殿様へ斗前入申候と、元日ゟ(ママ)元日迄心たのしみに成ル田地ニ相成リ、それと申茂御水帳ニ下地ゟ田地高下積徳御座候処、下地ゟ中地以下之田地持無免ニ致、此御免米畝高田地ニ而引下ヶ、御領内之田地高下無之、以前ハ捨払ノ様なる田地一切無之候様ニ相成リ悦、下地ゟ畝高持之百姓我一ニ致出情候様ニ相成リ、又下地ゟ畝(ママ)安持之百姓方ハ右御定免被下候を、右之畝高持江余内ニ遣候ニ付、領中御田地持(ママ)積徳無之候様ニ相成リ、惣百姓茂相続致候ニ付、右畝安持迄安心致候事也、然ルニ右田作植付ハ不残仕舞候得とも、右之日照り相つゞき、扨々難儀仕候、植付置候田迄何とぞ作方宜敷様ニと存、水かへ人足と申ハ各別物入ニ而、日雇茂高下飯米酒等茂入、太儀なるものに候へ共、右之平シ御田地故、御殿様ゟ御定免と申、銘々身分之ためと存惣百姓内証あらし銘々女在(如才)なく致出情候、然共此度之長日照ハ八月廿一日迄雨不降候処、それ迄ニ領内御田地ニ所々井戸をほり、水わき候井戸ニ而ハ田作ひで(秀カ)申候、水わかざる所ニ而ハひで不申候、依之我等清水所持之井戸百日斗昼夜かへ候得共、不相替わき出申悦候事也、此井戸ニよつて田作四五十茂ひで悦候事也、

(三百二十九番)
一安永六酉年之事、右四五年以前ゟ浄土宗門と浄土真宗と大もめ合有之候由、此義ハ日本国中村々宗旨帳面ニ浄土真宗と申を書候を、浄土流ゟ浄土新宗、新之字をあたらししんと書上候様ニとの(ママ)之由、下々ニ而噂有之、気之毒ニ存候事、依之真宗御本山様方御意被成候ハ、祖師御開山様ニハ御師匠法然上人様ゟ浄土真宗旨と御譲り被成候所、尚又時之御帝様亀山之院様ゟ御ちよく(勅)ぐわん(願)ニ而、浄土真宗と御ちよくくわん被為成候由ニ而、浄土真宗旨をあたらししんと替ル事不成候由、

堅ク被為仰上候ニ付、大もめニ相成り、浄土宗ハ(増上)僧浄寺方堅ク、真宗方ハ京都御本願寺方堅ク、両御本山様方立合ニ而歎ヶ敷奉存候御事、依之当国ハ此御事しづかに候得共、西国ハ東本願寺様付之法中衆数千人茂かたまり申上候ハ、右宗門之儀ニ付如何様成ル御用候共奉畏候と申上候由ニ而、騒敷御座候、当国方ハ宗旨帳面ニ如何様被為仰出候共違背不仕候之由ニ而、銘々申候者阿弥陀如来様ゟ他力之信心被下候ヘ者、御公儀被上リ宗旨帳面いヶ様ニ書付上候と被為仰下候共、他力之方ゟ悦候ヘ者、浄土真宗と奥念相心得候ヘハ、難有奉存候と申候人茂有之候御事、依之真宗之御繁昌上下共御太切ニ奉悦候御事、益真宗御はんじやうと難有奉存候、依之右之御事七月下旬ニ承り、其以後大立合之御義ニ候ヘハ、如何様ニ相済候共不奉存候御事也、

一(三百三十番)安永六年酉七月廿一日ゟ、江戸御地頭様ゟ近年両村庄屋年寄御対談被成度候由、此度御召ニよつて此方庄屋新兵衛年寄全六、大福村庄屋伊右衛門供二人、両村ニ而罷下り候、此時節右大日照ニ而五月中旬ゟ照強ク、七月廿一日頃ニハ残暑者甚強ク、江戸ヘ出立之儀難儀ニ存候得共、御殿様御召被為成候義故、無是(非)悲罷下り候、八月二日ニ江戸無事着致し、依之御殿様八月四日ニ両村役人三人江御目見ヘ被為仰付、其上両村之義御尋被為成候上ニ而、江戸御役人小林十内様、田代清左衛門様此両人御前江御呼出シ被成、百姓庄屋年寄右三人と御対談ニ而、江戸御屋舗御住あらしニ而、御殿様御家中共皆々殊之外成困窮ニ而迷惑被致候由、御慈悲深き御殿様に(候脱カ)得者、甚気之毒ニ被為思召候義、右江戸役人両人と両村庄屋年寄三人と此上逗留之内、いヶ様共相続相成候様致世話呉候と、乍恐深キ御願有之候ニ付、御殿様ゟ直々御意ニ候得者奉畏候御事ニ御座候、依之御家老半平殿、去年当村御陣屋江御登セ被成候、御家老之義ニ候得者、御殿様御意ヲ以惣百姓江御たのみ被成候ハ、二三年以前ゟ江戸御屋舗ニ御借金四百両程致出来、此義無拠御借金ニ候得者、相片付候ハでハ

御屋舗甚御難義ニ候間、両村百姓として高割ニ、又此
度御用金四百両御用立候様御申付被成候、依之両村百
姓驚入候義ハ、右御家老川元氏万事取斗宜敷役人之様
ニ及聞悦罷有候処、以之外致相違候、御たのミ之義別
事ニ有之候通、御殿様御借金之義ニ付、惣百姓印形ヲ
以借り候口之多ク候得者、只今以難義仕候間、此度之
御用金御請合申候事堅ク相成不申候様御返答申上候処、
川元氏色々と被相頼候ニ付、無是非弐百両請合申候、
此金子困窮之百姓ニ候得者、銘々質物出、色々と借用
致相調、川元氏江相渡し候処、去年極月六日立ニ右之
金子入手被致、江戸表江被罷帰候、依之両村百姓江申
候ハ御殿様御安心之御事と存候処、以之外成川元氏不
届成不忠者ニ而、右弐百両之金子茂江戸御屋舗ニ而い
ヶ様ニ被致候哉勘定相立不申、不埒千万成義、依之御
殿様駿河御嘉(加)番之時、御神妙ニ御勤被成御金子御延し
被成候、其外御約束御達(建カ)道具等迄色々御拵被成、御嘉
番目出度御勤被為成候而、右之品々江戸御屋敷江御持

帰り被成候、川元之取斗ニ而右之金子茂達(建カ)道具御乗物
等迄茂売払、川元氏悪生ニ仕舞候哉、行方相知れ不申
候而殊之外成御殿様御腹立ニ思召、殊之外成御勘難被
為成、御登城之節御乗物無之候故、麁末之御乗物借用
被成貧敷御登城被成候処、以之外之御腹立御尤ニ成義
ニ御座候、依之御殿様川元氏を御手討ニ共思召候由
ニ而候得共、御慈悲深キ御殿様故押込隠居乍申、川元
氏悲(非)人小屋同前ニ暮し罷有候、右之通之不埒成川元故、
親殿大和守様ゟ一家中之取〆リ引請候壱人之川元氏ニ
候而何事茂引請候処、以之外成不埒不届者ニ而、御殿
左近様御腹立之段御手討ニ茂被成度候由ニ候得共、御
慈悲深キ殿様ニ候得者其侭ニ而御免置被成候、依之一
家中役人中ハ思ひ〳〵の了管ヲ以銘々身仕廻斗被致候
由ニ而、それニ付町方ゟ諸商人信ヲ以致出入人壱人茂
無之由ニ而、御屋舗之困窮一日暮しニ而、諸色現銀買
ニ被成、菜葉壱枚ニても此御屋敷江売掛致候者一切無
之候由ニ而、御殿様御一家方其外御役人御付合方、御

外聞面目なく思召候、御殿左近様御若年ニ候へハ乍恐御労敷奉存、此義筆ニ不被尽候御事、依之御殿左近様両村役人御召被成、此方庄屋新兵衛、年寄金六、大福村庄屋伊右衛門此三人江御相談之儀ニ付被仰候ハ、其方共此度呼下シ候儀ハ、右之通成川元半平不埒故、其外役人共迄此一家中大切ニ存候者壱人茂無之故、右之通成不詰り千万成処、其方三人ヲ始メ惣百姓ならでハ此身大切ニ存候者無之候様ニ存候ニ付、此度其方三人呼下シ候儀、暑気甚敷長日照之節と申候得共、此方大切ニ存候へハさ（カ）そ苦労之処、態々罷下り呉々茂致満足大悦ニ存候との厚キ御意被為下、三人ハ身余リ難有奉存候御事、就更御殿左近様御意御尋被成候ハ、大殿大和様御家徳（督）弐千石此方江五（四）年以前ニ御譲り被成候節ハ、百姓世話致候借金高何程有之候哉と御尋有之候処、銘々共ハヶ様御座候哉委細存不申候、此儀ハ古キ帳面持参不仕候へハ委細相知れ不申候と申上候へハ、御殿様被仰候ハ其義尤ニ候得者、其方共荒方聞伝候儀有之候ハヽ、荒方為申聞呉候被仰候、此義ハいヶ様と致方茂無御座候得共、親殿様御借ニ付、惣百姓方其外之人々及難儀ニ候事及聞候得者、荒方聞置候斗ニ而有之候との御意、御憐愍難有奉存候、依之右三人之村役人申候者、及承候儀荒方乍恐言上仕候、先百姓毎年勘定帳尻ニ、銀三拾八貫目程曽我村百姓分ゟ上ヶ越先納有之由、是ハ惣高割銀也、又弐貫目程曽我村十人斗りゟ銘々名寄ニ而自分御用銀上有之候由、又拾四貫目余御役人証文ニ而、五口合度々ニ新兵衛ゟ上候儀有之、又五貫目程九兵衛自分上有之候由、又大福村之上越先納之義、帳面無之候得者相知れ不申ト、又大福村人々ゟ自分上之証文銀、如何程共相知不申候、右口々之儀者百姓方ゟ銘々肥シ銀出シ候茂有之、衣類諸道具等田地等迄質物ニ差入置候義も有之、右之義ニ付今に迷惑仕候義ニ御座候、扨々又曽我大福両村惣百姓之印形ニ而借上候義承候義ハ、凡先京都ニおいて金八九百両（此請取証文御家老川元半兵様印形、曽我村庄屋ニ有、先之）程、井口会所銀、是ハ三拾年賦ニ相成候、今ニ時々割

此請取証文御家老先之川元半平様印形曽我村庄屋ニ有
渡シ仕候、又其外名目会所と口々証文致渡置候御借金
弐千両程と承及候、扨又銀四拾貫目余程大坂伊勢屋平
兵衛江印形証文借り上、又三貫目余程大坂亀屋孫兵衛是ハ
江田地証文ヲ以借リ上、又壱匁程大坂橘屋新六ゟ是ハ
曽我村分印形也、安永五年迄ニ年賦ニ而済
曽我村分印形ニ而借り上、又壱貫弐三百匁程大坂（墨
消塗抹上字）伏見町家名失念大福村出生之仁と及聞候、
是ハ両村印形ニ而借リ上、今井新堂屋忠五郎ニ三貫目
余当村ゟ印形ニ而借リ上、此口近年年賦ニなり、又九
貫目程小槻村清左衛門ゟ当村分借り上、安永五年迄年
賦ニ而済ス、扨又金四百両程証文金、両村借り上、江
戸近江屋忠兵衛ゟ、又金弐百両余程江戸谷口三郎次郎
ゟ両村借り上、右之口々(カ)及承候ハ大殿様御代之節御家
老先之川元半平様指図ヲ以印形有、凡銀高合三百三拾
貫目程、外ニ大福村自分上右之通及聞候と奉言上候、
扨々又当御殿左近様御代ニ諸事御改被成候而御兼(倹)約被
成候、安永二巳年ゟ年中江戸御賄金外ニ、御仕送リ致
候人無之候ニ付、両村百姓江江戸御仕送リ被為仰付候、
是ゟ事相定り候ニ付、無是悲御請合申候、依之右口々
之御借金、其外江戸表ニ口々御借金有之由ニ而、いヶ
様被成方茂無之、御手詰り被為成候御若殿左近様御代
御相続之所、被成方無之御難義と被為思召候儀ハ、右
大殿大和守様ヲ始諸役人旁、跡かまわず之取斗致候ニ
付、此度御殿左近様御難義ニ被為思召候義、乍恐御尤
成義と奉存候、依之御殿左近様、両村百姓被為仰付候
ハ、三四年以前ゟ両村定免地ニ被成、御高弐千石之内
定免御引ヶ候而、年々ニ壱年分ニ江戸へ御引取被成候
金高、年ニ四百三拾両ならでハ堅ク取不申との御意御
定、此内にて月賄金月々弐拾弐両ツヽ之御定、又御役
金又御給金方、又盆前御払方、又極月御払方等合、右
之四百三拾両ニ而右定之通両村物成米代銀之内ニ而、
右四百三拾両を引取、此余銀ニ而右口々之借金大殿大
和守様ゟ伝リ置候御借金ニ候得者、百姓方世話気之毒
ニ候得共、右余銀ヲ以いヶ様共片付出来候様、今七八
年之間ニ相片付候様被存候間、百姓方へ頼入申との御

殿左近様ゟ厚キ御頼被為成候儀、乍恐御尤成御義と奉存候事筆ニ不被尽候、依之此度私共罷下り候義ニ付、御殿様ゟ右之品々御咄シ被為成、御直之御意御たのミ有之候ニ付、帰国之上ニ而惣百姓ニ茂申聞候様ニとの御意奉農(畏)候、依之銘々帰国之上惣百姓江申達候処、惣百姓茂御殿様ゟ百姓御労り之儀御慈悲厚、惣百姓難有奉存候御事、依之銘々とも帰国之上村方江申聞候ハ、御地頭様ニ茂時節故御勘難御屋舗御兼(検)約被成候得者、猶惣百姓方以前とハちがい、何によらず兼(検)約第一之事ニ候、猶濃(農)作女在(如才)無之候処ニ候得共、御殿様御大切之御田地ニ候得者、猶此上作物宜敷出来候様ニ情出シ可然存候、依之両村庄屋年寄悦候ハ、六七年以前迄当村作方ハ不同有之候て、近在之御百姓方之外聞悪敷存候所、此一二年曽我村惣百姓致出情候や、猶又家内之兼(検)約旁以兎角作方大切ニ情出之候や、近在ゟ茂ほめ候事なり、依之両村百姓当時庄屋年寄始大慶ニ奉存候御事、依之去酉ノ暮曽我村ニをいて、村高掛リ無数出作共掛リ無数悦申候、依之庄屋村方買物ばらい極月廿日頃迄ニ相仕舞、村方百姓通勘定、惣百姓ゟ御殿様江八石程不納米、三四人ゟ致候、先年ハ村方大未進ニ付、勧進芝居致候ても、少茂徳用無之、其時之村役人甚気之毒ニ存候事也、就更此度御殿左近様御代ニ相成り候ニ付、難有茂上下共ニ御相続之思召立、惣百姓難有奉存、村方無難ニ納(カ)り、御殿様御悦之上、此度両村庄屋年寄御召下し被為成、右村役人帰国之節御直筆御録(詠)哥を曽我之川原にますげ(眞菅)よしと御録(認カ)め有之候御録(詠)哥頂戴仕難有、古哥之御意頂戴仕罷帰り候、乍恐銘々共悦ミあまり狂哥

大和地や曽我之川原に増毛よし
　かミすむれハ下茂にごらぬ
千秋万歳楽

一同年(三百三十一番)三月七日ニ、今井順明寺様ニ而堺御若僧寺号失念、此御若僧御法談ニ現世利益御和散(讃)之御理り御□□被下候ニ付、なむあミた仏ヲとのふれば、此世の利益きわ

もなし(ママ)とのミことのり、世上之人々沢山ニ調(聴)聞致候事、信心悦人無数有之候ニ付、とかく世上之人々右念仏となへ候へハ、其時其儘利益被下候様ニ相心得候と、あさましくぼんぶ(凡夫)にて有之候故、往生決定ノ後、成仏致候得者、何事茂心ニかなひ候得共、早そくりやく(利益)見へず候事ハありがたく候とよろこび茂出来不申候やうなるぼんぶ人にて御座候、しかし人々ざいがう(罪業)ニよって御りやくの儀早速あらわれ候、その人往生之後ニあらわれ候と、とうきとちかきとニあらわれ候事ハ、人々先セう(生)のうけ置くざいがうのあらはれニよって、りやくのちかき(近)とうき(遠)わけ有之候、此事じゆん(ママ)ぜんがうそうけたる人ハ、そのとうセんに御りやくあらわれ候よし、とうぜんがう(業)うけたる人、さつそくに御りやく相しれず候事に、とかくいまときの人けん(間)ハ、おんねんぶつをとなへ候て茂、そのまゝおんりやくこれなき候人ハ、心元なく候様ぞんじたてまつり候ニ付、もったいなく茂御念仏心やすし事と、たくさんニ存候事、此のちハたりき(他力)しんじん(信心)のけつぢやう(結定)いたし、にょらい(如来)しやう人様御意ニまかせ、なに申と茂ざいがうの訳ニ候へ者、御おんほうしや(報謝)のおんねんぶつよりほかハこれなく候、とかく人げん(間)ハとうしの御りやくに心とゞまり、あさましさしゆうじょう有之候へハ、御ぢひ(慈悲)のしやうミやう(称名)ねんぶつはかりにて、ふかく此事ばかりニ御座候御事也、此義ハ右げんぜりやく之儀一しんニミだ一仏之御ぢひにすがりたてまつり候へハ、一さい之しょぶつ(諸仏)ぼさつ(菩薩)茂御悦び被下候儀、猶諸てんしんめ(神明)いごんげん(権現)さまあらゆるかミ〳〵さまのこり(残)なく、たりきねんふつ之ぎゃうじや、よるひるともにまもり被下候御事、ありがたく茂にんげんニしやう(生)をうけたのとくぶん此事斗ニ御座候、なそミにあまりありかたく存候御事なり、これニよってちやうげん(長玄)きんねん、もう(盲)人にあいなり候へ共、うれしさがミにあまり候へバ、すいぶんちうや(昼夜)ともおもひいだし候しだい、なむあミだふつ〳〵、にょらい(如来)しやう人様の御くろうの御事、

御礼御ほうしやもうしたてまつる御事ばかりなり、それニつきちやうげん（長玄）ふじやう（不定）のいのち、こん年八拾才迄ぞん（存）いたさせくだされ候御事、ふしぎのいのちなりと奉存候御事、これニよってちやうげん（長玄）がなんじのきやうだい五人ぞんめいにまかりあり、八十才之ちやうげん、七十八才のゐんべ（忌部）そうしん、六十七才の今井喜右衛門、六十五才の当村和介、五十八才の当村新地喜介、都合なん子（男）五人きやうだい存命ニ罷有候、此義ハ御親玄信妙信ちゝはゝ一腹の出来合十人のきやうだい、内しきやう（死去）いたし候ハほうミやう帳に有之候通、男女五人せんだち（先達）いたし往生致し、右ニのこる五人なんしニ而としかず合三百四十八才此事、おふそれ（恐）ながらよろこびハ両親の御くろうの御ぢひと、此五人ありがたくぞんじたてまつり候御事也、依之右ちやうげん（長玄）きやうだいと、猶しそん（子孫）のものとも其外ゆかりの人々、なにとぞによらい（如来）しやう人様たりきの御ぢひ、ふかくよろこびたまわり候ハヽ、ちやうげん（長玄）死後まんそく此事

ばかりなり、これニよつて乍恐、れんによ（蓮如）様御ぶんしやうに有之候われらきよじゆう（居住）のざいしよ〳〵のもんか（門下）のともがらにいたるまて、とりつめてしん〳〵（信心）けつじやう（結定）のすがた、これなしと見をべり（ママ）、そのゆへをいかにといふに、くろうすでに八十のよわひすくるまで、そんめいせしむるしるしにハ、しん〴〵けつぢやうのぎやうじやはんじやうありてこそ、いのちながきしるしとも思ふべきに、さらにしか〳〵（大）とけつじやうせしむる人これなしと見をよべり、おふきになげき思ふところなり、そのいわれをいかにといふに、そも〳〵にんげんかい（人間界）のらうしやう（老生）ふじやう（不定）の事を思ふにつけても、いかなるやまいをうけてかしせん（死）や、かかるよの中のふせいなれバ、いかにも一日片時もいそきてしん〳〵けつじやうして、こんどのおふじやう（往生）極楽を一じやうして、其後ハにんげんのありさまに、まかせてよをすごすべき事かんにやう（肝要）なりと、ミな〳〵こゝろうべし、このおもむきをしんじうにおもひ承て、

一しんにミだをたのむ心ふかくおこすべきべき(ママ)ものなり、あなかしこ〱、依之おふ(恐)それなから、右れんによ(連如)上人様のおふせ(布施)をくれくださせられ候おもむきに候へバ、おふそれなから長玄茂八十歳のよわひすぐるまでぞんめいくださるしるしにハ、長玄しそん(子孫)ゆかりの人々しん〱けつじやうのむね、これありたまわり候ハ、、いのちながきしるしともあいなり、うきよ(浮世)のよろひ(こ脱カ)右之外に一切これなく、長玄ミのうへのまんぞく此事ばかりに候なり、其外せじやう(世上)の事ハ御ぶんしやう(文章)にこれあり、おもむきたりき(他力)しん〱(信心)をないしんにたくわるゑをうぼう(奪)をもっておもてとし、しよじん(諸神)しよ仏のうちにこもれるがゆへなり、其外ハしゆごぢとう(守護地頭)方において、そりやくなき様いよ〱くじ(公事)をまったくすべし、御こうぎ(公儀)様御くろうにならざるよう相心得候がせん一と奉存候事なり、それニつきめい〱(銘々)の心もちしんしやう(身上)よからんとも、あしからんとも、せんしやう(先生)よりさたまれる所のミのうへに候へハ、よしあしの儀うらやむ心これなく、日々ヲよろび(こ脱カ)候事かんにやう(肝要)なり、このぎめい〱(銘々)おやせんぞう(先祖)よりつたわり、さうぞく(相続)いたさせ召され候事に候へハ、めい〱ちぶんさう(相応)をのよわたりいたし候事茂、大おんのせんざうよりの御まもりと申そんじたてまり(つ脱カ)候事かんにう(肝要カ)なり、

井上次兵衛覚書

「井上次兵衛覚書」解説

翻刻　平井良朋
　　　橋本順子

『井上次兵衛覚帳』（本題「萬附込差引覚帳」）は奈良県宇陀郡曽爾村長野、井上光明家に伝世する古記録であり、祖先次兵衛の世代のうち正徳二年（一部は元禄年間に及ぶ）より宝暦四年迄、四十余年の記事を収めている。

披見するに記事は、長野村をはじめ曽爾谷の村邑、宇陀郡下、大和一円より遠国の重大ニュースを含め、特に長野村及びその近郷に至っては、支配筋の順見・廻村、諸達諸触の反応、年貢上納の始末、農耕事情、作柄の豊凶、生産物の変化、米麦大豆小豆より棉花菜種等の物価相場の変動、地震・台風・洪水・霖雨・旱魃・冷害・病虫害などの天災地異、火災、疫病の流行、村内支配の情況、土木工事、諸訴訟、売買移動、貨幣経済や、商人勢力の浸潤、村内の交際、祝儀不祝儀、種々の悶着ごと、違背行為、警事的事件、街道交通の事情、信仰関係の諸行事、井上家自体の親戚交捗、冠婚葬祭、建築など。この山村における人間社会の喜怒哀楽を活き活きと書き綴っており、特に史料の少ない江戸時代中期における郷土事情を、この上なく、多方面に亘って描出しており、頗る貴重な史料と言うべきである。

今回、所蔵者井上光明氏と曽尓村当局の御了解の下に本史料を掲載出来た。厚く謝意を表する次第である。

凡　例

一、本史料本来の帳名は「萬附込差引覚帳」と記入せられているが、その内容より見て「井上次兵衛覚帳」と呼称するものとする。（名前には一部次郎兵衛と記した所がある）

一、原文各項の書き出しは、年代より始まるもの、〇印、△印、一ツ書き、何の標示もないもの等、統一を見ないので、すべて「〇」をもって年号年月日を前記し、各項の書き出しに本来「一」とあるものはそのまま、〇印・△印等・無標示その他補記したものはすべて「〔一〕」とした。

一、原文は記入にかなり乱雑な個所があり、挿入・傍記・抹消等が多く、そのままでは印刷の体に移しがたいので、挿入・傍記はなるべく本文の記事内容に忠実なる態度をもって、本文中に編綴した。

一、原文中解読不可の文字は□とし、字数不明の場合は［　］とした。但し文字の推定できるものは括弧書きを以って右側に記し、推定やや疑わしきは（カ）とし、誤字であるが正字の推定出来ないものは（ママ）、虫損ケ所はかなり多く、（ムシ）と記した。また脱字は（脱）、または（脱カ）と右傍記した。

一、原文には本来句読点はないが、訓読みの便宜のためにすべてに「、」を附した。

（表紙）　正徳壬辰二年

萬附込差引覚帳

正月吉日

井上次兵衛

（表紙裏）

三笠附句、笠つけと言ふ

なぜうちあけてくだんせぬ

正徳元年正二年頃ゟ於上方三笠附と云事□□、廿壱句ニ句数ヲ極、三番勝迄ノ点ヲ以、勝負ヲ金銀を以するる事大分ニはやる、壱着（カ）□共家越ヲ□□是ヲ附ル、同年八月ニ番所ゟ御法度ニ成、明春ニ止之、

宝永七寅年春御じゅん検様諸国御廻り、宇多松山町ニ御泊り、近江国江御出、名ヲ不知、此辺別而何のかまいも無御座候、

（本文始メ）

覚

○元禄十八申年四月十三日ニ有改元、宝永元申年ニ相写（移）ル、

○宝永四年十月亥四日、大地震、厳岩山木民家損事多、大地われさくるなり、未ノ時ゟ半時斗、其ゟ年ヲ越ゆりやまず、附リ、駿河国ふじ山穴明、毎日焼事近辺ニ砂ふる、天下高金弐匁づゝ掛る、是ハ砂□□ウツモル□

○宝永五年子三月八日、京大火事、禁裏仙洞不残焼矢（失）す、ヤケ

〔一〕同年七月二日、午ノ刻大風雨、五畿内民家田畑損事草木ニ無枝葉、其後冬枯のごとし、

○宝永六年丑三月廿一日ゟ南都大仏堂供養、四月八日迄毎日舞楽、初日、中日、結願ニ蓮（？）子ノ舞有、諸家毎日

法事、初日ニ勅使立玉ふ、

〔一〕同年正月十日、公方様御逝去、幸(甲)府様二ノ丸ニ入給イ新公方様、

○宝永七(六)年、金子ふきかへ、壱両ニ付弐匁四分ノ金子出ル、乾字□(虫損)

○宝永八年卯四月廿五日ニ有改元、正徳ニ成、元年九月に朝鮮人来朝、日本ノ諸大名衆御地(馳)走、前代未聞也、同年十二月ニ播磨むろ(室)ニ至、為越年其節諸国へ入用割附銀ニ懸ル、京都町御奉行所ゟ高ヲ附ニ廻ル、大和国ハ入用銀御赦免、外之国ハ不知、後ニ正徳三巳年朝鮮人入用掛り申候、同年九月十月頃ゟ金壱両ニ付六十五匁、六匁ゟ極月ニ七拾匁迄、正月ニ七拾匁ゟ壱弐三四匁、五匁、二月ニ八十匁ゟ八十五六七匁位イ、宝永ノ新金両ニ弐匁ゟ壱匁八分程下直ニ取遣リ致申候、銭壱文ニ附廿匁ゟ廿二匁、三匁迄致申候、銭卯霜月ゟ辰四月迄平シテ拾九匁弐分程ニ当ル、金子九十月ゟ四月迄平八拾目内余ニ当、辰四月中旬ニ銭金相場金子八十一弐匁、銭壱匁五十文くらい也、卯秋米六十五匁六匁、極月ニ六十九匁迄、正月ニ七拾匁内、其レゟ段々高直ニ罷成申候而、二月末ゟ三月差入八十五匁ゟ七八匁、九十匁仕リ候、是四宝ノ新銀すたり可申歟と世間ニる(流)ふ(布)致申ゟ、金子銭米其外何ニよらす高直ニ罷成申候、無別条通用致申候、

〔一〕同正徳元年霜月廿日ゟ毎日雪ふり、明二月中旬迄あまり天気と申ハ(手カ)無御座候故、所々(?)ゟ麦消テなし、惣体悪敷事無類、年を立程の所近辺ニ無御座候、以上、

○正徳弐年辰年、

〔一〕同年六月、なたね壱石ニ付八十五匁、七月ニ百十匁ゟ上仕申候、麦壱石ニ付四十五匁迄、(宇多町ニて百三十匁迄、油壱升代五匁五分ゟ六匁)金子壱両ニ付七十五匁迄下ル、同七月中旬ゟ金子壱両ニ付八拾匁余(銭壱貫文十九匁位、廿匁位、新金壱両ニ付三匁下)ニ罷成申候、八月迄春ゟ毎日雨天ニ而御座候、作方は能見得申候、八月十八日大風雨供(洪)水不及言慥(盡)、家田畑大分損申候、十八日の朝ゟ(カ)そろそろと吹出シ、夜ノ五

ツ時ゟ風雨、夜ノ七ツ迄風少もやむ間なし、山崩、水
損、堤切方々ニて人死ル、以前寅年ノ洪水廿七年ノ由
申伝候、風ゟ前(カ)ニ有米六月九十匁ゟ百匁迄、当□□米
八十匁位ニ買申候、十月中頃に九拾五匁かへ相場、
〔一〕九月、諸国御料所江巡見被遣候、宇陀郡江者勢州
関ゟ伊賀名張越荻(萩)原江、〱(萩原)ゟ奥郷江御廻り被成、芳
野江御越被成、宇陀へ御出被成候、九月廿五日ニ御通
り、上田口廿四日晩泊り、廿五日(ママ)今井ニ御昼休、神末
泊り、普請所御代官仕直其外委細御尋ね被成候、前方
ニ江戸ゟ御触諸事百姓願事無遠慮可仕旨御意被成候、
奥組ゟ弐分五リ(厘)ヲ願申候、一村ニ御宿三軒宛拵申候、
脇在迄委細御廻り被成、

御巡見御役人
亀田三郎兵衛様　目付人数八人
遠山半十郎様　御人数十人
小田源兵衛様　御人数九人

是ハまへニ有
〔一〕同年八月十八日、諸国大風洪水山崩田畑家大分損
申事筆不及候、淀川堤十三ヶ所切、いせ宮川九分ニ水
上ル、御神木折ル、十八日昼ゟ雨ふり、同夜四つゟ風
吹、明朝迄少もやまず、九月ニ宝永新銀吹替止也、金
子両七十七八匁ゟ八十匁、銭壱匁ニ五十文四分、同十月
十四日公方様御遠行、幸フ(甲府)様ト前ニ云、
○正徳三年巳正月、米壱石ニ付銀百匁、たね壱石ニ付銀
百十匁、三月ニ百五六十匁致申候、小豆石ニ七十匁、
大豆八十匁、餅米百十匁、金子壱両ニ八拾匁余、二月
ニ米壱石ニ付銀百廿五匁、長命壱駄中ミ百目、当年迄
葉中也、三月ニ米百十匁ゟ廿匁内迄次第ニ下リ申候、
四月ニ米石百四十匁くらい、餅米壱石ニ百廿匁、五月
ニ米百五拾匁、餅米石前同事、閏五月中旬ニ米壱石ニ
付百六拾匁、日頃ゟ南都春日大明神御くすニ御景(影)移ら
せ玉(給)ひ、中国山城摂州堺ゟ大分参詣申候、同閏五月上
茶百斤ニ付十八九貫迄、大上ニ廿五〆、卅〆次第ニ上
り申候、勢州津松坂共高直ニ而、堺大坂辺ハ下直ニ御
座候、六月上旬ニ大分下り申候、同出来麦壱石ニ付七

拾匁ゟ七十五匁迄、種壱石ニ付銀百七拾目迄、油壱升十匁五分 六月に
至少下直ニ成申候、そゝりちや五〆ゟ六〆迄、惣〆衣
食之類何ニよらす高直候、小豆壱石ニ付百八拾匁くら
いゟ上、たばこ壱駄四両ゟ五両位六□□(ムシ)迄、八九月出
来米石ニ付百廿匁位、小豆百匁位、後次第下り申候、
仕舞七十匁、十月米石ニ百廿五匁ゟ三十匁、極月ニ米
百廿匁かへ、たばこ壱駄ニ付金子三両、上葉金子両八
拾匁余、

○正徳四年、午之年正月ゟ大分疱瘡はやり、四月さし入
迄廿余人死去仕候、女多(カ)死、三月ニ米壱石ニ付銀百五 宇多ニて百八十匁
十匁かへ、六月払百五十五匁、八月、九月ニ出来米石
ニ百六十匁ゟ六拾五匁迄、新金銀吹替引替京都三条通 乾金両六十九匁くらい
谷長右衛門方ニて、十月中旬ゟ宝永金銀ニ弐百めニ百
め、弐両ニ壱両つゝ御渡し、五月出来茶大上拾五六〆
迄次第ニ下直罷成、八九月ニハ大豆十〆ゟ十一〆迄、
そゝり壱駄四拾五匁位、米十月下旬ゟ次第ニ下直ニ而、
石ニ百三十匁ゟ四十匁迄、極月ニ至同相場乾金両ニ銀
七拾八匁替、十月ゟ世間ききん、京大坂乞食多出、自
害し死者数多、京都御郡代様御替り、京町人一日すぎ
の者ニ御奉行様ゟ米をうり被成候、帳面ニ御留メ被成、
毎日買ニ白米壱升代銀壱匁づゝ、是ニ而京都町人不喝(渇)
命及候、江戸ゟ了海大和(尚脱カ)ト申浄土宗ノ大和尚大坂にお
登り被成、十月中旬ゟ非人ニ米弐合つゝの施行被成候、
此米ハ了海和尚毎朝四つ時迄大坂すちニ御出被成候、
一日の施行ニハ米あまり申候、極月ニ至同断、是ゟ大 附法家(花)宗ゟ又天王寺
坂ニ喝(渇)命ニ及、死する者無之候、世間簡略私料ハ給人 ニてせ行有、霜月下旬ゟ(領)
ゟ書付条目出ル、御料ハ郡一同ニ申合簡略之ヶ条ヲ極
ル、

○正徳五未年、

蔵米壱石ニ付銀百五十匁位、段々高直ニ成申候、
たばこ壱駄ニ付上金子五両ゟ壱、弐歩位、

二月六日、伏見木や喜兵衛ゟ八兵衛引負□状来ル、同十
六日使札夫伏見清兵衛と申者被下、二月廿九日ニ□□

□惣右衛門伏見ニ行由、四月六日南都御番所様御訴申
上候、同九日晩訴状請被取、廿五□□(ムシ)出候筈、御裏判
廿三日ゟ発足する、御奉行様御不懐(快)故五□(月カ)四日ニ延ル
御願申上、四月廿九日ニ出ル、返答書三通壱所ニ上ル、
御覧被成五ッ半ゟ御屋敷ニ相詰ル、九つ半の時分被仰
渡、段々不届き不念成仕方故、御取上無御座旨被仰出、
伏見方ゟ押返シ御願申上候得共、御取上ヶ無御座候、
明ル晦日御礼相勤、廿九日ゟ小太郎次郎兵衛大坂御屋
敷江御断申上、くらがり越玉作り迄八厘(里)、番所様江御
訴訟ニ罷出候義、明六ッに随分はやきが能候、村たい
けつ日何ニ而も菓子成共少宛懐中仕ル歟能く候、相済
申迄出申事成申さず候得共、（以下欠文）

〔一〕同年五月十八日、右八兵衛事南都御番所様追訴申
上ル、御差紙同十九日至(到)来、伏見御小人町組東町木屋
喜兵衛追訴申ニ付、御用之儀有是候、来月四日朝五つ
時番所江可罷出候、於遅参者可為越度者也、

未 五月十八日　　手代

八兵衛

請人　次郎兵衛

南都
番所　〃　玄□

庄屋

年寄

右八兵衛行衛相知不申、方々相尋させ候へ共居不申故、
先達六月三日朝六つ時小太郎御断申上ル口上、右八兵
衛者四月廿九日御戴(裁)許被為仰付、御慈悲之上御取上も
無御座候所、奉返答書差上候通可□(立)寄所無御座候故、
勢州奥津村と申所好身之者□(ムシ)罷越候由、一日之喝(渇)命送
り居申と承相尋人遣候へ共、拃罷出帰不申、方方行方
尋候へ共知れ不申候段御断り申上ル、右次郎兵衛ハ勘
当人故預り不申、又□□義者他国ニ罷有、一日之渡世
仕□□者ニ御座候故、□や方ゟ附届ヶ等おも不仕由、
是以預り申者無御座、然共御差紙下シ被置候義、奉重
次郎兵衛□□参上仕迄延引ニ及候故、先達而御断申上、

右之趣口上書仕指上候様ニと仍仰ニ、
乍恐謹而御断奉申上候口上書
一――――――　御訴訟ハ御奉行様と書べし、
（ママ）
一――――――　御断書ハ御番所様と書べし、
年号月日　何右衛門　けつ字之仕第
御番所様
○御公儀様○□□人家○被為仰付候、○宛書　聞取分○候と云字上クべからず、
南都御番所様御訴訟日、六日―十八日―廿九日、上預所一ヶ月三日御訴訟日、
同御裁許日四日、十一日、廿五日、右同断公事日、右八兵衛義裁許被仰付預り不申、勘当人相究故重喜兵衛方ゟ相尋可罷出旨、尋ヲ被為仰付、首尾能存分相済、翌日五日朝御礼ニ罷出ル、御礼之事首尾悪敷方ハ其日相済、内分の方ハ翌日罷出候也、以上、
同年五月
たばこ四丸去年葉、たばこ壱丸午年葉内弐拾斤大葉中上入、
〆五つ丸代金九両弐分、両ニ七拾五匁替、
百文□嘉右衛門ニ売
六月掛売米壱石ニ付百九拾五匁かへ、一げん銀売壱石ニ弐百匁余ノ相場、八月ニ至弐百三十匁迄、
上麦壱石ニ付九十五匁位、
〔＊正徳四年・五年は二回記入あり、〕
○正徳四午、御年貢御免割村中庄兵衛請取仕候、内彦六組十弐人庄兵衛頼不申由、段々申遣候処、六月廿日頃迄埒明不申と□□人吉三郎ゟ彦六ヲ夫ニ而山粕村理右衛門ヲ雇ニ遣し候得共参り不申由、同月廿四日今井村吉左衛門江彦三郎頼ニ行申候、右御年貢方為御人夫之義、御手代北村伊右衛門様ト申御役人、六月田口村迄御出被成、其時御断可申と申候へ共、山粕村利右衛門頼置候而廿四日ゟ参ルはづニ候由、彦六申ニ仍而相□置候、右免割之儀埒明不申候故、今一度吟味可仕候と存、七月廿日彦六組中算用ニ参候様ニ申遣候得共、弥作、庄介ならで参り不申、右両人江免割之義段々申渡

候、以上、未七月廿日、

○正徳五年未年、極月小入用割合目録十二月十七日四郎兵衛方ニ而仕候、組頭清左、七兵衛、長二郎、彦六、五介頭百姓甚五郎、弥兵衛、かし吉兵衛、四兵衛、善六両年寄、四郎兵衛、源兵衛相段(談)之上、割方目録相極、村入用銀高目録記、又未進負人掛り銀之儀ハ、杢太夫様御出被成候時、小前帳ニ而割懸申筈相極申候、附リ未進割廿日ニ帳面割合せ候、同廿二日小太郎、四郎兵衛処江参相尋候へばミシん(未進)懸り銀割合致方之義、村入用割方共合点不参由申者候由ニ而埒明不申と申候、両年寄算用者伊兵衛被申候故、委細相尋候処ニ左(右カ)得心不仕人弥兵衛、五介其外ニも御座候と被申候故、明廿三日尤其座ニ長三郎加り居合申候右為僉義寄合申付候、組頭中不残頭百姓ニハ甚五郎、弥兵衛、嘉兵衛、由兵衛外ニ源蔵へも申遣し候へ共、申分無御座候由ニ而不参候、右人数廿三日未明寄合候様ニ申付候処、漸く四つ過ニ被参候而、色色評定仕候処、先達テ相極候通之外致方無御座由、八つ時迄吟味之上評定相極候趣、

〔一〕村入用惣割申分無御座候、極月廿五日迄遣し可申候、

ミしん(未進)懸銀之事、銀高百匁ニ付七匁弐分弐リ割、

味(未)進銀高四〆百九拾匁余ニ割申候、

五介組之内味進銀高ニ相違御座候由、今日ゟ明昼迄ニ不及何れニさん用引合可被申と申渡候、不参之者ハ前方相極候可為割合之事、附清左組中ミしん高相違無之申分無御座候、右差引相極人別未進へり候分ハ、銀高廿目迄之義ハ惣村へ入申筈也、若廿匁余ニ及候ハ、庄屋損仕ルはづ、

右両割方共廿五日限ニ取立申はづ、残不足ハ月弐歩ノ利足ニ而借用仕相済スはづ、右之通堅相慎申候、極月廿三日八つ時、

〔一〕又去午ノ不納差引算用ノ義、銀十匁ゟ内ノ者ハ利取不申はず、十匁余ノ者ハ米ノ売合掛申はづ、過上之者ハ四分上納ニ仕はづ相極候、

○正徳六年申ノ年

〔一〕夏相場物、麦納上八拾匁位六月払
　米納春百目ゟ百廿匁迄、五月百五十匁
　六月百五十五匁、
七、八月ニ至百六拾五匁、六匁迄、九月新米百五十匁ゟ百廿匁、十月差入、十一月百三四拾目、極月ニ百五十余、松坂ニて金十両ニ十弐俵半位、

〔一〕右正徳六年七月朔日改元、享保ニ写（移）、六月公方様御薨去、天下万事つゝしミ御ふれあり、紀州殿様江戸御入城、新公方様奉被成御ふれなし、

〔一〕五月ハ少日旱申候、七月十四五日頃、殊之外冷申候故、谷々稲味（実）乗不申候、十石余茂出来候所漸く壱石位大悪作、旧冬の内ゟ諸人吃喝（飢渇）ニ及申候、六月十九日大洪水、摂津之内ニて家地方大分破損仕候、三月ニ村々御巡見御廻り、諸国御料所江御廻り被成、百姓町人諸事困窮何角御願申上候得共、何之沙汰も無御座候、

　御巡見御役人様、
　　井戸平右衛門様
　　斉藤　喜六郎様
　御目付　小山與右衛門様
　　御人数三十人斗

〔一〕同年極月、御国廻り大順（巡）見様諸国御城下御城跡の分御廻り、大和ハ宇陀町ニて一日御逗留二宿迄候、御入用大分、御代官平岡彦兵衛様御支配之内ゟ諸事入用割合掛り申候、爰元ハ高谷太兵衛様御代官所故、入用掛り不申候、大和一国宇陀、吉野、初瀬、南都、立田、柳本、戒重、高取杯御廻り御通り之有候由ニ承申候、

　御役人様御名字　圓藤新七郎様弐千五百石
　　圓家七兵衛様五百石
　　御壱人御名字失念仕候、
　　ぬい守様八百石、
　　御上分三人上下御人数百人
来酉ノ正二月之内ニ諸国御順（巡）見之有候積り、江戸ゟ以上六組御出被成候由ニて御座候、以上、

○享保弐年酉正月覚

〔一〕酉ノ正月四日、南都興福寺加羅（伽藍）無不残焼失仕候、

南円堂類焼仕候、同月廿七日夜八つ時百又（股）村町屋不残（ママ）焼失仕候、同月下旬米壱石ニ付百七拾匁ゟ百八拾匁迄長野村人足四十人合力仕候、むしろ五十枚なわ壱束□□□

仕候、同年秋出来米相場壱石ニ付銀百三拾匁位仕候、

○享保三年戌年

〔一〕和州当麻二条ヶ岳（上）ニて銀ヲほり申候、明年亥八月迄堀（掘）候へ共、銀（金）出不申由止申由、

〔一〕同年土屋原村桜峠ニて銀穴をほり申候、本〆（元）ハ大坂ゟ仕候、明ル亥二月中旬迄ほり候へ共、金銀出不申候故次第ニ人数者迯申し候而、土屋原村損銀被致候人

（ムシ）

〔一〕同年正二月、米壱石銀百三拾匁位仕候、其ゟ段々下直、

六月ニ米壱石ニ付銀弐拾五匁払、八月至百拾匁ゟ廿匁迄、同秋出（来脱カ）米壱石ニ銀七拾五匁ゟ八拾匁迄、

閏十月ニ四宝銀割御定目

慶長ノ古今壱両ニ元字金弐両、乾金同断

新金　右同断

慶長之古銀并新銀拾〆目ニ付

元禄銀ハ弐割半増　新銀拾〆目代ニ元禄銀拾弐貫五百目

宝永銀六割増　新銀拾貫目ニ　拾六貫目ヲ以代之、

中銀ハ拾割増　新銀拾〆めニ　弐拾貫目ヲ以代之、

三宝銀ハ拾五割増　新銀十〆めニ　弐拾五〆目ヲ以代之、

四宝銀ハ三拾割増　新銀十〆めニ　四拾貫目ヲ以代之、

右之割合ヲ以当戌十一月ゟ来ル寅ノ年迄、五ヶ年ニ限急度可引替事、

私曰、右銀割相改候故諸国相勤仕候事夥敷、十月廿日頃ゟ銀ニて銀ヲかい金子ニて銀買、色々之事共ニ百姓町

人高士等迄金銀両替売買仕候而、大分損徳御座候、依之諸色共俄ニ高直ニ成事凡一倍余、
〔一〕米壱石ニ付銀百五拾匁ゟ六拾匁迄、十月末ゟ十一月末迄ニ仕候、
◯享保四年亥歳
〔一〕正月ニ米冬相場、六月ニ至百六拾匁位仕候、かし米ハ百五拾五匁ニ取申候、九月ニ朝鮮人来朝、出来米壱石ニ付百五十匁ゟ百五拾五匁迄仕候、明正月、二月、三月同断也、
〔一〕四年亥九月ゟ極月ニ大郎介屋敷引直シ屋敷ニ仕候、石垣取百文、徳兵衛、
◯享保五子年　奉公人給銀今年ゟ一倍余ニ成申候、
〔一〕二月十一日、儀兵衛菅野村へ遣申候、三月檜廿四本的場ほり田之下林のかわニ植申候、次兵衛同檜拾本的場谷灰屋の屋敷ゟ下へ植申候、八月ニ御代官替ル、播州姫路榊原式部大輔様御預り地ニ成申候、
◯享保六年丑年

一、正月中旬、米壱石ニ付弐百（四宝）弐三十匁（新銀六十匁程）、二月中旬弐百八十目位（新銀六拾目程）申候、新銀七拾目程、
一、三月十一日明六つ過、家来勘吉欠落仕候故、諸人中へ申断方々相尋させ申候、此方ゟも庄介・久太郎相添、勢州太郎村ゟ神末、菅野辺は不残相尋、三四日ニ及候へ共行衛相知不申候ニ付、村方ゟも年寄両人差図ヲ以、好兵衛、清左弐人村夫ニ而芳野村ゟ塚脇、平野、谷尻辺迄相尋、二日目ニ帰申候へ共相知レ不申候、其以後はすて置申候、
一、三月廿四日、請人不残呼寄如何ニ思候哉と相尋候へハ、嘉兵衛、弥兵衛両人斗参候而被申候者、方方へ相尋候へ共行衛知不申候得ハ、此上不存由ニ申候故、其分ニ而捨置候事も成不申候旨ヲ申、とや角申合候所へ年寄七郎兵衛参掛り被申候所、嘉兵衛、弥兵衛両人被申候ハ、成程如何様にも尋出し相渡可申候、然共此以後我々請合証文印形之儀けづり申候間、左様ニ相心得候様迄と申候ニ付、近頃不届之申分ニ存、此以後請合

ニ立申ましくとの事に候へハ其侭ニては差置がたく候間、左様ニ相心得可被申候、併両人斗ノ口上ニてハ不定ニ候間、今昼過判人不残可被参と申渡、両年寄中ニも出合被呉(加)候様ニ申遣候、弥兵衛判形得仕間敷申し候ニ付、両年寄被申候者兎角ハ、今二三日我々江預ヶ呉候様ニ被申候ニ付、其通り仕置申候、

一、三月廿五日、右判人並判人中呼寄相尋候へハ勘吉居定難知、先日申候通此以後我々請合者得仕間敷候間、判形けづり可申候と又々被申候ニ付、無是非御断可申上候と存候所、又々両年寄被申候ハ承候へハ今日半兵衛、平介両人石名原(地名カ)ゟ様子申参候由ニ而尋来申し候様ニ聞候と被申候へハ、弥兵衛、嘉兵衛両人成程今日奥津ニ居申由勘兵衛方ゟ申越候ニ付人遣し候、然共印形証文之儀ハけづり可申と被申候故、とや角申合候内両年寄被申候ハ、先在所相知つれ帰り候ハヽ、其上ニて如何様共可然存候、先今明日ハ御待候へと被申候ニ付、差置候所、三月廿五日、勘吉召つれ帰り申由ニ候、其以後ハ両年寄中へ任せ置候事、

此奥津居候事、長ノ野勘兵衛ゟ聞届、廿二三日掛孫兵衛殿に居申候伊兵衛伝言申越候由ニ候へ共、其沙汰無之候、其以後廿四五日山粕清三郎方へ又々伝言申越候由ニ候而、廿八日ニ尋被遣候、此口上ハ勘兵衛ゟ置ニ(ママ)卯月八日ニ承申候、

此者日用ニ参候

一、三月廿五日、勘吉召連帰り、廿九日迄何之沙汰も無御座候故、弥兵衛、嘉兵衛并両年寄呼寄様子承り候所、弥兵衛、嘉兵衛口上、勘吉儀つれ帰り候へ共、我々異見がましき儀申聞セ候事も得不仕候、此上如何様共両年寄中可然申聞セくれられ候様ニと被申候ニ付、甚兵衛、七兵衛口上最早四五日過候内、其侭差置異見等も不被申候段不届に存候、判人中かまい不被申候事、我々異見可仕様不存候と被申候ニ付、然今日両年寄中ハ出合くれられ候ハヾ、我々も異見可仕(手カ)と申て帰候、然共印形印形けづり可申候との事其侭ニて帰り被申候而、其以後判人中ゟ何之届ケも無之候、其故四月十六

日宗門御改相済申候節御代官小林平左衛門様へ御断申上候得共、宗門御用之砌故日限相延し候ニ付、四月廿八日松山町へ罷越候節、山本喜右衛門様へ其段御断り申上置候、

一、四月二日（朔日）、御年貢日延願之儀ニ付、与次兵衛遣候節、御意之趣明日早々弥兵衛、嘉兵衛両人并奉公人勘吉召連参候様ニ被仰付候ニ付、右三人参上仕候処、早々次郎兵衛方へ返し奉公盡仕候様ニと被仰付候由ニ候へ共、七日朝迄此方へ何の沙汰も無之候故、又々御願ニ参上仕候、

一、五月七日、御意之趣先日右三人召寄、様子委敷相尋候所何之申立も無之、母壱人相煩候ニ付欠落仕候と斗申候、然共忠孝之二字忠ニ先立事無之とか、早々次郎兵衛方へ罷越、急度奉公相勤させ候様にと申付、其上たとへ事杯迄申聞候所、□得心仕三人共帰り候所、言語不届之者共に候、仍之明後九日早々右判人共并奉行人、村年寄致同道可参と被仰付候故、早速罷帰り、八日朝早々両年寄へ右之御意申渡候事、

一、五月九日、右弥兵衛、嘉兵衛、勘吉并年寄甚兵衛同道ニて参上仕、証文之通急度相勤候様ニ被仰付相済申候、

一、同月十五日、右御請申上候趣、済証文奉差上候、則下書手形壱所ニ入置申候、

一、三四月、段々米高直ニ罷成、壱石ニ付（四宝三百四十匁位新銀九十匁位）四月末五月差入壱石ニ付（四宝三百六拾目迄新銀九十匁迄）仕申候、新銀百匁ニ可成と評判世間ニ申候、五月末ゟ少つゝ下直ニ成申候、五月節過ゟ殊の外旱強てり申候、中田之分水ニ喝（渇）大和河内ハ不及申、此辺毛付成不申候、五月中ハ廿八日ニ御座候、六月三日雨ふり、大半毛付申候へ共、未残大分ニ御座候、其後八日ニ雨ふり十三日、四日迄ニ不残毛付仕込申候、大和、河内之内少々田方ニ、大豆杯仕候処も有之候、

○享保六年丑ノ〔*享保六年年号重出ママ〕

一、六月十一日ゟ富士行ニ入、欣祐寺梅堂長老酒ニ長シ、

行中色々と悪口酔狂の由ニ候得共、行人中其外ニも相手ニ成候者無御座候処、十八日退院可有旨荒増旦那共へ御申候ニ付、我等委細承り届ヶ、向後酒停止之上在住可然存、又ハ退院被成候共酒之□(ムシ)停止可被成旨達而申し候ニ付、得心之由ニ付先其侭ニ申候、

一、同月廿四日、旦那不残寄、再住之披露酒三返廻し、向後酒停止可致候と誓、則盃我等へ御預ヶ候故預り申候、重而誓文之文躰可致拝見筈に候、

風外日神ハ本香闇也、たとへハ暗き夜梅花杯□(さ)くホトリヲ通ルニ、其イロ眼ニ見エネ共、香ハシキ事ヲ知ル、如其ニシテ利照十方ヲテラスコト、本躰出現ナシトイエトモウタカイナシ、

享保七年正月十七日、今井□□寺ニ而御談、

或設(説)ニ曰

神書之会、神ハ元カガミ也、中略シテカミト云イカン、其鏡ハ正直之躰ニシテ其形ハ能□ル、能ク崇敬スレハ神も又其人ヲホメ、願望速成就ス、心直ク心ヒカミタルも明鏡ニウツル事如神、又神ハ香味也、式ニ曰、名香ヲ一間ノ座敷ニタキトメ、香炉杯も取ノケ、其座敷ニ至ルニ、其香不忍シテ高シ、其躰ヲ求ルニ成(無)シナクシテ又其香アリ、如其ニシテ神ハ只慈悲ヲ以躰トシタマフ者也、

同一、天地仁ノ三躰タトエテ云ニ、米ヲカシキタル白氷(水カ)ノ如シ、天地未開オル(ナ)時、水ニモアラス、又水ナキニモアラス、シバラクオクニ其汁次第ニ清クナル、時至テスメルハ上テ是天也、底ヲ見レハ其間ニトロケタルモノ残ル、喝(濁)ルハ下テ是地也、天地如此シテ開、其中ニ虫出ル、是天地之内ニ生ス仁也、近ク云時ハ如此(カ)ナカランカ、或人ノ釈スル所、

一、享保六年丑閏七月十四日、尊霊ヲ祭ル、十五日、大雨降り大供(洪)水、閏七月九日大雨風供(洪)水、今井春日大明神石鳥居流、石段十五迄水上り申候、鳥居前悉ク崩レ流、翌十日ノ朝春日寺門ニ口明而□成樫ノ森、五六間程下へ其侭ニて下り大道ニ留ル、前代未聞の事也、同

八月五日御湯□宜ヲタテマツル、神子ハ安倍ゟ来ル、礼銀四つ宝百匁也、初瀬迄迎ニ遣リ又送申候、宿教恩後家仕候、八月十六日春日寺ニテ子共(供)八ヶ村ゟ十六人出シ相撲為取申候、行司伊賀なつミ清太夫雇申候、谷中立願満也、

一、六月、払米米相場新銀八十五匁と相談極申候、かり方とや角申我等取申所新銀八十匁ニ取申候、かけ(掛)、今井、塩井大方ハ八十弐匁五分之由ニ候、我等取申直段八十匁かへ也、平二郎分ヲ七十五匁ニ仕遣候、霜月ニ□□立、八月御代官替り増井弥五左衛門様へ渡ル、御屋敷京都也、

一、十月末、出来米壱石ニ付新銀五十匁、霜月ニ五十五匁、極月ニ六十匁余仕申候、○此内ニ四宝半□ノ訳並上納欠銀、村ノ入用ニ入申訳書付入置申候、

○享保七年寅年

一、正月十八日、凡外(殊カ)寒談(閑)ニ仕候、小野小町出生出羽国田夫ノ子也、幼名おかねという朝竜山ニ上り薪ヲ取、夕ニハ江海ニ貝ヲヒロイ世渡ルてだてとす、年八才之時寺ノ鐘ヲ聞テ読(詠)ル、仏にはなるとならすとあか月のおかね〳〵と聞こえくるらしトヨミタル也、
毎日未明ゟ母名ヲヨビテヲコスニヨッテヨム也
其後小野の良実が養子となり、陽成院ニ仕エ奉テ、後ヲトロエ、関寺辺ニ有、高野大師ト聞(問?)答ノ事、大師ハ四十年余以前入定ナリトイエ共、二人共権者タル故ソトハ小町ノ聞(問?)答高野大師也ト云事明之也ト、

△一、寅ノ正月末かとやニ水車ヲ拵エル也、

一、三月十九日、牛買申候、四郎兵衛三月十六日ゟ勢州へ参候而、栗谷ニて買申由、四日目にて帰り申候、代金新弐両弐分、夫銀新四匁五分五リ(厘)と銭百文也、都合新銀二ゟ百四十六匁ニ当ル、四宝五百八十四匁也、

一、今井春日大明神上葺奉仕候、大工桃又村半兵衛三月ゟ取掛り、八月十五日、槌ノ吉日ニ相極申候所、俄ニ大風　洪水仕候故、同月十七日ニ槌打、遷宮、夕方ニ目出度相済申候、御殿之絵之分田合六助、井上次兵衛両人書申候、日数都合廿四五日も掛り申候、
（春日明神棟札曰天文三年申午ノ十一月廿八日造営有、此時東門院殿ゟ壱〆文、井上越後殿ゟ四百文寄進アリ、棟札写別紙此内ニ有、）

一、八月十五日、大洪水ニ而、田地夥敷水押砂入ニ相成申候、同八月廿三日又々洪水仕候、此時雨はかり無風候、

一、十月五日ゟ不退寺堂造作之奉加被廻候、状□□(ムシ)下也、

一、八月、はせ大鳥居ニ格(額)掛ル、京都ゟ下ルよし也、

一、六月、借米直段新銀八十匁ニ取申候、下村々ハ八十三匁之由ニ申候。

一、霜月、早米直段石ニ付銀四十八匁かへ、十月田合六介殿へ取立役被仰付候、御代官増井弥五右衛門様也、

一、極月廿五日夕、今井村又介□道屋(ママ)ゟ出火仕、近所本屋七軒類焼仕候、南都御番所、京都御代官様へ御注進、廿六日八つ立ニ遣し申候而御注進申上候、

一、極月廿七日、扮川甚助死去、翌年二月四日子共(供)迎ニ遣候而おつや、おとめ、おせき三人つれ参候、委細之訳別帳ニ記置也、

○享保八庚卯年

〔一〕正月朔日清(晴)天、吉日二ノ九日婚礼ス、

一、卯三月云々、丑年御年貢六分米代并子年未進銀当卯年ゟ戌年迄八年賦ニ被成下候而、去寅年ゟ年切替済ニ被仰付候、

一、地方売買年符証文請返被仰付候、御書付村々へ御渡し被遊候へ共、間違旁ニ而出入ニ成候儀方々多御座候、□証被仰聞候、御公儀御評定之趣、○譲証取上無之候事、○永代売まて(カ)取上無之事、○無年切証文取上無之事、○買候地方或ハ人親類の中へ(カ)分散し、又者買候もの又外へ売渡し候ハヽ、従年□(期)内たり共取上無之候事、○庄や年寄印形無之証文取無之候事、○請返し候時銀子一倍ニて請返申証文取上ヶ無之候、一倍出し請返し候儀ハ拾□也、年季之事○壱年切ハ六年迄ハ請返させ可申候○弐年切ハ七年、五年切ハ拾年迄○拾年切ハ十五年迄、右之通証文年季ニ五年づゝ差延候分、七年已前酉年以来売田地請返し、御内証御評定之趣承り申候間書付置処也、

右質田地之儀、卯八月迄取扱被為、翌九月ゟ前々之通ニ被仰

付候而諸国納り申候、

一、卯四月、次郎兵衛持牛買取申候、代銀百五拾匁、弐升樽下牛十弐匁五分ニて遣し申候、此牛七郎兵衛買申候而、同年六月三十匁ニ売申候、にはか(カ)我等了簡ニて下直ニ仕遣申候、此方之牛此当り代銀百六十匁ニ当り申候、

一、卯二月ゟ三四月迄、米壱石ニ付四十八匁ゟ五十匁迄、四月ゟ六月迄次第下直ニ成申候ニ而、六七月四十四五匁売買仕申候、虫入等ハ直段不構、買手無御座候、諸国大下り、当春ゟ大坂北浜はた相場堅御停止被仰付候、

一、六月、借し米相場、石ニ付五十三匁ニ相極申候、盆前銀相済申候分、石ニたり申分五十匁かへ、はした米五十弐匁ニ取申候、

一、十月、米直段石ニ付四十壱匁かへ、大豆・小豆三十匁かへ、

芍薬なへ覚

なへ数千五百廿本　代銀三十壱匁九分五り

〃　四千本代　代金壱両
此銀五拾五匁、二口〆八十六匁九分五リ

二口〆五千五百廿本

一、田畑荒地願入用、享保七年ゟ御用捨成被下候処、地方又々改候而、卯六月村割ノ時分、荒地入用之金銀荒高割へ懸申候、割帳ハ小入用目録ニ入、卯十二月十六日善兵衛へ渡ス、

一、子未進丑ノ六分方、銀高七〆四百四十八匁、去る卯年ゟ戌年迄八年賦ニ成被下被仰渡、卯三月五日山粕村ニ而増田(カ)様被仰渡候、以上、

◯享保九年辰ノ正月ゟ覚書

一、正月廿一日ゟ隠居ふしんちやう(手斧)のはじめ仕候、大工長野村半兵衛、山粕村久兵衛也、二月八日地祭り小屋村木食湛玄比丘請持仕申候、入用之払供多シ、二月十六日石築申し候、棒二本ニて九つ時分ゟつき申候、村中老若男女不残、外村ゟも見廻ニ被参候、衆中共餅酒

振舞申候、大工両人へ鏡餅仕候而すへ(据)申候、委事ハ普請帳諸色不残記置申候、二月廿六日立申候、
一、辰ノ三月廿一日、大坂大火、午ノ刻堀江通三丁目ゟ出火仕候、翌廿二日之申ノ刻迄焼申候、前代未聞之大火と申候、焼失之覚、
町数合四百拾弐丁〇家数合壱万千七百六拾弐軒〇竈数合六万弐百九拾弐軒〇土蔵数合千九拾七ヶ所火入申候、道場数合百八ヶ寺、西本願寺下五十五ヶ寺、東本願寺下五拾壱ヶ寺、高田下壱ヶ寺、浜納屋数合千五百四十七軒、御大名屋敷合三拾壱軒、社合八ヶ所、橋数合五十三、死人弐百六十弐人、米高拾壱万千七百四十九石九斗、大豆高合壱万三千九百五十弐石、麦高合八千百八拾四石三斗、
右之外上町屋敷御城付与力同心屋敷、諸宗之寺、米壱万石御公儀様ゟ焼失之所へ、直段四十匁かへニ而拝借被成下、代銀ハ重而上納可仕旨被仰付候、町付与力衆へ金子弐拾両宛被下、土蔵焼失之衆中へハ右之外ニ金子五両づゝ、与力同心衆当五月渡扶持方米此節ニ御渡し被成候由ニ御座候、以上、
右之通之大火ニ御座候処、諸色直段高下出来申候、材木板此方ゟ大坂へ馬ニて遣し申候、山本の売買凡一倍ニ成申候、釘杯高直ニ成申候、其外薬種之類、ちん皮芍薬、せん弓等之類高直ニ成申候、畳表類同断申候、
一、四月ニ閏有、同年五月旱照申候、雨乞坊主岩へ村中松明ともし候而、五月廿九日ゟ夜参上仕雨乞申候、三日之内大雨降申候、
一、同年五月、増井弥五左衛門様御替りニ付、多羅尾四郎右衛門様御代官ニ成申候、
一、当秋豊稔ニ而田畑共実入吉シ、依之諸色下直ニ罷成申候処、諸国共殊之外金銀払底差詰申候、
米壱石ニ付銀三十四五匁位、大上たばこ壱斤ニ付三分ゟ四分迄、種壱石ニ付銀四十五六匁、山芋壱駄ニ付拾八匁ゟ廿匁迄、翌巳六月米壱石ニ付五十匁かへ、
一、取立役之儀ニ付、十一月御代官様ゟ御書付被遣、十

一月十九日村中へ申渡候、色々之儀共有之候、委細寄
合帳ニ印置申候、
一、十二月、村中寄候而御用筋寄合候処、取立役之儀連
判取申候帳有、
○享保拾年乙巳正月吉日
一、二月、隠居土蔵普請仕候、大工長野半兵衛、石垣桃
又村徳兵衛、
一、二月末ゟ五月下旬迄、雨降続申候故、麦殊之外悪敷、
畑ニ而はゑ出又は腐申候、上麦五斗ニ付十四〆五百目、
下五斗ニ付十〆目位、
一、大雨降申候処、川ニ水多故ニ候哉、鮎大分登り申候、
土屋原、桃又山迄参り候、
一、五月下旬ゟ田方葉虫付申候而大分喰申候故、近郷（虫形菜ニ付青虫ノ後如シ）
申合ニ而六月朔日夕方ゟ三日晩迄送り申候、日々ニ虫
少ク成申候而、六月四日ゟハ壱つも喰不申候、
一、六月上旬ゟ旱照り、七月ニ至ふり不申候、

一札の事

㊞

一、此宗兵衛と申者、出生当村惣右衛門伜ニ而、
宗旨ハ代々融通念仏宗萩原村宗祐寺旦那ニ無紛、少
茂御(胡カ)乱成者ニ而無御座候、然所先年親惣右衛門儀為
渡世其村へ罷越、借宅仕罷有其後相果候ニ付、伜宗
兵衛儀只今迄其御村へ罷有候、宗兵衛儀向後其村帳
面ニ御入被成、弥住居仕候様被成被下申候、若御公
儀様御法度之儀相背不埒仕り候ハヾ、自此方急度埒
明可申候、為後日一札如件

享保十年巳十一月五日　長野村庄や　次郎兵衛㊞

山粕村御庄や
吉郎(良)兵殿

○享保拾壱年丙午正月吉日
一、正月吉日、家督譲請候、奉公人給分飯餅油代、当年
分賄に給候、但酒代ハ□漆代ニ而差継申候、譲り請高
拾九石弐斗八升八合　但田畑屋敷共

一、正月廿四日、次兵衛祝儀婚礼首尾仕候、
是ハ隠居ゟ田麦之内ニ而もらい入申候、
右之外種麦三斗弐升□(ムシ)合
麦〆三石八斗　外小麦弐斗
蘿(カ)茶〆百拾七斤　五〆かへ
稗壱石　たばこ弐丸　内□□□(ムシ)中葉入
小豆二斗
大豆四斗八升　くろ青大豆共
二口〆拾七石五斗六升
外　三石九斗七升　預ケ作米
作り米合拾三石八升六合　但種籾不残積リ入
〆三百廿三匁八分七リ
〃　十七匁三分　小入用　□分
銀三百六匁五分七リ　本途小物成貢
午年分御年貢
内　十五石九斗三升七合三勺　本免
三石三斗五升七勺　下免

一、四月廿四日、文五郎相果申候、
○享保拾弐年丁未正月吉日　正月閏有
一、同月中旬迄吟(冷)気強雪降申候、苗(ナエ)はへ不申、其内日請
能場所へ苗仕候分ハ大概ニはへ申候、
一、五月晦日、申ノ上刻夕立いたし雷落候而、雷火ニ而
長次郎、甚蔵家弐軒其外立物不残焼失、長二郎内七郎
兵衛雷につかまれ怪(我カ)家いたし候得共、命無別条、長二
郎家の内にわ江落たりと申候、其時親子三人并左吉後
家座敷ノ上り口ニ居合申候由ニ候、火ニ替ル事なし、
焼失ノ疵(?)常の火事同前也、
一、□□五日ゟ十日迄毎日大風雨仕候而、其上照り続キ
畑作皆無同前、田方悪作也、諸国豊稔成由申候、諸色
相場替事ナシ、
一、去巳午年分村方潰人并村銀返并割符之ため、七八月
中相談相究、組頭証文取置十月ニ割符遣可申旨年寄共
へ申候所、可然組頭へ相談いたし候様ニ申候ニ付、十
月廿三日昼飯後寄合申触候処、九兵衛、新二郎、平二

郎、角兵衛右四人ならで寄不申候故、又々廿三日早朝組頭年寄共寄候様ニ、則両年寄差図ニて小廻り金三郎相添触させ候処、廿四日早朝寄候人数角兵衛、弥太郎、新二郎、久兵衛右四人ならでは寄不申候、右人数初納残銀之□申渡、次ニ割符并銀之義銘々有無之わけ申候様ニ相尋候□□□□(ムシ)返答不致、今昼迄是非共寄合、兎角相談可申迄と申返候節、歩来請申候、又々昼飯後寄合申候ニ付右寄候人数返り申候、（右ノ通り廿三日寄合申候）又昼飯後寄合て八つ時分平二郎参候而夕方迄相待候へ共、外壱人も不参、（而平二郎不参如何）弥太郎方ニ而組頭不残寄合右之内談仕候由、廿四日九郎兵衛口上ニ而聞此わけと角御年貢難立旨申立なり、(マヽ)月銀相場延候様ニ申候由ニ候へ共、未談合落付不申由ニて、又廿五日内寄合仕候筈ニ相極退き申候由、右弥太郎方寄合候平二郎帰りがけニ寄申由也、組頭之内与四郎代太右衛門其外不参、甚兵衛、角兵衛右之外ハ寄候由、弥太郎方への寄触小廻り伝兵衛、金三郎二人也、

右之様子何之謂無之候由、十月廿六日平二郎、与助参り候序ニ承り候、其後廿八日弥太郎参り候処、厳敷吟味致候所、此度寄合之義我等差図仕候義ニ無御座候、半兵衛、弥兵衛両人弥太郎方へ参候而、右寄合申触候由断申候ニ付、有躰ニ申候事故差免申候、

明年貢銀高四百六十七匁七厘、本途小物成共、

一、未年買付地田畑高八石六斗五升四合五勺、

（此下作八石四斗九升、外長二郎畑甚三郎田下作凡六斗五升程之積り内□）

高合廿七石九斗四升弐合五勺

作り米拾五石四斗八升五合　　麦四石七斗

下作米〆拾壱石壱斗四升　　稗五斗

二口〆廿六石六斗弐升五合程

◯享保拾三年戊申ノ正月吉日

一、正月、米相場石ニ付三十八九匁、二月中同前ニ而三月ゟ次第ニ下直ニ罷成六七月石ニ付三十五匁位、

一、麦作大豊稔十ヶ年ニも無之皆々勧(歓カ)申候、麦石ニ付十三四匁、

一、七月五日、大風雨洪水夥敷諸国大変、但西国四国無

難、惣而畑作皆無ニ罷成候。田作未穂出不申候へ共、
殊之外風損致、早稲晩稲平シ五分作と見積り、
一、秋出来米石ニ付三十五六匁、
一、七月ゟ年寄角兵衛跡役与四郎相勤申候、
一、本屋ノ表并長屋屋根ふきかへ申候、葺屋今井組之者
也(カ)、本屋かや五百束程入申候、ふき手間十四人外手伝入、長屋ふき手間十一人外手伝ス、

申年作物覚

一、麦納拾壱石五升　外麦三斗八升
菜種五斗　一、蘿ちや百四十六斤六〆七百かへ
ニ売申候、
一、米十三石九斗五斗　外拾壱石三斗五升下作
米〆廿五石三斗内八斗講田年貢引ル、
引残廿四石五斗
一、たばこ皆無　一、山芋二百〆目　一、大豆六斗
三升　小豆弐斗八升
一、申四月十七日、将軍様日光山へ御参詣、但四月十三日江戸御出御、同廿一日目出度□□御、春中は諸国商売人共色々取沙汰仕候へ共、さ
のみ相改り候事無御座、諸大名道筋御□(堅)御供之衆中
御播(旗)本不残、其外之儀印ニ不懸候、諸代物直段高下な
し、
一、同年霜月、御年貢三分ニ米之内ニ而、籾御年貢上納
被仰付、籾壱石米ニ直シ納米五斗ニ相立、御年貢勘定
ニ入レ籾上納ノ躰也、

○享保拾四年酉ノ年

一、三月初旬、大和国薬草御尋在々所々山々江戸御役人
被遣候趣、京都町御奉行所ゟ御触書相廻申候、
一、薬草御役人植村左平次様上下四人

吉野下市　岡屋儀右衛門
薬草見　同所医師　畠山栄長
同　所　井上(村上?)孫右衛門
右外宇陀町　藤野(藤カ)当兵衛

四月初旬、勢州ゟ伊賀上野へ(泊り)御越、名張町昼休、四月

四日室生村山中薬草御掘被成、直ニ御泊り、同五日田
口村ゟ長野村岩屋返り、伊賀見村迄御越被成、伊賀見
村ニ御泊り、五日晩ゟ七日迄御逗留、いが見（伊賀見）村ニて
薬草御掘被成、八日亀山越神末（末）村へ御越、十一日迄
神末（末）村御逗留、薬草御掘被成、江戸へ御献上被成候、
同十一日晩桃俣村　上村ニ御泊、十三日迄御逗留、高
見山ニテ薬草御掘被成、十三日御出駕、才（指）杉越吉野郡
平野御泊り、指杉峠（サイ）迄庄屋共送申候、
但右御役人室生□□（ムシ）吉野郡へ御移り被成候也、
信楽御手代入野宇左衛門様御附添被成候而、諸事御
窺被成候、其内組合庄屋共人足□つれ毎日罷出候、
山へ御入被成候、同人足凡百人程つゝ入申候、薬草
御用承り候代官幸田善太夫様手代藤井勝右衛門殿と
申人御付被成候、
右入用銀夥敷事ニ候故、国中割ニも可成哉と其節御手
代衆御申被成候へ共、左様ニも成不申候、組合之内ニ
而様々よない渡銀訳相立不申、右御逗留村々難儀と相
成申候、尤村々人足ノ分ハ其村々出捨ニ而候、

◯享保拾五年

（アキ）

◯享保拾六年亥ノ年

一、亥三月、並川五市郎様、江戸ゟ寺社方古キ書物等御
改御廻村、京都町御奉行所ゟ前年御触書相廻り、其節
ハ何ノ沙汰も無之候処、並川五市郎様亥ノ三月十日晩
炭（墨）岩村ニ御泊り、同十一日夕今井村御泊り、翌十二日
菅野村へ御越、十二日晩百又（桃股）村ニ御泊り、十三日指杉
越芳（明）野村へ御越被成候、村々ニて水帳銘細帳御改□（ムシ）
処々名物并珍敷字共由緒御尋被成候、御上下六人也、
〔一〕今井村春日大明神御社参被成、御殿戸御開ニ而宝
物等并棟札不残拝見被遊、扨て〳〵古き御社哉と被仰
成候而御信心無限、其上ニ而被仰候ハ、此宮之御事往
古神名門守ノ神社と申成、依之御勅使度々御立被遊、
大和ノ内大社タルタル（マヽ）ベキ社也、イツノコロゟサヤフ
ノ儀色（式）断絶仕タルベキヤ、社ノ後ニ立岡山神領也、東

ニ当テカド子村アルべし、社ノ向ニ当テモンモフ村(クカ)ト云有べしと被仰、当国相尋順廻セシメ、近年ノ内又来ルべしと御申被成候、

長野村ノ事

屏風岩之事、一天神谷之事　一黒いし谷之事、石有由申上ル、右ケ様申伝無之哉と御尋被成候、承り不及候旨申上候、欣祐寺、不退寺除地之事、右ハ御書留被成候、

一、五月五日、籾御年貢御改トシテ江戸ゟ御役人様御越、〇勢州タケお泊り勢州ゟ神末村へ六日御着、山粕村御泊り、七日晩萩原村へ御泊り、往還筋村々籾藏御改被成、脇村御遠見ニ而相済申候、

一、六日、末方神末村源九郎と云者借屋ニ八重郎と云無縁者夫婦十ヶ年程住候もの、同村次兵衛と云もの〻世悴八十良作り申候畑岸ニ而草かり取候由ニ而、彼次兵衛世悴ヲ八重郎打(打擲)ちやくいたし候由、依之次兵衛初村中一同ニ而右八十郎(重)夫婦追出シ可申旨申候様、悪言共申候由、再三村中相談相究、六月廿八日夜村中一同ニ而八十郎(重)夫婦ヲたゝき殺し、穢多番人共出合セ、村墓ノかた原ニうづミ置申候由世上風聞候処、無程南都御番所へ相聞え、七八月中内吟味相届ケられ、九月四日南都御番所御役人同心頭青木治左衛門殿、其外同心三人書役弐人以上人数六人、九月四日夕飯過神末(木)村へ差越成(被脱カ)候而、源九郎父子穢多番人以上六人ニ縄掛、庄屋彦惣(三)、年寄新兵衛、同勘兵衛、平百姓半右衛門、都合人数十人九月四日夜通し南都へ御引被成候而、直ニ入牢被仰付候、篭舎之内諸入用之分村ニ掛ル、翌享保十七年子四月廿二日御吟味相済下、年寄新兵衛、半右衛門、穢多三人所へ御返し赦免、番人夫婦国中御追放、庄屋彦三、年寄勘兵衛妻子共郡中御払、但国払共言、廿二日早朝山城境迄御送被成、夫ゟ追放し被成候、源九郎親子同廿三日南都ニ而切られ申候、源九郎、庄屋、年寄家財諸色御闕所被仰付候事済申候、前代未聞之儀に候、以上、

但右入篭人家財改子二月中旬、南都ゟ同心目付青木治左衛門殿、同心弐人、書役二人、以上五人御出有之、家財諸色改有之候、南都御奉行松平織部正様、

◯享保拾七戌子年

一、旧冬米石ニ付四拾目相場、正月ゟ次第高直(ママ)ニ成、二三月米壱石ニ付銀五拾五匁位、麦まづき壱石ニ付五十匁ゟ五十五匁位迄仕候、

一、四月廿三日、掛村千之助方へ伊勢松坂かいはな村のものの由ニ而わかめ商人清左衛門と申者与風(風与カ)来一宿いたし相煩候而、九死一生ニ罷成候故、松坂へ送(オク)り遣候へ共、此方のものニ而無之由申請取不申候而、ツレカへり廿八日死去いたし候ニ付、御代官信楽御役所へ右之断申上候処、信楽ゟ南都へ御届ヶ被成候、御手代衆川合左五左衛門様御出南都ニ而旧例御尋有之候由、村々ゟ証文御取愛(暖カ)、又掛村ゟ南都へ御出被成、南都ゟ信楽へ御帰り被成候、◯廿九日、掛村ゟ松坂へ庄屋書状、松坂役人へ遣し様子相尋候返事、此方へも折ふし商ニ罷越、一宿いたし候へ共、出生不存、勿論此辺のものニても無之由、松坂庄や方ゟ返事状請取返り申候、南都御番所へ右の返状差上ケ申候、三日ゟ庄屋新助、手代衆同道ニ而南都へ御断ニ被参候、五月五日南都ゟ同心目付衆壱人同心壱人上下五人見使ニ御出有之、清左衛門死骸御改、宿千之助并庄や年寄口書御取被成、翌六日南都へ御帰り、庄や同道参上ニて御番所首尾能相済、清左衛門死骸道端ニうづみ札ヲ立候様ニ被仰付、一儀相済申候、

但南部与力同心衆へ五月三日新助断ニ被参候節、内証付届銀弐百目余入用之由、村方江検使ニ見得候衆中へも、付届金子弐分つゝいたし候、右之入用不致候而ハ難相済□□(ムシ)可□候、

附り、近在村々庄や年寄、右清左衛門出生不存旨御尋口書御取被成差上ケ候事、

一、子七月十五六日頃より田方、畑方成虫多付、稲穂堅而不解、初ハ稲穂黒(クロ)ク成、次第ニ虫大キニ成候而、ウ

ンカの如く羽虫出来飛候、依之諸寺ニ而祈禱ス、施餓鬼ヲ読誦シ、百万偏ノ念仏ヲ唱、宮寺ニ而加持ヲ頼、札ヲ申請、七月廿四日方掛村ゟ順送り申候、近辺弐三里之内同前ノ由ニ申候、国々所々此虫多付候由、山方谷田之分無難、里方両毛作之分虫多、稲毛ニより皆無之毛上多し、畑方無難、大風雨之難曽而なし、
廿日より廿四日迄春日寺ニテ祈禱アリ、

一、風呂の谷薮(ヤブ)ニ、じねんことといふもの付而不残枯、八月ニ是ヲ切ル、

一、地蔵の尾下正明寺新田当春開発、墨(黒)鍬ニ渡切、納米六斗ニテ出来候、

一、当秋作田方虫入、依之大悪年ニ候、立毛ニ而虫入無之躰ニ相見得申候分も、取入ニ而半作ニも当り兼申候、依之霜月中ゟ村々非(ママ)人多出来、別而西国、四国、中国餓死も段々出来候由ニ候、御公儀様へ飢夫食願上候、翌年春ニ至夫食拝借被仰付候事、

一、米相場十月初旬、右ニ付銀四十五六匁、霜月初旬五十匁程、同月末ニ六七十匁、極月七十五匁位仕候、麦まつき(ママ)和州、伊州、勢州ニも無之、自然相調□□□(ムシ)壱石ニ付銀百匁余と申事ニ候、

（ハリ紙）
寛文八戊申年ヨリ享保十八丑トシマテ
年数六十六年ナリ
善助ヨリ祖父長助名請トリ
ソロコト右ノ通カト云々、

○享保拾八年癸丑正月吉日

一、当正月中旬、米壱石ニ付九十五匁ゟ百匁迄、ウタ町ニ而百十匁迄商有之候、正月廿五、六日頃少々引下ヶ八十五匁、六匁、九十匁迄、二月初旬右同前ニ候、

一、去拾一月十日、信楽御代官多羅尾治左衛門様御死去、依之正月ニ至南都御代官石原半右衛門様へ御預ケニ被成、正月十八日御引渡、村々組合ノ内ゟ惣代ニて相勤申候、
正月十六日ゟ南都石原半右衛門様へ御預ケ所ニ成、六月信楽へ

一、正月十三日、六介様役用之儀ニ付、山粕村三郎兵衛

返り申候、
方ニて組合村々百姓寄合密談仕候、（山粕村勘兵衛口上ニ而当村与四兵衛にてクラカ坂ニテ咄申候由ニ候、）依之正月十五日ゟ右之願惣代、山カス善兵衛、カツラ弥四郎、モモノマタ三四郎と申もの右三人、（御トリアケナクカヘルト云、）南都へ願ニ参り候由ニ候、

一、正月十五日、当村去子冬小入用帳見申度由ニて、年寄弥右衛門方へ佐右衛門参り右帳面持帰り候由、我等十九日夜ニ入候而南都ゟ帰り、廿日ニ右之様子承り、○同月廿二日寄合ノ上ニテ両人ノ

いヶ様之わけニ而右帳面遣し候哉と両年寄へ相尋候所、

訳ハ不存見申度由申候ニ而佐右衛門持返候由弥右衛門申候、右帳面取戻候哉と相尋申候処、曽て返し不申候由申候ニ付、早々吟味いたし取返候様と両年寄へ申渡候、催促いたし其後取戻し候由ニ候、

一、掛村安兵衛方ニ而寄合有之由ニて、其節佐右衛門出合候様ニ申候、

一、二月二日朝、両年寄我等方へ参候而、六介様役目之御□被下候様ニと今日塩井村、小長尾村ゟ年寄夫々罷越候、就夫此方共も右之夫ニ参り候様ニと、則左右衛門方へ村中頭百姓寄合、其上我等方へも申越候而、右之通申候故、然ハ庄やへ其通申候而可参旨申候而参上申候、いかが可仕哉と申候ニ付、我等申□□（ムシ）先月廿二日寄合之節、必密々寄合杯不致候様ニと申渡候処、可隠儀にも有間敷事、数度内証寄合申由、其上小長尾、塩井辺一味いたし、今日罷越候事と申儀ニ候ハヽ、此方ゟ兎角可申様無之、両人勝手次第可被致と申返し候、依之清兵衛今井村へ右ノ夫ニ参候由ニ候、

一、二月三日、今井へ与四兵衛、弥右衛門遣候様ニ申来候故三人共遣候、

一、右同日、当村弥七方ニて村中寄合連判仕候由、依之此方ニ有候印形遣し候様にと与九郎、甚助ヲ以両度迄ニ越候、拙者然し印形可入筋候ハヽ、人別取ニ参り候様ニ申遣候、

一、二月四日早朝、右為吟味村中寄合申付候処、○両年寄左右衛門、甚右衛門、弥兵衛、甚兵衛、九兵衛、仁右衛門、

九郎兵衛、久兵衛、茂兵衛、一郎兵衛、七郎兵衛、金三郎、清三、忠兵衛、佐次兵衛、茂兵衛、助一、九兵衛〆十七人寄合候ニ付、右三日寄合之趣令吟味、其上拙者方へ取之□□(ムシ)下書いたし、此通印形致候様ニ申候、依之晩迄相延くれ申候様にと申候故差延遣申候事、

一、三月十六日、六介殿役用之儀ニ付御差紙当来、九ヶ村庄屋年寄並百姓長ノ甚右衛門、山粕村次郎兵衛、掛金八、曽(葛カ)惣介、いがみ善(カ)兵衛、(ムシ)小長尾ゟ惣兵衛、右のもの共被召寄、御吟味之上口書ノ誤□かへ被仰付印形差上申候、

一、三月十九日昼迄、村中寄合申付、御年貢請合之儀申渡、次南都表首尾申聞、手前ニて前方内吟味申候処□(隠)色々ケ条書京都御奉行所様迄差上候段、不宜付□、末々(ムシ)迄右之通□□(ムシ)□所書御願申上候事ニ候哉と申候処、左様ノ儀不存候由申候もの共も有之候、依之年寄両人へ相尋申候処不残得心□(ムシ)、又ハ不存候共此方共も不存候へ者、今晩皆々寄合候間、右之わけ具(ツブサ)承可申旨申候而寄合申触させ、甚右衛門、左右衛門、弥兵衛三人ハ京都、南都へも参候もの共に候へ共、右之様子承候ニ及□(ムシ)申候故触させ不申候、

一、右十九日夜、年寄両人並左右衛門、甚右衛門参候而、七ケ村百姓共□□(ムシ)甚右衛門方へ呼寄置候由、今昼南都表之儀申談候事不聞存候故、右御村之もの共是へ召呼対談可致旨申候、依之拙者申候ハ当村之外百姓へ可申談用事無之候、□(ムシ)方の儀ハ幾度ニ而も御用有之候へハ申付候、今晩寄合之事ハ年寄両人触させ候事ニ候ハハ、其意趣承候而可被帰旨申渡候ニ付、兎角年寄共ハ論(諭カ)帰申候、甚兵衛も参り候、

一、卯月朔日ゟ御差紙ニテ、十一ケ村之内三ケ村程庄屋年寄並長百姓壱両人づつ南都へ召寄候ニ付、村々庄や中申合、葛庄や、塩井庄屋、今井年寄、いがみ年寄百姓代、掛村清兵衛(ムシ)、其外村々庄や年寄長百姓惣代印形差遣申候、当村右御用ニ付百姓代甚兵衛印形遣し、□へも右ノわけ申聞遣し申候、

一、然ル所左右衛門、右百姓代と申南都御役所様へ罷出候而被仰付候、証文印形等も仕候由ニ候、惣代葛村金八殿へ卯月六日ニ承申候、

一、卯月七日、上納惣代弥右衛門、掛村ニて外村庄や中と申合候而、惣代ニ罷越候ニ付、我等へも相談不致大分不納□□御談合申、他□□（ムシ）こし候事、不得其意候旨申聞候共不用罷越候、村方組□□（ムシ）処へ吟味面談ニて申聞候事ニ候、茂兵衛、左右衛門、甚兵衛、仁右衛門、七郎兵衛、武兵衛右六人之者共へ、南都表六助ニ役目之首尾并左右衛門、長百姓印仕候事申渡候、

一、六月十一日、南都石原半右衛門御役所へ書付ヲ以庄屋役目赦免之御願申上候、御聞届之上村中相談仕、跡役村ニ而来ル廿一日罷出候様ニ被仰付罷帰候、村方へ申渡十五日入札跡役相究（カ）候処、十九日信楽へ御引渡ニ成候故、右之趣信楽御役所へ書付ヲ以願上候、右御聞届被下退役被仰付、新役甚右衛門へ被仰付被下候趣、年寄弥右衛門へ被仰付候、但シ我等願書壱通差上候、村方連判跡役甚右衛門頼入候、

一、六月廿日、甚右衛門方へ祝ニ参り候由、組頭共ゟ出合くれ候様にと申断り候ニ付、昼飯後弥右衛門方迄罷出候処、甚右衛門庄や給米之事申候由、夫のもの申参候ニ付、我等申候ハ半年分給米ハ我等取分ニテ候間、其通相心得可被申候、外村ニ而有之候事ニて□□共組頭中如何□□□□□申候、答尤之義者此上も□□□被成候事共可有候へハ、半年分ハ其元御取分ノ様ニ存候と申候、とや角申弥右衛門方ゟ罷帰り候事、

一、六月廿二日、甚右衛門方へ庄屋祝五升樽麹子持参、年寄組頭同道参候、六月廿五日未進書出候帳相渡ス、

一、七月四日、昼飯後御用諸帳面可相渡旨甚右衛門方へ申遣候、村中組頭中へ相触候所、甚兵衛、佐右衛門、七兵衛、彦左衛門、久兵衛、茂兵衛、右之もの共寄合候処、甚右衛門不参故、再三呼ニ遣し、夕方右ノ組頭ハ甚右衛門方直ニ遣申候、

享保拾壱年正月、家督譲請覚

一、（ムシ）□ミやうし　中田弐畝三分　　分米弐斗八升三合五勺
〃
一、中田壱反壱畝廿七分　　分米壱石六斗六合五勺
〃
一、中田九畝廿七分　　分米壱石三斗三升六合五勺
又井田
一、中田七畝廿一歩　　分米壱石三升壱合五勺
北蔵ヲ
一、中田壱反弐畝廿分　　分米壱石七斗壱升壱勺
今井口
一、中田五畝十弐分　　分米七斗弐升九合
甚兵衛中田
一、中田六畝九分　　分米八斗五升五勺
□
一、中田四畝五分　　分米五斗六升弐合五勺
藪ノ下
一、下々田弐畝七分　　分米壱斗七升八合七勺
中野甚四郎田
一、上々田八畝三分　　〃　壱石弐斗五升五合五勺

□
一、下々田廿四分　　〃　六升四合
中野大三郎田
一、上々田五畝廿三分　　〃　八斗九升三合九勺
〃　竹八田
一、上田五畝八分　　〃　七斗六升三合七勺
内廿歩　　巳年荒　　九升
内壱畝十分　　寅年荒　　壱斗九升三合三勺
水こし
一、下田六畝廿四分　　分米六斗四升
田方〆十壱石九斗五升三合五勺　譲り請分
うけ田
一、中田壱畝廿九分　　分米弐斗三升四合　武兵衛分 戌年ゟ入
〃
一、中田拾六分　　分米七升弐合　　〃
川欠　亥年荒
〃
一、上田六畝十八分　　分米九斗五升七合　　〃
内廿歩　寅年荒　　九升六合七勺　　〃

一、〃上田弐畝分　　分米弐斗九升
内壱畝廿分　川欠荒
五斗九升三合四夕
弐斗四升壱合七夕

川原金蔵田
一、上々田四畝十八分　分米七斗壱升三合
亥年九郎兵衛ゟ入

（ムシ）
□
一、中田弐畝廿壱分　分米三斗六升四合五勺
未年長三郎ゟ入

□
一、下田壱畝弐分　分米壱斗六合七夕
同年甚三郎□□（ムシ）

さかや弐畝廿七分内
一、中田壱畝十七分　〃弐斗壱升壱合五勺
同年七介ゟ□（ムシ）

さかや
一、中田五畝廿五分　〃七斗三升七合五勺
同年同人ゟ入

〃

川原
一、中田四畝壱分　〃五斗四升四合五勺
同年長三郎ゟ入
廿五歩荒　壱斗壱升弐合五夕

□田井
一、中田五畝分　〃六斗七升五合
同人ゟ入

朴ノ下
一、下々田七畝廿四分　〃六斗弐升四合
七兵衛ゟ入

うけ田
一、上田六畝十三分　分米九斗三升弐合九勺
新介ゟ入

とや川
一、下田五畝分　分米六斗四升
酉年長四郎ゟ入

下中地
一、上田五畝四分　〃七斗四升四合四勺
□□□□ゟ入

内壱畝八分　前々荒

田高〆　一斗八升六勺引

前畑ノ内
一、中畑十六歩　分米五升七夕

〃
一、上畑八畝十八分　分米□□八升九合
(ムシ)

一、中畑弐畝十弐分　〃　弐斗弐升八合

一、中畑五畝十九分　〃　五斗三升五合壱勺

一、屋敷四畝五分　〃　四斗七升九合弐勺

いわの谷
一、下畠廿八分　〃　七升四合七勺

クロいわ道上田也
一、下畠拾六歩　〃　四升弐合七勺

上ノ田
一、下畠□□四分　〃　六升四合
(ムシ)

□屋ノ上トノガイト
一、中畠十九分　〃　六升弐勺

同所
一、中畠十五歩　分米四升七合五勺

クロイワ
一、中畠六畝壱分　〃　五斗七升三合弐勺

シヤウミヤウシ田也
一、上畠壱畝廿九分　〃　弐斗弐升六合弐勺

ヤシキノ上
一、□□下々畑廿六分荒　〃　三升九合

馬場
一、上畑三畝廿五分　〃　四斗四升九勺

□うら
一、中畑八歩　〃　弐升五合四勺　未年 長二郎

ち入
一、中畠三畝廿四分　〃　三斗五升四合三勺　〃

〃
一、中畠弐畝七分　〃　弐斗壱升七合二勺　〃

〃
一、中畠壱畝十弐分　〃　壱斗三升三合　〃

平いわ
一、下畠壱畝十分　〃　壱斗六合七勺　長三郎
田打　　ゟ入　　　　　　　　　　　　未年
しんふく
一、屋敷壱畝分　〃　壱斗壱升五合　長四郎
　　　　　　　　分　　　　　　　　酉年ゟ入
〃
一、中畠三畝五分　〃　三斗九勺　〃
〃
一、下畠廿七分　〃　七升弐合　〃
〃
一、上畠四畝六分　〃　四斗□升三合　〃
一、下々畠九分　〃　壱升八合
　　高合弐拾五石六斗五升五合弐勺　子年改　本免
志り江
一、中田五畝廿四分　分米七斗八升三合　代銀
　　　　　　　　　　九十壱匁八分
　　　　　　　　　　寅年新介ゟ入
〆弐拾六石四斗三升八合弐勺
　免下

平
一、下畠五畝廿壱歩　四斗五升六合
しやうきやうじ
一、下畠六畝廿九分　五斗五升七合四勺
　　内六畝十壱分　荒五斗九合四勺
　　　十八分毛付
藪跡田地
一、□□□畝廿二歩　三升弐合　うらや
うらや内也
一、中畠三畝十壱歩　三斗壱升九合九勺
井さゝ
一、下畠弐十四分　壱斗弐升　荒
□り
一、山畠弐畝廿八歩　壱斗三升二合　ちや
しやうめうじ
一、下畠十弐分　三升弐合　ちや荒
〃
一、下畠十八分　四升八合　同断

同所甚三郎田也
一、上畠廿三歩　八升五ち
かけ田庄三分
一、下畠弐畝分　壱斗六升　ちや荒
□って
一、下畠七畝分　四斗四升　ちや
林なん
一、下々畠三畝壱分　壱斗八升弐合　荒
同所平五郎
一、下畠廿八分　七升四合□勺　ちや
越前
一、下畠七畝十一分　五斗八升九合四勺　荒
カケ田
一、下々田五分　壱升三合四勺
一、下畑壱畝廿分　壱斗三升三合四勺　ちや
内壱畝分荒ル此分米八升
寺□井
一、山畠十七分　弐升五合五勺　荒長四郎分

□前
一、山畠六畝分　弐斗七升　寅年ち又介入(?)
一、下々畠弐畝拾分　壱斗四升　〃
一、下畠十八分　四升八合　又介入
さる□
一、下畠弐畝廿四歩　弐斗弐升四合
〆六斗八升弐合　又介方
高合四石五升八合弐勺　免下
〔＊以下六、七行抹消、アトフデ多ク弁別シガタキニ付省略ス〕
右田地延享元亥六月、金三両買代金直渡ス、但証文十年賦、亥年分作米仕取不申候、子年分下作壱石四斗請取、
一、七月廿七日、御用諸帳面並諸書物等可相渡旨申遣候処、年寄や右衛門此方へ参り候而、明廿七日村方小割吟味仕候ニ付差合申候間、日限差延呉候様ニと申参候ニ付、然ハ廿八日昼飯后可相渡候間、皆々請取ニ被参候様ニと申遣候、則前来候申付、新役甚右衛門両年寄、

組頭不残廿八日昼飯後早々私宅へ来り候様に申触させ
候、
一、翌廿八日、昼飯後相待候処、村中佐右衛門方へ寄合、
夕方迄此方へ参不申、夕六つ時年寄、組頭罷候、帳面
相渡呉候様ニ申参候、大切御用帳面夜ニ入テ可相渡筈
無之、明早朝罷出被請取候様ニ申候へ共、其内□(ムシ)入用
帳面も有之や存候ハヾ、相渡可遣候目録ニ引合請取目
録印形仕候様ニ申達、帳面不残相渡シ遣候、
一、甚右衛門事、何迚不参申候哉と相尋候処、組頭口上
ニ申候ハ、村方帳面之儀ニ候へハ、村中立合請取候而、
年寄へ相渡申候様ニと甚右衛門差図申候ニ付、組頭百
姓寄合如此御座候、夫故人数残り不申候ニ付、夕ニ及
候と申候、其上得(ママ)御存候へ共、村方年寄、組頭、百姓
代立合被請取候事ニ候へハ相渡□□(ムシ)と申、諸帳面皆
共々相渡シ、何ニても相尋度儀□□(ムシ)無遠慮被尋候様ニ
申渡、外ニ何も申分無御座候、四郎兵衛、長兵衛并未
進銀辻追而聞セ呉候様ニ弥兵衛申候ニ付、成程安き事
ニ候間、近日聞ニ罷出候様ニと申渡候、
一、年寄治右衛門事、河井佐五左衛門様、今晩伊賀見村
御泊御仰被成候ニ付、罷越申候間、帳面渡用事之儀ハ
組頭中へ御渡被下候と断申候処、伊賀見村へ罷越候ニ
付請取帳無印、
一、庄屋退役願出、村方ゟ願書別紙封置申候并帳面渡村
方請取目録別紙有之、八月三日田並帳入用ノ由年寄
ゟ四郎兵衛相渡遣し申候、
一、八月三日、河井佐五左衛門様今井村御泊りニ付、夕
方御見廻申上候、同四日朝与四兵衛、仁右衛門両人甚
右衛門夫として申越候ハ、此度御用ニ付、子年分御通
四日朝持参申候様ニ被仰付候処、先達而其元右御用御
済被成候事難得其意、依之盆前上納御手形等遣し申候、
向後印形も得仕申間敷候、我等儀者右之通御役人様へ
申上、其上信楽へ罷越可申と申上候、我等返答今井ゟ夜前同道帰り申
候ニ付何角(カ)申談候、我等無役之事ニ候へハ、御見廻申
候通、其方へ可窺事も無之任私慮候、尚向後も左之通

ニ候、御役人様へ被申上候事ハ差留不申候、如何様共
其元勝手ニ可被致候、外ニ何も返事無之候と申遣候事、

覚

一、其村庄屋年寄仍願ニ可相尋御用之儀有之候間、去子
御年貢差引帳持参可被罷越候、下、
八
九月廿六日　信楽御役所
長野村元庄や(カ)

次郎兵衛へ

右之御差紙ニ而、八月廿六日立、殿様御帰□御祝儀参
候節御断申上候、九月十一日御年貢不納御断ニ参上、
甚右衛門同道、九月二十六日組頭御差紙ニ而同様罷越、
委細書付ヲ以差上申、子年分□□□取立、当庄やゟ勘
定申上候筈ニ被仰渡相済申、

一、十一月朔日夕、村中甚右衛門へ寄合夜深更迄談合い
たし、前々差引之儀可承旨申候由ニ而、夜半過年寄両
人我等差越、明早朝百姓不残右之算用聞参候と申候、
勝手次第被罷出候様ニ申遣候、

一、翌極月二日、百姓□□ニ付、庄や甚右衛門呼遣候而
終日相談、何分差引之儀ハ申年以来帳面ヲ以申聞、其
上申年分御勘定目録望申候ニ付出し見せ申候、夕ニ及
皆々罷帰り候、罷出候百姓覚

甚右衛門、弥右衛門、与四兵衛、久兵衛、彦左衛門、
七郎兵衛、清兵衛、弥兵衛、仁右衛門、武兵衛、九
兵衛、左右衛門、清三、甚兵衛、茂兵衛、助一、角
兵衛、人数〆十七人

一、極月四日、書付持参、夫与四兵衛、九兵衛両人寄合
之内ゟ差越、則終日弥右衛門方へ寄合談合申候由、手
紙此内有候、

一、極月五日、我等弥右衛門方へ罷越候処、弥右衛門、
与四郎申候ハ、其元取かへ銀並かり入銀共、少も返不
申候様ニと村方へ□さへ申候事ニ候へハ、少も返并申
事成不申候由申候、

一、極月六日、弥右衛門方にて佐右衛門参候而、申年分
御勘定御□□(ムシ)事談合□□(ムシ)罷有□其事直承及申候也、

一、同八日□□算用帳面持参、夫両年寄参候ニ付、我□□□□（ムシ）用事取込申候間、隙ニ成候得ハ見可申と申返し候、

一、同十三日、夜弥右衛門、仁右衛門、九兵衛、清兵衛右四人参候而、先日の帳面見合呉候ハ、可承旨申参候、我等申候ハ其後寸隙無之、荒々見申候処、皆前ニ相済候事共ニ候、然去子年分御籾共六石分封代ハ追而差引可致事ニ候、当夏ゟ諸差引当庄や方へ立合可致事共候処、拙者仕かへ置候儀共、曽而埒明不被申候ニ付、今ハ延引候と申候ニ付、仁右衛門、九兵衛申候ハ、右八ヶ年□封代之儀ハ弥重ニ成候事ニ候哉、又ハ左様ニて無御座候歟、そのわけ承度と申候ニ付、我等申候ハ委細ハ前々算用立会いたし候節申聞、得心之上相済候而、もはや五年ニ成候、然ハ百姓中其わけ覚候申もの可有事ニ候、我等（抹消カ）儀たとへハ今又改断可申聞事も無之、勿論年一度書取申ニて覚へ不申候と申候、然ハ明日昼迄ニ御返事被成下様にと申候ニ、成程替事□□而可申遣と申返候、今晩庄や方へ皆々寄合居申候へハ、右の通可申達と立返り候、

一、去ル十二日、佐右衛門方ニ而村々寄合、太郎路村不遣候、当春□□□□（ムシ）清七、小長尾村角兵衛、葛村弥四郎、いがみ村善兵衛、山粕村六郎兵衛、掛村源蔵、土や（屋）原村喜平次其外ハ相知レ不申候、今井村当春わり銀出不申由ニ付組合はね申候旨、右之仲間ゟ書状持セ、仁兵衛方へ遣し候由、夫ハ長野七兵衛参候由申候、仁兵衛方ゟ返書受取返（帰）り候由ニ候、

一、極月十七日夜、甚右衛門使として市郎兵衛罷越、今晩談合申度旨候間参候様ニと申伝候処、一郎兵衛相尋候処、此間村方ゟとや角申候儀、明日御断可申上と申候ニ付如何と申候、然ハ参候ニ□申間敷候（ママ）、其儀ハ此間百姓中へ申達通ニ候間、勝手次第ニ可候致と申遣候事、

一、去冬ゟ当春ニ至、飢人救合之儀ニ付、十九日信楽御役所江参上申候様ニ御状至（到）来、十八日立□□（ムシ）首尾能相

勤罷帰候、

　御書付写

去秋より当春ニ至、貧窮人救候もの候儀寄特成事ニ
候、其趣達上聞ニも候、夫々御褒美をも可被下候得
共、左様とも難成、今年ハ諸国作物も宜、末々之者
共取続仕、□下ニ而も悦可申儀ニ候、依之別紙ノ通
白銀被下之、自今も凶年貧窮人も有之時分、弥以救
合可申事ニ候。

　多羅尾四郎右衛門 御代官所 御預所

　銀弐拾枚　大和国 近江国　五十ケ村

右者去秋より当春ニ至村々貧窮人救候もの共へ、此度
難有御書付を以被仰□(ムシ)、右為御褒美と白銀□□(ムシ)枚被為
下置奉頂戴、冥加至極有難仕合ニ奉存候、尤此度御褒
美被為下置候御銀之儀ハ、救合多仕候者ニ者多分下候
と申儀ニ而も無御座候、畢竟寄特成仕方ニ付、村々一
同ニ下置候間、奉悦候而御酒ニ而も頂戴仕候様ニ被仰
渡奉承知候、重々難有仕合奉存候、将又凶年之節ハ貧
窮人も有之候ハヽ、弥以救合可申旨奉畏候、右為御請
銀銘々印形仕奉差上候、以上、

　享保十一年丑十二月　大和国宇陀郡長野村

　　　　　　　　　　　次郎兵衛　印

　　　　　　　　　　弥右衛門　印

　　　　　　　　村中救人十六人印

右之通御銀頂戴、二ヶ国五十村相談之上割符いたし、
壱村へ銀拾七匁弐歩づつ割符当り申候、

◯享保十九年寅年

一、四月三日夕、弥右衛門、仁右衛門両人参候、去ル子
年御免割小物成庄や高不残免シ有之候筈、是ハ前々
ゟ免□候事ニ候哉、又ハ何年ゟヶ様ニ免候事ニ而有之
候哉可承と申参候、小物成之儀庄や高□(ムシ)免シ事山年貢
庄や給米、庄や高ニ掛不申、其外□□(ムシ)村並ニ毎年相掛
り候、五年分左様ニ免候事我等も不存候、是ハ□(算カ)者心
得違成べしと申遣候事、

一、去ル子丑年分御免割帳借呉候様ニと申候、何のため

望候哉と相尋候処、八年賦封□候入有之候哉見申度と村方ニ申候、夫故私共右之夫ニ罷越候と申候、帳面之儀十四、五年ニも成候事ニ候へハ、有所も早速知レ不申候、其上封代ハ算用ニ入可有之候得共、八年賦封代銀之儀ハ増井様へ寅年上納致候処、其後申（マヽ）年此上へ請取事済し候、帳面見せ候ニも不及と申べし事、

一、右ノ夫翌四日朝、庄や并九兵衛同道ニ而罷越右之通申候、夜前両人へ申遣候通ニ有之候、子年免割小物成之儀ハ彦四郎算違ニ而可有之候、則亥年帳面如何候と亥年帳面見せ申候、此上有□□□□□（ムシ）其方へ□□帳面持参候而引合見合□申候と申候へハ、亥年分帳面暫借候様ニと望□申候へ共遣不申候、其上何角□□□（ムシ）手支申候得ハ、近日御断可申旨申候、成程勝手次第可被致候、外ゟ兎角難申何事も訳立候様ニ可被致と申帰し申候、以上、

一、六月廿八日、庄や甚右衛門、年寄弥右衛門差上ヶ候目安御裏判至（到）来請取、則返答書相認、同月廿九日出足信楽へ罷出候、

一、六月廿一日、夜甚右衛門方へ組頭百姓呼寄、一味之もの共□（ムシ）相極候由、久兵衛、彦左衛門組へも申遣候由にて、組中之使ニ彦左衛門参り候而、弥二組共ノキ申候旨、庄や年寄へ申候処、然ハ向後二組へハ村中ノク（ツカ）トイ堅致間敷旨申渡候由、我等方へ廿四日彦左衛門罷越、右之通咄申候事、

一、六月廿八日、晩寄合信楽へ罷出候人数相究申候由、甚右衛門、弥右衛門、佐右衛門、弥兵衛、仁右衛門、清兵衛、清左右七人、七月二日信楽へ罷出、右之内清兵衛、清左二人直ニ戻り申候、

一、同月廿九日、出□（ムシ）信楽御役所へ参上申候而翌七日信楽着、七月二日、訴状返答書付差上ヶ申候、毎日御裁許双方立合数年帳面書面等持参申候而、御引合被為遊候、則逸々無相違取□相分ニ被為仰付、村方ゟ罷出候者共、庄や甚右衛門、年寄弥右衛門、組頭弥兵衛、佐兵衛、仁右衛門右五人之もの、逸々誤（謝）り入候、数通ノ

御書、誤証文差上候、七月□(ムシ)日落着、御裁許証文被仰
付、我等仕かへ銀迄急度相済申候様ニと右御裁許証文
ニ御書入、急度被仰付難有、十日□□(ムシ)過御役所罷立、
十一日帰着申候、□□(ムシ)十二分之□□(ムシ)ニ相叶申候段冥加
至極難有御計ニ候、委敷義訴状返答書共控有之候、依
而略ス、
一、右庄や年寄ノ義不埒成願申上、村方騒動致させ候段
不届ニ候へハバ(ママ)、依之宿長左衛門へ御預り為成御差留
被仰付候、
一、七月九日、宿長左衛門方ニ而双方立会、算用差引銀
ニ而、右差引目録御役所様へ差上ケ申候控有之、右之
差引仕かへ銀五百四拾目七分七り之儀、則御裁許証文
ニ□□(ムシ)加へ、急度返弁申候様ニと被仰付、皆々御請申
上候事、
一、七月廿四日、去冬救人へ御褒美被為下候、惣代我等
路銀小わりに入不申候由承候ニ付、与四兵衛相尋、庄
や方へ申遣候、重而□右路銀割入落申候、当冬小わり
ニ入可申旨申越候、

庄屋給米差引覚

一、米三石五斗　庄や給
代銀百九十四匁弐分五り
石五十五匁四分
一、〃弐斗五升　帳紙代
代十三匁八分五り　〃
一、〃三斗三升七合五勺　夫代割返シ
代十八匁七分　〃
屋敷高四斗七升九合弐勺村除
一、此訳(カ)壱斗壱升五合　毛付弐つ四分
代六匁三分七り　〃
〆弐百三十弐匁八分弐り
外
一、米八升七合七勺　庄や給米割賦
役高十三石分
代銀四匁八分六り　五十五匁四分八り

村山年貢

一、（アキ）

合銀弐百三拾九匁八分八り

壱月の刻
壱月分十九□□□□

内

七十□分　次郎兵衛取分

銀百三十九匁九分三り

八月分
五十□分甚右衛門取分

残九十九匁九分五り

右之通差引致被相渡

寅十一月三日　別紙算用書付有

右庄や給米之儀相渡間敷旨、当役甚右衛門方ゟ願書差
上候ニ付、八月廿二日御差紙ニ而双方被召寄御大法之
趣被仰渡、□判ニ而可請取旨信楽御役所ニ而被仰付、
右之通差引致シ、十一月廿一日御年貢上納差引ニ入、
元利相渡申候、

一、当七月出入落着之上、庄や年寄弥右衛門御差図被仰
付、其上此儀ニ付入用路銀等外百姓へ壱分も割掛申間
敷旨被仰付、則証文差上候而御詫申上、七月十二日罷
帰候由、八月廿二日□七左衛門右之趣被申候、少ニ而
も村方へ割掛ヶ被申候ハヽ、重而御吟味可被成旨、年
寄弥右衛門、与四兵衛へ被申候事、

〔一〕寅十一月十二日家建祝見舞

一米三升　カヤ三駄（茅）　甚兵衛へ普請掛米遣候

〃屋称かへ間迄

一米三升　　助市へ

カヤ三駄縄五わ

〃十二月

一見舞一重　カヤ壱駄縄壱束　今井九兵衛

享保十九年寅年免割覚

高三十石四斗九升六合四勺

此訳

廿六石四斗三升八合弐勺　　本免

内
九斗二升四合九勺　前々荒
弐斗三升五合五勺　半荒
残廿五石弐斗五升七合八勺　毛付
此取七石五斗七升七合三勺　三つ
四石五升八合弐勺　下免
内
壱石六斗六升六合三勺　前々荒
七斗七升壱合九勺　申年荒
残壱石六斗弐升
此取三斗弐升四合
取米合七石九斗壱合三勺
内
七斗九升壱勺　十分一
代四十弐匁七分弐り　五十四匁七り
弐石六斗三升三合八勺　三分一
代百廿匁七分一り　四十五匁八分三り
四石四斗七升七合四勺　三分二
代百六十匁五分一り　三十五匁八分五り

外
一八合弐勺　持山年貢
代三分八り　四十五匁八分三り
一三升三合　村山年貢
代壱匁八分一り
一六升十合壱勺（ママ）　六尺給
代三分七り
五口〆三百二十五匁□□三り（＊但、計算不合）
一壱升九合八勺　宿入用
代九分壱り
一八分七り　藪年貢
一四匁八分八り　御蔵米
一十弐匁二分七り　御口銀
小以〆三百四十七匁七分三り
一弐匁四分三り　□□
一米弐斗八升三合三勺　庄屋給
弐拾弐匁九分九り

惣銀合三百六十三匁壱歩五り
金□□弐石壱斗四升七合弐勺
此取八斗八升四合弐勺
一四升四合　小物成分
一四匁壱分九り　小物成銀
右銀〆四十三匁三分七り　寅年分如此
○享保弐拾年卯正月吉日
一、当卯春裏屋新内蔵建申候、桁行三間梁弐間、二月十
八日手釿初、　大工山粕村惣右衛門
手伝長野村　平八
弥右衛門
一、地伏石戸前石共　石屋いかみ　六兵衛
〃弟子勘七
此銀五十六匁弐分五り　作料一日壱匁□□□(ムシ)
外飯米手伝人足
一、大工手間百十日　宗右衛門分九十四工半
手伝十五工半
此銀百十弐匁六分五り
外飯米
一、木挽杣手間廿五日　いかみ茂兵衛
今井与平治
此銀弐十五匁
外飯米
一、銀四匁六分　栗板四間弐尺
梁木引ちん宗右衛門
一、銀十六匁　栗木柱廿本代
梁木□□□代(ムシ)
山粕藤兵衛方ニて買申候
一、〃十七匁弐分　右杣代柱壱本八分づ(ママ)
一、松板十一間　山粕藤次郎
代十匁　天井板こわ也
一、壱匁　長野孫四郎はしり(張)木代
一、釘四十七匁　名はり(萩原)
はいはら　ニて買申候

代銀二十九匁
一、弐匁壱分かすがい代　今井かじや七郎兵衛
一、壱匁三分　くるろ(ママ)□板弐枚代
一、六匁弐分五り　窓あみ 弐尺 弐尺五寸　但鐵
但壱尺四方壱匁弐分かへ
一、四匁七分五り　〃すじかね　但百匁六分五りかへ
一、弐匁七分　かき出し□
一、六匁五分七り　出戸打かけ
一、七分　ひちつ(ママ)ほ
一、壱匁三分　右のだちん
一、杉板五間　代拾壱匁五分
一、弐、三寸廿本　代六匁
一、壱匁七分　しやうしあみ　かこや作料
銀〆三百十三匁八分弐り
職人日数百六十四余
此米壱石六斗　但一日壱斗づゝ分

代銀七十三匁六分　右銀十六匁かへ
外銀弐匁　大工棟上祝儀遣ス
外人足飯米　三石余
代銀百三十八匁　□□□□(ムシ)百匁□
銀合五百弐十七匁弐分
右之通ニ而二階之□□□(ムシ)た板はり仕込仕廻申候、凡材木板共別紙帳面引て記有之候、自分持林外ニても少取申候、代銀出し之分右ニ記、壁戸前共我等細工ニ不残付申候、八月中旬迄出来目出度仕立申候、右建日棟上、餅酒ニ而賑々敷、殊ニ晴天大吉祥日、目出度造立致候、以上、
一、卯六月、米直段石四十六匁かへ□□(ムシ)取申候、庄や甚右衛門八月ニ退役願上、九月ゟ庄屋役弥右衛門相勤申候、
一、九月、新米石ニ三十目くらい、
一、十月十五日、諸国御触、諸国新米直段石ニ四十弐匁金十両ニ三十五俵ニ被仰付候、依之諸代物直段高下致

シ候、
右ハ御代官様御地頭方ゟ御支配所へ急度被仰付候、
京都大坂ハ町奉行様ゟ同断、
一、霜月下旬ゟ極月ニ至諸国米穀内証売買、銀四十弐匁ニ米壱斗五升差、或ハ弐斗打ト内々ニ商申候、兎角米穀高直ニ被遊度御上々様思召ニ候、
一、たばこ田大上六〆畑五〆位中四〆ゟ段々也、
○享保弐拾壱歳丙辰正月吉日
一、正月中旬、京都、大阪其外津、松坂(マツ)辺、米増直段被仰付候、上米四十八匁、中米四十弐匁五分、下米三十五匁、右ノ通ヲ売買致スべしと再触被仰付候由ニ候、
一、二月廿九日　牛替、
金壱両　出ス　右ノ牛ニ金壱両ト銭三匁ヲイニ而〆金弐両弐分弐朱　代五匁四分当
金弐分弐朱　下牛　同年辰九月十六日替取　吉蔵
ばくらふ右同人イカミ丸セ(ムシ)　よし兵衛
〆壱両弐分弐朱ニ当　□□□ニ百文
右牛ばくろふ(馬喰)こんかう(金剛)山ろく　土屋原村市□
長野□
一、五月中旬改元、年号元文と改

一、六月十五日、金銀吹替御触、依之諸代物下直ニ成、諸国さわぎ申候、文字金文字銀と云、
一、七月ニ至り御引替暫相延申候、
一、是迄通用上銀壱〆ニ付増歩五百目、〆壱〆五百目ニ成候、
一、〃上金百両ニ増歩金六十五両、〆百六十五両ニ成ル、
一、氏神御神祭九月八日、九日宿相勤、都合能万々歳、相当人庄や弥右衛門、甚右衛門、左右衛門、伊兵衛、キ八郎〆（下欠）
一、八月十六日、十七日、大雨洪水田畑損亡、寺や敷彦左衛門畑崩ル、
一、信国脇サシ弐尺壱寸、金作り壱腰イマイ赤助重代買請申候、
代金弐両壱分也、時十一月吉日
辰十一月十七日
一米三升　久太郎家見舞遣ス、
カヤ弐駄　なわ五わ

一、十一月朔日、南都へ目安箱出ル、萩原村、松山町へ御□(高カ)札建、江戸御奉行松平大和守様、

一、金銀御吹替ニ付古金百両代ニ文字金百両、古銀壱〆目代ニ文銀壱〆目と被仰触候、田畑売券証文請返し、代銀ノ分右ノ通ニ而請戻し申候、借用方之儀ハ相対ニ而、互ニ了簡を以相済申候、

○元文弐年巳正月吉日

一、旧臘ゟ老母智性尼病気、二月四日、遠行被成候ニ付、引導師イカミ村地蔵寺和尚、御骨平野御本山へ奉納、月はい(碑)建申候、三月中旬次兵衛参詣仕候、

一、六、七月、庄や弥右衛門村方と出入有之、七月十五日ゟ年寄右兵衛御役所へ遣し候、我等申下シ取曖相済申候、双方得心大悦申候、

一、九月、庄や役次兵衛被仰付相働申候、

一、九月、金銀引替来午ノ四月銀(限カ)被仰触、午ノ四月迄古金銀割合ニ而通用、文金銀取更遣候様にと被仰付、五月ゟ古金銀通用御停止之旨ニ国々御触有之候、又翌年未ノ四月切通用御停止ヲ触被遊、五月迄通用いたし候、其ゟ通用止申候、

一、米六月、直段壱石ニ付文銀六十壱匁、

一、十月、出来米壱石ニ付文銀四十三匁位、十二月五十弐□匁迄仕候、

一、本屋普請八月頃ゟ杣取いたし候、十月廿五日ゟ手斧初、大工山粕村惣右衛門棟梁也、

一、閏十一月廿七日建申候、大工手間百五十五工ニ而棟上ケ致候、委敷普請覚帳ニ記、

一、十二月廿七日、家移り致候、万々歳、

一、右普請中智性尼墓所石塔建申候、閏十一月八日開眼供養致候、石屋六兵衛工数十四日ニ而仕廻候、

一、辰十二月三(ママ)、文銀四百九十七匁六分弐り、作重代申候、右銀巳正月合力申呉候様ニ勘定次申候、夫ニ而断申参候故、両人右申越賜候由故、其方手廻り成候迄相延置べく間、勝手次第返弁可申と申遣候、

○元文三年午正月吉日

一、正月下旬ゟ本屋造作取掛、十二月廿五日迄大概内造り仕廻申候、具普請帳ニ記ス、
一、二月、三月、米壱石ニ付文銀六十匁位仕候、六月直断米壱石ニ付文銀六十四匁かへ、銭銀壱匁ニ付四十六、七文、
一、三月十六日ゟ参宮、ヲサト、八十二郎同道、下男新八召つれ上下四人、
一、七月末方、米壱石ニ付六十八匁程、八月中旬七十匁、
一、九月、新米壱石ニ付六十匁ゟ七十匁迄、銭壱匁ニ付四十四文位、
一、十月中旬、米壱石ニ付八十匁ゟ五六匁迄、次第強気ニ候、
一、十一月、米壱石九拾匁余ニ成候、ぜに壱匁ニ付四十弐文位、
一、十二月中旬、米壱石ニ付九十五六匁迄、
一、木綿此辺ニ而銀壱匁ニ付廿三匁位売申候、八月三十匁ゟうり初申候、
右之通諸色日々ニ高直成申候、

一、小豆壱石ニ付、十月相場七十五匁位、十二月七十匁ニ下ル、
一、菜種壱石ニ付、十一月銀九十五匁位、十二月ゟ八十四五匁ニ下ル。
一、川芎壱斤ニ付壱匁七八分、八月古せんきよう(川芎)壱匁弐、三分
一、十一月、於禁裏大上(嘗)会被為行、十一月廿三日ゟ初日卅日迄ト云、京都町中常ゟ物静ニ而万事替事なし、右行之間京都落(洛)中出家沙門、尼、善(禅)門往来堅ク禁シテ、寺々鐘御停止也、御修行初終之わけ京都ニ而も知ル人なしと云候、
○元文四年戌未年正月吉日
一、三月五日ゟ参宮、ヲサヤ、ヲキハ、下女よし、下男金七同道申候、
一、古金銀御引替、三月晦日限ニ被仰付候、此後一切通用なし
一、三月十七日、欣祐寺看主西往法師請侍入院有之、

一、米六月直段石ニ付文銀百拾匁かへ、米直段如此、
○六月尾張様御隠居之由、
一、八月五日、大風雨洪水、当年□川へ鮎多登り申候、(カ)
一、同月廿日、大風、十九日欣祐寺観愚奉入院、
一、同月十八日、西性坊智性庵入、
一、八月中旬、諸方米穀高直ニ被成候、此辺米曽而無之、石ニ付百弐三十匁仕候、
一、九月、尾州様御隠居被仰付候由、御隠居料三万石之(○国)由、
一、当八月中、雨ふり続、冷気強、田方熟し不申、土用入候而も青々と仕候故、土用明ニ而廿日余も晩稲方刈(マヽ)申候、殊之外実入悪、山方そだち申候、
一、当冬極月迄暖気ニ而雪ふり不申、梅、つゝじ花咲、其外菜種花咲、麦穂を見申候、冬中津、松坂へ遣申候、たばこ多いきり申候、(大)
一、米壱石ニ付六十七八匁、あら麦石五拾匁余仕候、
○元文五年庚申正月吉日
一、正月元朝、同二日両日、村殊の外暖気ニ而、三月時分のことし、正月中時分ゟ三月迄雪ふり申候、麦作大概宜候、五六月麦直段石ニ三十五六匁、
一、六月、直段米石七十八匁かへ、
一、七八月、米八十匁ゟ八十五匁迄仕候、
一、六月、土用中冷気強帷子着し不申候、
一、閏七月下旬、田方ウンカ虫付申候、付七月中旬残暑強シ、依之也、
一、閏七月廿二日、大風雨、和州金剛山崩、御所町流失申候、但廿三日、
一、八月五日、泉州洪水、堺町へ水入候、当年所々水難多し、
一、田方殊之外悪作、五分位の取実、畑方同前、
一、十一月中旬、紀州様御下勢州高六万石余、惣百姓一(○村数百八ヶ村)同ニ而松坂御役所へ御用捨願出候、其様夥敷銘々身ニハみのを着し、鎌一丁つゝ差し候て、十一月廿八日ゟ度々御役所へ相詰申候、人数凡弐千人ニ及申候由、

両作虫付大風雨ニ付凶年之故也、畢鏡(畢竟)百姓イツキ(一揆)同前、
近国他国へも相聞申候、依之御免格別御用捨、其外願
筋共有之候由、具ニハ難記、
一、十二月十一日、多羅尾御代官所山粕村ゟ奥拾三ヶ村
一同百姓、今年悪作ノ願直々百姓銘々相詰、御願可申
上旨度々ニ及内談、此上先百姓代ニ而一通御願申上候
処、差而御用捨筋相聞へ不申候ニ付、極月中旬ニ及、
弥一同村々家別壱人づゝ信楽御役所へ罷出、御願可申
上旨相談相究、此由信楽表へ御聞及被遊、村々庄屋咄
被成候而、兎角百姓なだめ申候様ニと度々被仰渡候、
御用捨之儀も随分御救可被仰付由ニ付、先延引ニ及申
候而越年申候、御年貢銀三分半迄程年内上納申候、冬
中其通ニ候、此訳(ママ)
翌年二月十九日、信楽御役人中両人伊賀見村迄御越
被遊候而、村々困窮飢人多候由御吟味之御聞届被成、
廿四日、伊賀見村御立被遊御帰国被成候、百姓御願
申御年貢銀辻六分通十ヶ年賦ニ成被下、其外飢人夫
食願書差上ヶ申候、
右之意趣春中段々御吟味之上、御免合前年同格御年貢
内少々八月通ニ被仰付、御救肥代銀村々江御貸渡、則
御上納差續納、右ノ銀当酉年ゟ午年迄九ヶ年之間、壱
ヶ月利足七匁ニ而御かし被成、元銀ハ九ヶ年〆いヶ様
とも可仰付由、証文御取被遊候、
右伊勢紀州様御下百姓願之儀、当春ゟ六月迄、若山
御役人村々へ御越被遊御吟味有之、六ヶ敷村々物入
之由申承候、

○元文六年辛酉正月吉日

一、今年正月、元朝ゟ十日頃迄打続晴天、豊稔之兆と
皆々悦ひ申候、正月廿日九つ時分ゟ雪ふり、翌廿一日
朝迄無止間降申候、弐尺六七寸溜り申候、尤所ニゟ三
尺余も積申候、前代稀成大雪、国中辺も同前之由ニ候、
三月三日頃迄雨降続き申候、麦、菜種作共悪敷候、
一、去申冬拾ヶ村江割未熟成由村々百姓申遣候、掛村、
山粕村、桃股村右ノ三ヶ村ハ除き申候、長野村、小長

尾村、今井村、塩井村、太郎路村、葛村、伊賀見村、此七ヶ村百姓一同申出、信楽御役所様へ可申上候所、塩井村彦兵衛ニ我等立合二月廿八日ゟ塩井村年寄次兵衛方ニ而取噯、双方得心致させ、二月卅日双方ゟ済証文請取相済申候、二夜三日夜通し取噯さて〳〵難儀申候、右済証文此方ニ預り申候、以上、

一、二月廿八日、風雨、塩井村百姓中九人京都参詣申候而廿八日の風雨ニ木津川船（諸国乗合）ニ乗候由、淀辺ニ而右ノ船破損いたし流れ申候由、□（淀）御城内ゟ御助ヶ船被出皆々御上ヶ被成候而御城内へ被入、両日御留被成、色々御介抱被遊被下、其上右ノ旅人共ニ金子二両御恵被下頂戴仕候由ニ而、三月朔日帰国申候、先ハ前代稀成事故記之、

一、六月、奥十三村高取植村三蔵様御預り所等被成候、八月廿一日当村御検見御役人渡部角介様、佐藤一郎兵衛様御両人私宅ニ而も御宿申上候、

一、六月、相場米壱石ニ付八十五匁かへ、七八月九十五匁迄仕候、

一、九月廿六日、知蓮居士十三回忌、治兵衛方ニ而仏事仕候、三月三日改元、寛保元年ニ成、

◯寛保弐年壬戌正月吉日

一、去冬中ゟ江戸大阪ニ而銭座被仰付候故、正月ゟ銭相場次第ニ下直ニ成候、正月中壱〆文拾六匁弐三分、金子両かへ六十匁、二三月ニ至銭十五匁壱弐分、金六十弐匁位、

参宮四月九日ゟ

一、卯月十四日、勢州川上村（ママ）ゟ娵入祝儀持参、樽壱荷絹壱疋、肴するめ弐連、同直市左兵衛殿、中子嘉右衛門両人被参候、

一、五六七月、長雨降続度々大水出申候、

一、七月次兵衛庄屋役赦免願申上、後役佐右衛門入札、頼引渡七月廿四日ゟ高取御役所へ同道参上申候、引渡相済四月廿七日帳面渡候、夕方（下欠）

一、六月直段かし米石八十三匁かへ取申候、当月売米盆

前八十五六匁、八月中旬九十匁迄売申候、
一、六月菜種壱石ニ付九十四五匁ゟ急ニ上ケ候而、十日
斗之内百十匁余買申候、七八月百弐拾五匁位迄仕候、
其ゟ売買なし、翌年春ニ至百二十匁位迄申候、
一、十一日、川芎壱斤ニ付八分ゟ壱匁迄冬中如此、
一、とうき(当帰)壱斤ニ付五六分迄、
一、米六十匁迄、大豆四十五六匁、小豆三十五六匁、
○寛保三年癸亥正月吉日
一、正月九日、婚礼川上村へ遣ス、但荷物ハ八日敷津迄
送り遣候、役場(カ)迄迎ニ参候、同月十四日聟入、委細ハ
別紙帳面ニ諸事記有之候、略ス、
一、三月中旬米壱石六十五七匁仕候、
一、とうき壱匁八九分、弐匁位仕候、川芎壱匁七八分、
一、氏神春日大明神御造宮三月十八日槌供養、同廿三日
上遷宮、春日寺法印義起道(導カ)師、池之坊神宮寺、初瀬僧
衆三人、右之通御神躰廿二日夜、御宝物廿三日四つ時
分町庄や役仕候、御神前五色ノ幣百味(枚)御供物いろいろ、
其後春日寺ニて大般若経転読被成難有事ニ候、入用頭
役弐匁余掛申候、右大工伊賀見村源兵衛、屋祢や伊賀
上野ゟ参候、御殿絵師伊州上野早九郎と申者書申候、
賃銀弐百匁程之由也、
一、去戌十一月七日、萩原村庄屋半右衛門南都御番所
ゟ父子共ニ御召捕被成候、是箱目安願村方ゟ上ヶ候由
ニ而、御江戸ゟ申来候と沙汰申候、当亥年中段々に御
吟味有之、村中度々南都へ御召被成候由、前代未聞成
相働、夥数入用之由申候、
一、亥七月、欣祐寺西国卅三所観世音尊仏壇寄進ス、為
父母仏果菩提也、八月九日成就シテ供養ス、凡入用銀
七十五匁余也、
一、六月払米石ニ付七十三匁かへ、
一、菜種石ニ九十弐三匁、五匁迄、但十月百匁仕候、
一、十月とうき壱匁五分位買申候、
一、たはこ上壱匁弐三分迄、斤ニ付但六七分ゟ段々上候、
九十月米相場石ニ付六十壱弐匁、

一、十一月中、たばこ、川芎、とうき、穀類、都而同高
直ニ候成候、(ママ)十二月末迄大阪、堺、津、松坂相場ニ引
合申もの無之、山方殊之外高直罷成候、
一、たはこ下物三両弐分位ゟ上物四両、四両弐三分迄仕
候、山方ニて如此はやり申候、
一、川芎弐匁五分位ゟ三匁迄、山方ニ而如此、大坂表も
三匁迄ト申参候、
一、米石七拾匁迄、一大豆石七十五匁、一小豆七十匁余、
一、霜月中旬ゟ申、酉ノ方ニ珍敷星出候、ほうきほしと
世上ニ云、翌年子ノ正月十日頃迄出申候、霜月中ニハ
夕方ゟ夜四つ頃迄西方拝れ申候、次第早ク正月成候而
ハ夕方五つ前西へ入其後見得不申候、

星

東　此光立門共見申候　○　西如此後程光強候

○寛保四年甲子正月　但二月廿九日改元有之、延享元年ニ成ル、

一、正月諸相場替り候事なし、但川芎三匁五分迄仕候、
山方相場如此、二三月中ニ至、諸色次第ニ景気弱ク御
座候、
一、三月欣祐寺ニ元祖良忍上人、中興法妙上人御影、我
等細工ニ書、表具いたし申候、絵仏成就之内法身父祖
霊位菩提我現□為二世自経ヲ書寄返申候、開眼宗祐寺
和尚頼遣候、祖師□施主　次兵衛 武兵衛　寄進ス、
一、二月廿九日改元、延享元年ニ成、
一、三月廿三日、高取御支配村々高免ニ付、困窮ニ及候
故、江戸打込目安願書奥十三ヶ村、壱通南都迄持参な
げ入候由也、
一、三月廿八日、長屋屋ねふきかへ申候、百文、源八日
数七日程、
一、五月京都御番様江大和高取御預所村々高五百石程之
村数不残御召寄被成候ニ付、壱村ゟ三人程つゝ参上仕
候、但奥郷十三ヶ村中ゟ惣代神末村庄や市兵衛、山粕
村年寄善兵衛、掛村百姓新介、今井村百姓九兵衛参上

申候、高取御支配ニ被成年々高免ニ被仰付候ニ付、
村々困窮仕候趣書付奉願候ニ付、右願之村々郷中惣代
ニ而御江戸様へ願上候様ニ致仰下、六月十五日出足、
御江戸へ惣代ニ而右願ニ罷下り申候、奥郷十三ヶ村惣
代神末村庄や市兵衛、山粕村年寄善兵衛、右両人参上
仕候、七月廿一日江戸御暇被下、八月十一日帰国仕候、
山粕村善兵衛儀ハ江戸町宿ニ罷有御殿所へハ上り不申
候由也、
一、七月御代官替堂藤（下上）和泉守様御預り所と罷成候、
一、八九月江戸ゟ御順（巡）見様御登被遊候、神尾若狭守様、
堀江荒四郎様、遠藤五良三良様、右御上下七八十人と
申上候へ共、確と相知れ不申候由ニ候、此訳ハ五、三
人づゝ忍びニ在々所々内見被成候故、御泊り毎ニ御人
数相違申候由ニ候、
御参宮被遊山田御泊り、次田丸御泊り、其ゟ川俣、波
瀬村ニ御泊り一日御逗留、其れゟ吉野郡大野村三つ茶
屋ノ事御泊り、それより御所御泊り、ソレヨリ今井町
ニ御泊り、九月七日初瀬御泊り、八日（アキ）□御泊り、十
日南都御着御逗留被成、其レゟ山城木津御泊り、木津
村ニ而数日御逗留被遊候ニ承及候、
一、六月直段米石ニ付七拾匁かへ、当春ゟ諸代物次第ニ
下直ニ罷成候、九十月迄同前ニ候、
一、十月米石ニ付五十四匁也、十月之内御買米被仰付候
由ニ付、大坂相場七十匁余ニ成候、霜月ニ至六十目内
ニ下ル、
一、霜月廿七日、お佐和婚礼、目出度相済申候、
一、十二月諸色相場直ニ相成候、
一、御順見神尾若狭守様、和州ゟ山城木津ニ而五、七日
逗留被致候、御病気之由申候、夫ゟ中国筋、西国へ御
順見、御料之分者不残御廻り被成候、尤遠見ニ而済し
候国々も有之由、検見前苅被成御料所之分一同加免被
仰付候、凡御免壱つゟ弐つ余も相増被仰付候由、諸国
百姓都而難儀仕候、翌年正月初旬江戸へ帰府被成候由
申候、

一、右御順見様人馬泊り諸色御入用夥敷事ニ御座候、国割ニ掛可申候由、国中ゟ願遣申候、先例申立候而宇陀郡中入用割合ノ外入用相掛り不申候、尤古市御役所御役人中様御用向御入用被仰付此分遣申候、

○延享二乙丑年正月吉日

一、正月九日おふミ生ル、旧冬ゟ寒気甚敷、大雪降申候事七十余歳ニ成候者も不覚候、余国何れも同前之由、当春ニ至而余寒益々強ク、麦、菜種作かぶ絶致シ、山ノ松、杉等も嵐強当候所枝葉枯申候、前代未聞余寒ト申候、三月初旬ニ漸雪消申候、

一、二月十一日、聟田向(合)孫六作請申候、同月廿三日次兵衛娘イカミへ遣ス、

一、二月中旬、大坂御城御番所へ攝河泉、大和、山城、五畿内百姓困窮ニ付夫食願ニ出ル、初日人数六七万人と申候、実三万程也、其後四五日続五千、七千追々願出候、京都ニも出申候由ニ候、

一、三月朔日頃、芝村織田幸次郎様役所へ御支配百姓四五百人願罷出、四五日相詰申候、

一、三月六七日頃、南都御番所様へ和州国中筋其外百姓、追々三百人、四百人程つゝ願ニ出申候由、

一、諸色相場春下り、米石ニ付五十弐三匁、外代物順是候、

一、茶作悉ク枯目立出不申候、旧冬ゟ雪嵐強、当三月下旬迄毎日余寒甚敷、麦、菜種共三四分位ニ而以而外悪作ニ候、

一、六月米石ニ六十弐匁かへ、七八月六十四五匁、尤宇多町ニ而七十目余も仕候、

一、当夏中ゟ九月迄長雨降続申候、晴天□□成□、諸作共殊之外悪敷、田方四五分の世の中ニ候、

一、八月廿五日、将軍大御所様西の丸へ御入被致候趣諸国御触有之候、同月廿七日右大将様御本丸へ御移り被致候由御触有之候、

一、大御世中松平左近将監様御隠居被仰付、御家督六万石御同名和泉守様へ被遣、又神尾若狭守様知行被召上

小普請役ニ被仰付候由、其外御世中諸御役人不残御替
り被致候由ニ候、
一、右者摂河泉州内ゟ五畿内百姓相立不申候趣、訴状相
認、禁中様へ願上候由ニ而、依之御江戸表へ被請取候
ニ付、右之通大御所様御隠居被為遊、諸御役人中様御
替り被成候由世上申事ニ有之候、右大将様将軍宣下の
触有之候、
一、極月米石七拾匁ゟ弐三匁迄、
一、たばこ八九十〆迄、当冬中雪降不申候、
○延享三年寅正月吉日
一、二月諸国寺院御改、本末帳面南都御番所へ上ル、庄
や佐右衛門、

藤堂和泉守殿御預所
長　野　村

摂州平野融通大念仏宗
一、宇陀郡萩原村宗祐寺末寺　欣祐寺
一、本堂桁行四間 梁行三間半
一、境内東西廿壱間半 南北九間半　除地
一、本尊阿弥陀仏立像
但往古開基年号書物等無御座、相知れ不申候、
京西本願寺一向宗
一、吉野郡飯貝村本善寺末寺　不退寺
一、本堂桁行三間半 梁行二間半
一、本尊阿弥陀仏立像
一、境内東西（アキ）南北（アキ）
但右同断
右之通相違無御座候、尤寛永十年御改之節如何書上申
候哉、留書等無御座相知れ不申候、以上、

延享三年寅正月　欣祐寺住持　恵了
不退寺住持　積□（ムシ）
南都御番所様　庄や　佐右衛門
年寄　喜八郎

右之書付宗祐寺へも書上ヶ申候、
諸国大順見　御順見様

稲生佐門様
神保宮内様　御上下人数百壱人
岩瀬吉右衛門様
勢州松坂御泊り、野尻越紀州熊野へ御越被遊候而□□
和州へ御移、三月十八日五条御泊り、同十九日上市御
泊り、同廿日宇陀松山町御泊り、廿一日初瀬御休、柳
本御泊り、同廿二日南都御泊り、廿三日御逗留、廿四
日龍田御泊り、廿五日高取土佐町御泊り、廿六日河内
へ御越被遊候、
同小順見
一、加藤与市郎様　今橋幸助様　藤瀬源左衛門様
一、六月十三日牛替申候、下牛百八拾目、上百六十五匁、(買)
合弐百四十五匁ニ相替り申候、野依村小兵衛、掛□七、(参カ)
一、六日秋米直段石ニ九十匁かへ、但八月百五十匁迄仕
候、
覚

長尾下ヌマ
一下田壱反四畝十歩
分米壱石四斗三升三合四勺
同所
一、上田壱反五畝十歩
分米弐石弐斗弐升三合四勺
〆高三石六斗五升六合八勺
代銀四百五拾目　寅三月売上方五年賦午ノ極月
限
右者小長尾高出作
かげ田
一上田九畝五歩　分米壱石三斗弐升九合弐勺
さこかへり
一下田九畝十歩　分米九斗三升三合四勺
のゝ中
一下畑八畝分　分米八斗
堂ノ西
一上畑三畝廿七分　分米四斗四升八合五勺
〆高三石五斗壱升壱合壱勺　長野村々

代銀百七十目　来ル、午ノ暮迄五年賦
宇下かいと
一中田七畝歩　　山粕村平地分地
一中畑七畝廿八分
一中畑六畝七分
□□弐石弐斗八升九合五勺　山粕村出作
　代金弐拾両弐歩銀四匁三分也、
　　来ル午暮限五年賦
一、寅極月庄屋佐右衛門死去ス、依之年寄喜八郎、助市両人取立翌卯ノ二月札入、後役弥右衛門札数相極申候、
〔一〕新米百五十五六匁迄仕候、
○延享四年卯正月吉
一、二月庄や弥右衛門請取、先庄や佐右衛門算用相致申候処、弐貫五六百匁引負有之候、依之家屋敷家財諸色一家共ゟ村方□□弥右衛門差図ニ而道具等売払申候、右弁銀又右衛門様借用銀共□□ニ而当分相済不申候、
一、二三月米六十五匁、たばこ壱駄ニ付百五六十匁仕候、
四五月米石ニ付七十壱弐匁迄、六月七十匁位仕候、
一、六月初日、米壱石ニ付七十弐匁かへ、
一、六月初旬ゟ旱てり、諸国共照り続き申候、三十、四十日も大雨ふり不申候、田畑旱損も有之、六月廿四日、七月十二日雨降申候、
一、八月九日、今井春日大明神願満八ヶ村すまふ(相撲)、壱村ゟ子供一人つゝ出申候、行司伊賀なつミ清太夫参候、
一、八月十九日、七つ時分ゟ大風雨洪水、山崩夥敷田地損亡仕候、いわや谷堤上ニ而廿間切、田地石砂入損亡仕候、
一、八月廿七日、風雨大供(洪)水、田地水破仕候、
一、九月十四日、御検見古市御役人今井村泊り、小長尾休也、
一、九月十五日、禁裏様御即位、御代参藤堂和泉守様御勤被遊候、九月十二日大津御泊り、十四日ゟ十六日迄京都御詰被成候、
一、同月庄や治兵衛被仰付、弥右衛門退役仕候、

○延享五年戊辰正月吉日
一、六月四日供水（洪）、井関崩田地損亡、去ル八月ニ同シ、
一、六月、米直段石七十三匁替（カ）取払、
一、七月改元、年号寛延元年ト改、
一、十月、米直段六十弐三匁、十二月六十匁ゟ三匁迄仕
候、
一、十一月、京都禁中大じやう会（嘗）行せらる。
一、十二月、当冬暖気ニ而雪ふり不申候、冬中梅、椿、
菜種花咲申候、
今井口孫六前田（カ）
一、上田壱反四畝廿歩　分米弐石弐斗九升
一、下畑廿四歩　分米六升八合
下畑壱畝歩　八升五合
一、上畑弐畝壱歩　分米弐斗五升四合弐勺
高〆弐石六斗八升五勺　下作三石弐斗余
右代銀六百目　今井孫六相渡ス、十二月日、
一、五日朝鮮人来朝、六日朔日大坂発足、同十六日江戸
着致、六月卅日大坂帰着申候故、卅日はらい神事八月
へ延申候、委細別紙書付あり、右入用金午年諸国へ公
儀ゟ掛り差上ケ申候、
○寛延二年己巳正月吉日
一、二月十七日、娘おしづ西峠藤村吉兵衛門遣ス約束、
結入祝儀持参服部弥次兵衛、萩原平介両人参候、是ハ
藤村吉三郎午二月不幸ニ付、右祝儀物返遣相止申候、
一、三月十日、牛山粕村新造売代銀百目也、
一、三月十五日、牛はやま村左平次ニ買申候、代金四両
銀弐十五匁也、牛年□□□□勢（背）二寸五分アリ、
一、四月、長屋へ継出し、せつちん建申候事、
一、五月上旬たはこ上り申候、二月頃壱駄ニ付金弐両弐
分位仕候、たはこ五月三両弐分程仕候、六月ニ至次第
下直ニ罷成候、
一、六月米直段借し米夏直段六十五匁かへ、相場石六十
匁、五十四五匁迄下ケ申候、八月六十匁仕候、
一、九月新米五十八、九匁、十一月直段五十五、六匁、

早米五十六匁かへ、
今井孫六前同様
字北寄
一上々田五畝六分　分米八斗五升八合
〃
一上田壱畝分　〃　壱斗五升五合
〃
一上畑十八分　〃　七升五合
〆壱石八升八合、代銀弐百九拾目　巳年ゟ酉年迄五年賦
右者出作年賦銀返上納売□(ムシ)証文取置候、
寛延弐年巳極月
庄や　仁兵衛
年寄　九兵衛、孫六印
一屋敷畑拾弐歩　字木戸口 長九郎屋敷田　地主 勘助
分米四升六合
此代銀九拾匁　五年賦
一雑木山壱ヶ処　字をいわけ　七兵衛山　同人分
此代銀四拾目　永代

右二□〆銀百三拾目　巳極月□□□□(ムシ)
売主　勘　助
庄や　治兵衛
年寄　一郎兵衛
覚
芝　多禰屋敷
一屋敷十弐歩　分米四升六合　十兵衛分
一下畑十六歩　〃　四升弐合七勺
一上畑壱畝五歩　〃　壱斗三升四合弐勺
一中畑十五分　〃　四升七合五勺
一上畑弐畝六分　〃　弐斗五升三合
一中畑弐畝五分　〃　弐斗五合九勺
高〆七斗弐升九合三勺　四壁　立木不残
外家壱軒
右代銀百四匁壱分五り　質地流証文
寛延弐年巳極月如此

一、欣祐寺本尊弥陀如来後光座造立、仏師萩原村光関ト
申者、代銀九拾目、外五匁五分下預(カ)シテ九十五匁ニて、
六月あつく申候、入用銀去巳秋夜甚次遣し、村方一円
米奉加いたし、米寄九斗、銀三匁余有之、右売払不足
銀次郎兵衛、久兵衛両人ゟ出し出来申候、
一、今井村春日大明神西の道石段、小長尾村与惣兵衛、
三郎兵衛ニ而建立、八月、九月段々出来申候、寛延三
年午年也、
◯寛延三年午年正月吉日
一、二月米壱石ニ付六拾匁、たばこ冬直段、菜種冬直段、
一、三月、いわの谷土橋掛ル、助市寄進、人足手伝ニ而
成就申候、此時迄橋ハなし、七月七日ニ助市酒少調供
養いたし候由ニ候、
一、六月下旬、米六十五匁、六七匁迄、夏こし直段米壱
石六十八匁かへ、七八月七十壱弐匁迄仕候、
一、六月中旬ゟ日照り所々雨乞仕候、八月中旬迄雨ふり
不申候、尤雨乞雨析(祈カ)ニ夕立申候、国中筋井水カレ申候、
一、八月、田ニ少々うんかと云虫つき申候、
一、五六月ゟさつまの国ゟ牛の骨を大和へ買参候、壱駄
ニ付廿匁ゟ買、七八月には牛骨壱駄銀百匁位迄かい申
候由、買申ハさとうのこやしニ致し候由申候、いかに
候哉、前代不聞不審成事ニ候、
一、八月庄や治兵衛退役願有免有之、後役村中入札□□(ムシ)
□札数□年寄善兵衛被申付候処、甚右衛門□(ムシ)切□□(ムシ)
ニ付、次ノ札数久兵衛庄屋善兵衛被申付候ニ付、治右
衛門へ状讀聞相頼、給米之内壱石治右衛門へ遣候様ニ
善兵衛ゟ被申付後役相済(カ)、八月廿九日治兵衛ゟ帳面相
渡し、祝儀庄屋年寄共弐人参候、
一、欣祐寺住僧真了房法脈頂戴ニ付村中奉加、九月二日
晩、酒吸物ニ而村中呼寄奉加相調申候、十月廿八日
ゟ平野登山、十一月廿四日帰寺法儀伝法成就也、
一、八月廿六日夜、雷火(カミナリ)ニ而京都二条御城天主焼失、其
外角やぐら焼落、
一、十月、米直段石ニ付五拾目位、霜月四十六、七匁、

十二月米壱石ニ付五拾目、早米直段上納払米四十六、
七、八匁迄、
一、十一月四日、伊州夏見村生悦様文太郎様妻におしづ
約束結入祝儀持参、深野孫四郎殿葛村太郎衛門被参候、
一、十二月、大晦日小長尾村七左衛門質田地借銀之儀ニ
付、私□□(ムシ)参悪口過言仕候ニ付、翌正月御役所様へ御
断可申上候処、今井村庄や仁兵衛、当村庄や年寄久兵
衛、甚兵衛、□□(ムシ)治兵衛、小長尾伝兵衛度々ニ及論言
申候ニ付、二月至詫入候、証文請取相済遣申候、右ハ
山粕村善兵衛殿内証取斗也、
○寛延四年未正月吉日
一、二月廿五日、夏見村聟生悦□氏一家同道ニ而私宅江
被参候、百日帰宿と被申候、目出度、
一、同月廿八日、嫁入一家同道夏見村へ罷越候、同夜通
し帰宿申候、千秋万歳、目出度委敷別帳ニ記、
一、三月米□□□(ムシ)匁、其外諸代物下直□(ムシ)ニ至□(ムシ)壱
石ニ付六十七八匁、閏六月七拾目ゟ弐三匁迄仕候、

一、二月廿九日、地震京都落(洛カ)中落(洛カ)外諸山大地震ニ而、二
条御城天主破損、町々かわら落、土蔵壁崩落申候、三
四月ニ至毎日京都地震致候由申候外も、折節少々地震
有之由ニ候得共、さのミの事無之候、
一、閏六月廿日将軍御隠居大御所様薨御、同廿三日諸国
江被仰出諸事慎被仰付候、音曲、鳴物、普請、諸職人、
市、寺社方大鐘、釣かね、はんしよう、大工、かじや
御停止、此度御慎厳重成事前代未聞也、
一、平野本山上人様、河州、和州末寺方御在廻(ママ)、二月廿
二日宗祐寺御泊り、廿三日御逗留、廿四日伊州名張御
越被遊候、御人数九十人余、御泊り休迄送り迎、人数
夥敷事ニ候、右之入用旦那家引銀五匁去午冬割掛ヶ、
翌五月追割三匁掛ヶ申候、
〔*この件重出〕
一、二月廿九日京都大地震、二条御城屋ぐら□(崩カ)落其外諸
山堂塔破損、三四五月ニ至□□京都地震仕候、
〔*この件重出〕

一、六月廿日将軍大御所様御薨去被遊、同廿三日ゟ鳴物、音曲万事慎ミ、在々所々厳重ニ被仰付候、九月中旬迄慎遠慮被仰触候、漸九月免許被成候、
一、九月廿六日知蓮大徳廿三回忌追善、一家并ニ村中斉(ムシ)□仕候、委敷別紙帳面ニ記、
一、久兵衛庄屋退役、後役治右衛門、八月十七日帳面引渡、九月二日長野村御検見相済、御休治兵衛宿、
一、霜月平野大念仏寺御弟子、京都観修寺大納言様御若君様平野入寺被遊候ニ付、宗祐寺旦那惣代御迎ニ大坂八軒屋迄罷出候、霜月十二日ゟ萩原村出足、同十四日朝八軒屋へ御着被成、夫ゟ平野へ御入被成候、
一、十月二日改元、年号宝暦元年ト成ル、
一、十月廿六日ゟ雪降候、極月中ニ至毎日雪ふり申候、近年稀成大雪ニて諸人迷惑仕候、
一、十月諸代物下直ニて、米壱石ニ付銀四十五匁位、木綿八〆余ト申候、大小豆三十弐三匁、たはこ三四〆かへ、右之相場次第引上ケ、霜月中旬ゟ段々上ケ申候、
一、霜月廿八日、欣祐寺真了房、吉野郡栗野村金積寺へ転住、欣祐寺無住
◯宝暦弐年申正月吉日
一、正二月、米穀諸色直段旧冬ゟ宜敷、二月中旬後、米壱石ニ付五拾六七匁、其外諸代物同前ニ候、
一、四月、欣祐寺住持土屋原教楽寺ゟ請持申候、
一、六月、米壱石ニ付五拾四五匁、夏払米直段五拾七匁かへ、
一、七八月、米五拾弐三匁、五拾目、四十七匁位迄次第下直、
一、九月、新米四十八匁位、十月霜月四拾四五匁、早米直段四十五匁位仕候、
一、極月、中旬後米四拾匁位、望人無是候、諸国□豊稔と申次第下直ニ罷成候、
一、川芎所相場弐匁弐三分、たはこ七八〆位、
◯宝暦三年酉正月吉日
一、正月中、殊之外厳寒ニ而、旧冬ゟ大雪降不申候而、(ママ)

二三月迄余寒甚敷事近年ニ無之候、
一、二三月、米石ニ付三拾八九匁、四拾匁、四五月四拾弐三匁迄、
一、川芎三匁、弐三四五分迄、三四月売買仕候、たはこ冬直段、
一、三月中旬、摂州平野大念仏寺上人様正宣下、四月朔日、融通旦那末寺方御振廻（触）、軒別銀三匁宛掛ル、平野本山僧正官職初、
一、三月廿九日立御参宮、次郎兵衛、豊次郎、三之助、
一、六月廿四日、宇陀松山町油や甚次郎方へ、おその縁談相究結入祝儀持参、仲人藤十郎、家頼（来）弐人、祝儀持参、一宿仕候、
一、六月払米壱石ニ付、銀四拾六匁相極申候、当分売四十四五匁、
一、川芎大坂ニ而五匁七八分迄売申候、七月五匁四五分迄、八月中旬ゟ次第下直ニ罷成九月、十月大坂三匁四、五分迄、□（ムシ）川芎大坂弐匁八九分冬分如此、

一、五六月共大坂、大和はしか大はやり、大坂人多死、
一、八月中ゟ此辺麻疹大はやり、極月迄煩申候、
一、諸色下直ニ罷成候、新米石三十七八匁、四拾匁迄諸方銀詰り、
○後減ジ八ヶ村ニナリ、分ヶ郷トモ十ヶ村ナリ、
一、和州芝村御知行所、国中十四五ヶ村申合田作苅取不申、越訴ニ付極月廿六日江戸表ゟ御差紙当着（到）、百姓村々ゟ江戸へ罷越候、前代稀成事也、人数十八人候処三十人位召□（ムシ）、
一、伊州夏見ゟおしつ此方へ呼寄、十一月廿六日早産申候、十二月廿二日迄此方ニ而育而、廿二日迎呼寄生産着、母子□□□弐つ相添、夏見村文右衛門方へ相渡ス、ウフ衣羽二重裏表もみニ而仕立遣候、十二月廿八日歳末祝儀持参申候、夫□□（ムシ）善四郎、
一、芝村御預所百姓、翌正月十日頃ゟ忍ニ江戸へ下り申候、村高百石ニ付三人つゝ次第ニ下り申候積り申合候由ニ候、

○宝暦四年甲戌正月吉日

一、正月廿二日、徳田佐一郎嫁披露致シ候、祝儀帯代遣候、諸色直段冬ゟ少々不景気ニ候、

一、二月五日、夏見八左衛門方へ、葛村利右衛遣シ、おしづ暇取申候而、同八日荷物請取遣シ無相違請取相済申候、

一、芝江戸願ニ付二月八日出足、人数十八人江戸へ下り候、

（以上）

編者紹介
平井良朋（ひらい・よしとも）
1921年　西宮市生まれ
1944年　國學院大学國史學科卒業
現職
天理大学講師・天理図書館嘱託
大谷女子大学非常勤講師
橿原市文化財調査委員
著書論文
『日本名所風俗図会（大和之部）』角川書店
奈良県下の市・町・村史の調査執筆26ケ所
「板垣退助の欧遊費の出所について」（『日本歴史』238号）
「近世文書整理の理論と実際」（『日本図書館学会報』4）

大和国庶民記録　堀内長玄覚書・井上次兵衛覚書

清文堂史料叢書　第67刊

1993年7月30日　初版発行

編　者　平　井　良　朋
発行者　前　田　成　雄

組版/大阪書籍　製版/六陽製版　印刷/朝陽堂印刷　製本/倉橋製本

542 大阪市中央区島之内2-8-5
発行所　清文堂出版株式会社
電話06-211-6265 振替大阪5-6238

ISBN4-7924-0388-X C3021

JN151828